新译日本法规大全

（点校本）

第三卷
上

南洋公学译书院　初译
商务印书馆编译所　补译校订
孟祥沛　点校

商务印书馆
2008年·北京

总　　序

《新译日本法规大全》,1907 年由上海商务印书馆出版。它是一部汉译日本当时所有法律规范的作品。全书按照行政官厅顺序划分为 25 类,涵盖了宪法、行政法、刑法、监狱法、刑事诉讼法、民法、民事诉讼法、商法、出版法、著作权法、商标法、专利法、矿产资源与环境保护法等部门法律规范,收录法律、法规、敕令、规章等约 3000 件。

1896 年,经盛宣怀(1844—1916)奏请、朝廷批准,南洋公学成立于上海。1899 年,南洋公学设立译书院,并聘请张元济出任院董。张元济到任后,与南洋公学总理沈子培合意提出翻译《日本法规大全》,获盛宣怀允准后即着手进行。1904 年,商务印书馆主人夏粹方也参与此事。至 1907 年,《新译日本法规大全》终于面世。

在近代,学习西方列强最成功的东方国家乃是日本。其在短短数十年间迅速完成的近代法律体系,一直是中国法学界所向往的学习范本。早在 1896 年派遣的第一批中国赴日留学生中,就有唐宝锷等法律研习者。此后,赴日本研习法律的人数则更多。留日法科学生著文介绍日本法律,从事法律教育和法学研究,同时还积极翻译日本的法律、法令及法学著作,这些都对当时中国的变法修律产生了影响。从本书 12 篇序文所述以及在全部 24 位译校者中有 19 位为留学或就职于日本者,可清楚地了解到留日法科学生在这一开创性事业中所起的作用及其工作历程的艰辛。

在清末,翻译出版的大型外国法律汇编,共有两套:一是共 46 册的同文馆1880年聚珍版《法国律例》，另一就是这十函共81册的《新译日本法规大全》。从某种意义上说，这也是近代中国门户开放以后两个特定时期译介外国法律的代表。前者是在两次鸦片战争之后向西方老牌强国法国学习，后者是1895年中日甲午战争失败后向原本被中国人视为"蕞尔小国"的日本学习；前者由官方主持翻译，对象是法国的六法全书，后者由民间主持翻译，对象是日本的所有现行法律汇编；前者由法国人毕利干(A. A. Billequin，1826—1894)口译、宛平时雨化笔述，后者的译者则几乎全是中国法科留学生。两者所显示的时代、背景、对象、主体以及翻译水准不同（后者的翻译水准远远高于前者），但其中所体现的精神却为一致，那就是当时的中国不得不放下千年帝国架子，效法世界法律强国，"择其善者而从之"，以图富国强兵、改变积贫积弱的落后状态。

自此之后，一百多年来，江山依旧，人事如烟。中国虽开始渐渐摆脱贫弱与耻辱，但要真正强大富裕，还有很多的路要走。其中的一条，即是必须始终持有谦逊、向先行者学习的精神，用最发达、完善的法律理念与制度规范不断充实、提高自身。现在，我们重新点校出版《新译日本法规大全》，除了该书本身所含的巨大学术价值之外，其根本用意也在于此。

我们希望，《新译日本法规大全》点校本的出版，不仅为了解日本乃至大陆法系国家法律的历史演变提供宝贵的背景知识，为学习、理解和借鉴先进的法律理念和法律精神提供范例，而且也为更积极主动、更富有成效地建设和推进法治国家做出贡献。

何 勤 华

于上海·华东政法大学

2007年5月1日

总卷数目录

第一卷　序文、译例、译校者姓名录、总目录　　　卷首至第 3 类
　　　　帝国宪法、皇室典范、帝国议会、法例　　　第 1 册至第 8 册
　　　　公文式、官报
　　　　裁判、行政诉讼及诉愿
　　　　民法

第二卷　商法　　　　　　　　　　　　　　　　　第 4 类至第 7 类
　　　　民事诉讼法　　　　　　　　　　　　　　第 9 册至第 16 册
　　　　刑法
　　　　刑事诉讼法

第三卷　官制　　　　　　　　　　　　　　　　　第 8 类至第 9 类
　　　　官规　　　　　　　　　　　　　　　　　第 17 册至第 28 册

第四卷　统计报告、文书官印　　　　　　　　　　第 10 类至第 11 类
　　　　外交　　　　　　　　　　　　　　　　　第 29 册至第 35 册

第五卷　旌表、地阶、华族、赈恤　　　　　　　　第 12 类至第 13 类

	地方制度	第 36 册至第 40 册
第六卷	土地、水利、水道、下水道、河川、砂防	第 14 类至第 17 类
	道路、桥梁、渡津	第 41 册至第 49 册
	警察、新闻、出版、著作权	
	监狱	
	卫生	
第七卷	社寺、宗教	第 18 类至第 19 类
	财政	第 50 册至第 58 册
第八卷	军事	第 20 类至第 21 类
	教育、气象	第 59 册至第 66 册
第九卷	劝业、度量衡	第 22 类至第 24 类
	矿业、森林	第 67 册至第 72 册
	特许、意匠、商标	
第十卷	运输、通信	第 25 类
		第 73 册至第 80 册
法规解字		钱恂、董鸿祎[①]

---

① 总卷数目录为本次再版时所加。

凡 例

一、本丛书点校过程中,不作有损原文的改动,只作适当的技术性加工,此乃一基本原则。

二、各卷目录按照原书的顺序排列,需加以页码。

三、原书为竖排,现一律改为横排,故原文中的"如左"、"如右"等用语,相应地改为"如下"、"如上"等。

四、原文断句太多,或断句不恰当,或应该断句却未断句的,按照现代阅读习惯再行合并或断句。

五、使用新式标点符号,须依据现代汉语阅读习惯和规则。但为了尽量保持当时法典翻译的原貌,有些例外。比如,

"第一条 本法律应罚之罪,分为三种:

一 重罪。

二 轻罪。

三 违警罪。"

此种结构的法条,各项之间不必改用分号,各项序号后也不必加"、"。

六、所使用的量词不统一的,应该统一,比如"圆"、"园",统一于"元"、"圆"等。

七、各法律、法规标题名称后注明的颁布年代后须加以西元的年代,采用如"刑法 明治十四年(1881年)布告"的方式,但法条正文中

涉及的日本年号则不必加以西元的年代。

八、个别日文未译成中文的,在各卷第一次出现时以注释加以说明,如"会社,即公司"、"勾引状,即拘传证、拘传票"等。

九、原书存在错误的,应该加以改正,并以注释加以说明,统一采用"原书为'××',应系排版之误"的表述。

十、所有注释一律采页下脚注,每页重新编号。同时,因原书并无任何注释,所有注释皆为点校者所加,故无须加上"——点校者注"等字样。①

---

① 本凡例由李秀清执笔。

编辑说明

一、点校整理依据版本，为上海商务印书馆光绪三十三年（1907年）正月初版。初译者，为南洋公学译书院；补译校订者，为商务印书馆编译所。

二、原书为繁体字、竖排版，现改为简体字、横排版。

三、原书无标点之处，或使用句读之处，一律添加标点符号，或改为现在通行之标点符号。

四、本书点校版，遵循古籍整理原则，保留著作原貌。其内容的篇章、体例基本不做更动，在集结的卷次方面，按照原书十函的规模，变为现在的十卷本；同时，为了避免同一类法规置于不同的卷次中，在个别卷的归结上与原书函次略有不同。原书类下分册，现在合并（取消）编册，但在正文开头用"＊"说明原书册次。在使用汉字方面，由于原书出版于百年前，再版本不便用现代汉字规范加以变更，一些词、字保留了原书的用字习惯。原书编排体例上，类下有章，编下也有章，这种重复仍然得以保留，未做改动。

五、对一些法规，其正文有章、节、款等，现在法条前增加了"要目"，以便于阅读。

六、在点校整理过程中，如果发现原书确有错误，或出现生僻之术语，或出现尚未翻译成汉语的日文汉字，一律用点校者注，以简要解释。一些字的通假用法、古汉语用法，也相应地做了脚注。

七、原书有目录两种：一为卷首部分，含 25 类的总目录；二为置于每类法规之前，各类目录。现将总目录不变，把各类目录按照这次的点校本卷次统一归纳于该卷正文之前，变为卷目录。

八、每卷末附"日汉法律专用名词对照表"，从注释中收集生僻词语汇集于此，方便阅读时查对。

九、1907 年本书出版时，使用"新译日本法规大全"书名，但他处仍使用"日本法规大全"或"法规大全"，未以统一。这次点校再版时，为了区别于 1907 年的版本，在原书名"新译日本法规大全"后增加了"点校本"字样，其他均未以更动。

十、本书是原书出版百年后之再版，为了说明其学术价值、现实意义，特别增加总序言和各个分卷序言。[1]

---

[1] 本说明由王兰萍执笔。

目　　录

点校前言 …………………………………… 孟祥沛 1

第八类　官制 …………………………………………… 1

第一章　内阁所管 ……………………………………… 1

第一款　内阁 ………………………………… 1
　　内阁官制 ……………………………… 1

第二款　内阁所属职员 ……………………… 3
　　内阁所属职员官制 …………………… 3
　　内阁恩给①局设顾问医 ……………… 5

第三款　赏勋局 ……………………………… 6
　　赏勋局官制 …………………………… 6
　　赏勋会议规程 ………………………… 7

第四款　法制局 ……………………………… 8
　　法制局官制 …………………………… 8

---

① 恩给,即养老金、退休费。

第五款　印刷局 …………………………………… 10
　　　　　印刷局官制 ………………………………………… 10
　　　第六款　文官试验①委员 ……………………………… 12
　　　　　文官试验委员官制 ………………………………… 12

第二章　枢密院 ……………………………………………… 15
　　　枢密院官制 …………………………………………… 15
　　　枢密院事务规程 ……………………………………… 17

第三章　宫内省 ……………………………………………… 20
　　第一款　宫内省 …………………………………………… 20
　　　　　宫内省官制 ………………………………………… 20
　　第二款　御料局支厅 ……………………………………… 34
　　　　　御料局支厅职制 …………………………………… 34
　　第三款　东宫职 …………………………………………… 36
　　　　　东宫职官制 ………………………………………… 36
　　第四款　东宫御所营造局 ………………………………… 38
　　　　　东宫御所御营造局官制 …………………………… 38
　　第五款　御歌所 …………………………………………… 40
　　　　　御歌所官制 ………………………………………… 40
　　第六款　内大臣并宫中顾问官及内大臣秘书官 ………… 41

---

① 试验，即考试。

内大臣并宫中顾问官及内大臣秘书官官制 …………… 41

第七款　文事秘书局 ………………………………… 42
　　文事秘书局官制 ………………………………… 42

第八款　皇族职员 …………………………………… 43
　　皇族职员职制 …………………………………… 43

第九款　帝室博物馆 ………………………………… 44
　　帝室博物馆官制 ………………………………… 44

第十款　学习院 ……………………………………… 46
　　学习院官制 ……………………………………… 46

第十一款　华族女学校 ……………………………… 48
　　华族女学校职员及官等俸给 …………………… 48

第十二款　侍从武官 ………………………………… 49
　　侍从武官官制 …………………………………… 49

第十三款　东宫武官 ………………………………… 50
　　东宫武官官制 …………………………………… 50

第十四款　皇族附属武官 …………………………… 51
　　皇族附属陆军武官官制 ………………………… 51
　　皇族附属海军武官官制 ………………………… 51

第四章　各省官制通则 …………………………… 52

　　各省官制通则 …………………………………… 52

第五章　外务省所管 ……………………………… 56

　　第一款　外务省 ………………………………… 56

　　　　外务省官制 ·· 56

　　第二款　外交官及领事官试验委员 ························ 58
　　　　外交官及领事官试验委员官制 ··························· 58

　　第三款　外交官及领事官 ······································ 60
　　　　外交官及领事官官制 ··· 60
　　　　在外公使馆职员定员令 ····································· 61
　　　　外交官、领事官等临时增员之件 ······················ 62
　　　　外交官、领事官赴任及赐假规则 ······················ 63
　　　　通译①官及通译生、通用外交官、领事官赴任及赐
　　　　　假规则 ··· 63
　　　　关于领事官之职务事件 ····································· 64
　　　　领事官职务规则 ·· 66
　　　　领事官征收手数料②及出张③费用之规程 ············ 68

第六章　内务省所管 ··· 72

　　第一款　内务省 ··· 72
　　　　内务省官制 ··· 72
　　　　神宫皇学馆官制 ·· 74

　　第二款　土木监督署 ·· 76
　　　　土木监督署官制 ·· 76
　　　　土木监督署处务规程 ······································· 78

---

① 通译，即口译、翻译。
② 手数料，即手续费。
③ 出张，即出差。

第三款　古社寺保存会 …… 81
古社寺保存会规则 …… 81

第四款　神宫司厅　造神宫使厅 …… 83
神宫司厅官制 …… 83
造神宫使厅官制 …… 84
关于神宫卫士长、卫士副长及卫士之件 …… 85
卫士长、卫士副长、卫士服务规则 …… 85
神部署官制 …… 87

第五款　官国币社 …… 88
官国币社职制 …… 88
关于官国币社主典及宫掌之定员等事件 …… 89

第六款　卫生试验所 …… 91
卫生试验所官制 …… 91

第七款　传染病研究所 …… 92
传染病研究所官制 …… 92

第八款　血清药院 …… 94
血清药院官制 …… 94

第九款　痘苗制造所 …… 95
痘苗制造所官制 …… 95
痘苗制造所设顾问医之件 …… 95

第十款　临时海港检疫所 …… 97
临时海港检疫所官制 …… 97

第十一款　中央卫生会 …… 99

中央卫生会官制 ······ 99

第十二款　日本药局方调查会 ······ 101
　　日本药局方调查会官制 ······ 101

第十三款　医术开业试验委员 ······ 103
　　医术开业试验委员官制 ······ 103
　　药剂师试验委员官制 ······ 104

第七章　大藏省所管 ······ 106

第一款　大藏省 ······ 106
　　大藏省官制 ······ 106

第二款　造币局 ······ 110
　　造币局官制 ······ 110

第三款　税关 ······ 111
　　税关官制 ······ 111
　　关税诉愿审查委员会规则 ······ 113

第四款　税务监督局 ······ 115
　　税务监督局官制 ······ 115
　　税务署官制 ······ 116
　　税务监督局见习员事件 ······ 116

第五款　烟草专卖局 ······ 118
　　烟草专卖局官制 ······ 118
　　关于烟草专卖局练习员事件 ······ 120
　　临时烟草制造准备局官制 ······ 120

第六款　樟脑事务局　酿造试验所 …………… 123
　　樟脑事务局官制 ……………………………… 123
　　樟脑事务局取扱[①]事务手续 ………………… 124
　　酿造试验所官制 ……………………………… 136

第七款　临时秩禄处分调查 …………………… 137
　　临时秩禄处分调查会规则 …………………… 137
　　临时秩禄处分调查局官制 …………………… 138

第八章　元帅府及军事参议院 ………………… 139

第一款　元帅府 ………………………………… 139
　　元帅府条例 …………………………………… 139

第二款　军事参议院 …………………………… 140
　　军事参议院条例 ……………………………… 140
　　战时大本营条例 ……………………………… 141

第九章　陆军省所管 …………………………… 142

第一款　陆军省 ………………………………… 142
　　陆军省官制 …………………………………… 142
　　关于陆军设通译生之件 ……………………… 148
　　关于陆军海军各学校设教官之件 …………… 148
　　陆军编修官官制 ……………………………… 149

---

① 取扱，即处理。

陆地①测量官官制 …………………………… 149
　　设置俘虏情报局之件 ………………………… 149
　　陆军兵器厂条例 ……………………………… 150
　　炮兵工厂条例 ………………………………… 152
　　陆军火药研究所条例 ………………………… 154
　　千住制绒所官制 ……………………………… 155
　　军马补充部条例 ……………………………… 155
　　筑城部条例 …………………………………… 156
　　陆军技术审查部条例 ………………………… 158
　　陆军会计监督部条例 ………………………… 159
　　陆军运输部条例 ……………………………… 160
　　陆军粮秣厂条例 ……………………………… 161
　　陆军被服厂条例 ……………………………… 162
　　陆军卫生材料厂条例 ………………………… 163

第二款　参谋本部 ………………………………… 165
　　参谋本部条例 ………………………………… 165
　　陆军参谋条例 ………………………………… 165
　　陆军测量部条例 ……………………………… 166

第三款　教育总监部 ……………………………… 169
　　教育总监部条例 ……………………………… 169
　　陆军将校生徒试验委员条例 ………………… 170
　　陆军大学校条例 ……………………………… 171

---

① 原书为"陆军",核对法规条文,应为陆地。

陆军士官学校条例……………………………… 175
陆军中央幼年学校条例…………………………… 177
陆军地方幼年学校条例…………………………… 180
陆军户山学校条例………………………………… 183
陆军军医学校条例………………………………… 186
陆军兽医学校条例………………………………… 188
陆军炮兵工科学校条例…………………………… 190
陆军炮工学校条例………………………………… 192
陆军骑兵实施学校条例…………………………… 194
陆军野战炮兵射击学校条例……………………… 197
陆军要塞炮兵射击学校条例……………………… 199

第四款　防务……………………………………… 202
防务条例…………………………………………… 202

第五款　师团司令部……………………………… 205
师团司令部条例…………………………………… 205
师团法官部及台湾陆军法官部设陆军警守事件…… 207
师团经理部条例…………………………………… 207
旅团[①]司令部条例………………………………… 209
要塞司令部条例…………………………………… 209
对马警备队司令部条例…………………………… 211
冲绳县警备队区司令部条例……………………… 213
联队区司令部条例………………………………… 214

---

① 原书为"旅囲"，应系排版之误。

卫戍条例 ·· 215
东京卫戍总督部条例 ································ 216
卫戍病院条例 ·· 216
陆军监狱官制 ·· 218
陆军惩治队条例 ····································· 219
陆军电信教导大队条例 ···························· 221

第十章 海军省所管 ································ 224

第一款 海军省 ···································· 224

海军省官制 ·· 224
常设海军军法会议设海军警查[①] ·············· 226
关于临时海军军法会议及海军合围地军法会议之
　主理、录事、海军警查事件 ···················· 227
海军将官会议条例 ································· 227
海军舰政本部条例 ································· 228
水路部条例 ·· 230
海军采炭所官制 ···································· 231
海军下濑火药制造所条例 ························ 231
海军教育本部条例 ································· 232
海军大学校条例 ···································· 233
海军兵学校条例 ···································· 236
海军机关学校条例 ································· 238
海军军医学校条例 ································· 240

---

① 警查,即警察。

海军主计官练习所条例 …………………………… 242

　　海军炮术练习所条例 ……………………………… 244

　　海军水雷术练习所条例 …………………………… 247

　　海军机关术练习所条例 …………………………… 250

　　临时海军建筑部条例 ……………………………… 254

第二款　海军军令部 …………………………………… 256

　　海军军令部条例 …………………………………… 256

第三款　镇守府 ………………………………………… 258

　　镇守府条例 ………………………………………… 258

　　海军港务部条例 …………………………………… 261

　　预备舰部条例 ……………………………………… 262

　　海军造船工练习所条例 …………………………… 263

　　海军造兵厂条例 …………………………………… 265

　　造船造兵监督官条例 ……………………………… 266

　　海军测器库条例 …………………………………… 267

　　海军望楼条例 ……………………………………… 267

　　海军病院条例 ……………………………………… 268

　　海军监狱官制 ……………………………………… 271

　　要港部条例 ………………………………………… 271

　　海军修理工场条例 ………………………………… 274

　　舰队条例 …………………………………………… 275

　　海军舰船条例 ……………………………………… 278

　　海兵团条例 ………………………………………… 282

　　水雷团条例 ………………………………………… 284

第十一章　司法省所管 … 288

司法省官制 … 288

监狱官制 … 289

第十二章　文部省所管 … 291

第一款　文部省 … 291

文部省官制 … 291

理学文书目录委员会官制 … 293

第二款　帝国大学 … 295

东京帝国大学官制 … 295

京都帝国大学官制 … 297

第三款　文部省直辖诸学校 … 299

文部省直辖诸学校官制 … 299

第四款　师范学校 … 303

寻常师范学校官制 … 303

第五款　帝国图书馆 … 305

帝国图书馆官制 … 305

第六款　中央气象台 … 307

中央气象台官制 … 307

第七款　临时纬度观测所 … 309

临时纬度观测所官制 … 309

为临时观测气象中央气象台设临时观测技手事件

                 309

 第八款 临时教员养成所 ································· 311
  临时教员养成所官制 ····························· 311
  临时教员养成所规程 ····························· 311

 第九款 国语调查委员会 ································· 316
  国语调查委员会官制 ····························· 316

 第十款 教员检定委员会 ································· 317
  教员检定委员会规制 ····························· 317

 第十一款 高等教育会议 ··································· 319
  高等教育会议规则 ································· 319
  高等教育会议议员互选规则 ··················· 321

 第十二款 震灾预防调查会 ······························· 324
  震灾预防调查会规则 ····························· 324

 第十三款 测地学委员会 ··································· 326
  测地学委员会官制 ································· 326

 第十四款 东京学士会院 ··································· 328
  东京学士会院规程 ································· 328
  东京学士会院规程补则 ·························· 329

 第十五款 博士会 ··· 330
  博士会规则 ··· 330

 第十六款 学校职员恩给审查 ··························· 332
  学校职员恩给审查规程 ·························· 332

第十三章　农商务省所管 ·········· 335

第一款　农商务省 ·········· 335
农商务省官制 ·········· 335
关于临时林野下戾[①]处分调查之职员事件 ·········· 336

第二款　林区署 ·········· 338
林区署官制 ·········· 338
林区署事务章程 ·········· 339
大林区署长处理森林监督事务心得 ·········· 347
小林区署监督规程 ·········· 347

第三款　矿山监督署 ·········· 350
矿山监督署官制 ·········· 350
矿山监督署长权限 ·········· 351

第四款　制铁所 ·········· 352
制铁所官制 ·········· 352

第五款　工业试验所 ·········· 354
工业试验所官制 ·········· 354

第六款　农事试验场 ·········· 355
农事试验场官制 ·········· 355
农事试验场处务规程 ·········· 356

第七款　种马牧场及种马所 ·········· 361
种马牧场及种马所官制 ·········· 361

---

① 下戾，即退回、发回。

种马牧场及种马所处务规程 …………………………… 362

第八款　种牛牧场 ………………………………………… 364
　　　种牛牧场官制 ………………………………………… 364
　　　种牛牧场处务规程 …………………………………… 365

第九款　生丝检查所 ……………………………………… 367
　　　生丝检查所官制 ……………………………………… 367
　　　生丝检查所处务规程 ………………………………… 367
　　　生丝检查所临时商议员规程 ………………………… 368

第十款　蚕业讲习所 ……………………………………… 369
　　　蚕业讲习所官制 ……………………………………… 369
　　　蚕业讲习所处务规程 ………………………………… 370

第十一款　水产讲习所 …………………………………… 372
　　　水产讲习所官制 ……………………………………… 372
　　　水产讲习所处务规程 ………………………………… 373
　　　水产讲习所商议委员规程 …………………………… 373
　　　水产讲习所传习[①]规则 ……………………………… 374

第十二款　林野整理审查会 ……………………………… 377
　　　林野整理审查会规则 ………………………………… 377

第十三款　临时博览会 …………………………………… 378
　　　临时博览会事务局官制 ……………………………… 378

---

① 传习，即讲习、传授。

第十四章　递信①省所管 ·············· 380

第一款　递信省 ·············· 380
递信省官制 ·············· 380

第二款　铁道作业局 ·············· 382
铁道作业局官制 ·············· 382

第三款　通信署 ·············· 384
通信署官制 ·············· 384
在外国邮便②及电信局官吏赐假规则 ·············· 386

第四款　航路标识管理所 ·············· 388
航路标识管理所官制 ·············· 388

第五款　海事局 ·············· 390
海事局官制 ·············· 390

第六款　海员审判所 ·············· 392
海员审判所职员定员及任用令 ·············· 392
海员审判所事务章程 ·············· 393

第七款　商船学校 ·············· 395
商船学校官制 ·············· 395

第八款　东京邮便电信学校 ·············· 397
东京邮便电信学校官制 ·············· 397

第九款　铁道会议 ·············· 398

---

① 递信，即通信、邮电。
② 邮便，即邮政。

铁道会议规则 …………………………………………… 398

第十五章　会计检查院 ……………………………………… 400

　　会计检查院法 …………………………………………… 400
　　会计检查院事务章程 …………………………………… 404

第十六章　行政裁判所 ……………………………………… 408

　　行政裁判所处务规程 …………………………………… 408
　　行政裁判所评定官员数并书记员数职务之件 ………… 409

第十七章　贵族院事务局 …………………………………… 410

　　贵族院事务局官制 ……………………………………… 410

第十八章　众议院事务局 …………………………………… 411

　　众议院事务局官制 ……………………………………… 411

第十九章　台湾总督府 ……………………………………… 412

　　台湾总督府官制 ………………………………………… 412
　　台湾总督府陆军幕僚条例 ……………………………… 415
　　台湾总督府海军幕僚条例 ……………………………… 416
　　台湾陆军粮饷部条例 …………………………………… 417
　　台湾陆军经理部条例 …………………………………… 417
　　台湾陆军军医部条例规程 ……………………………… 419

台湾陆军兽医部条例	419
台湾守备混成旅团司令部条例	420
台湾陆军法官部条例	421
台湾总督府评议会章程	422
台湾总督府编修图书职员官制	423
临时台湾调查旧惯会规则	423
台湾总督府医院官制	424
台湾总督府警察官及司狱官练习所官制	425
台湾总督府监狱官制	426
台湾总督府海港检疫所官制	427
台湾总督府临时海港检疫所官制	429
临时台湾基隆筑港局官制	430
临时台湾土地调查局官制	430
台湾总督府专卖局官制	431
台湾总督府税关官制	433
台湾关税及出港税诉愿审查委员会规则	435
台湾总督府师范学校官制	436
台湾总督府国语学校官制	437
台湾总督府医学校官制	438
临时台湾糖务局官制	438
台湾总督府铁道部官制	440

台湾总督府邮便及电信局官制 …………………… 441

台湾总督府地方官官制 ………………………………… 443

台湾总督府县及厅看守定员之件 ……………………… 445

台湾总督府管内之街庄社设长之件 …………………… 446

台湾公学校官制 ………………………………………… 446

台湾小学校官制 ………………………………………… 447

台湾总督府国语传习所官制 …………………………… 447

第二十章 警视厅 …………………………………… 449

警视厅官制 ……………………………………………… 449

第二十一章 道厅 府县 ……………………………… 455

第一款 北海道厅 …………………………………… 455

北海道厅官制 ………………………………………… 455

北海道铁道部官制 …………………………………… 460

北海道厅森林监守规程 ……………………………… 461

厅府县设临时检疫官之件 …………………………… 461

设置地方视学之件 …………………………………… 462

地方视学定员 ………………………………………… 462

地方视学职务规程 …………………………………… 463

禁止地方视学兼任他官及常设定员之件 …………… 464

第二款 府县 ………………………………………… 465

地方官官制 …………………………………………… 465

关于府县警视之件 …………………………………… 471
厅府县巡查定员之件 …………………………………… 472
设置港务部之件 …………………………………… 472
地方森林会规则 …………………………………… 474

第九类　官规 …………………………………… 477

第一章　官等　俸给 …………………………………… 477

高等官官等、俸给令 …………………………………… 477
得为奏任之诸官 …………………………………… 484
秘书官官等之初叙及升叙 …………………………………… 485
判任官俸给令 …………………………………… 485
技术官俸给令 …………………………………… 486
在一定时间外服业之技手日所给与之额 …………………………………… 487
应外国政府招聘之官吏 …………………………………… 487
官制及俸给令改正时支发俸给之法 …………………………………… 487
文官俸给支发细则 …………………………………… 488
支发佣员俸给及其他诸手当之法 …………………………………… 489
枢密院议长、副议长、顾问官并书记官长、书记官年俸 …… 489
内大臣及内大臣秘书官、宫中顾问官之俸给 …………………………………… 490
侍从职干事俸给 …………………………………… 490
皇族职员官等、俸给 …………………………………… 490

侍医俸给…………………………………………………… 491

帝国博物馆、帝国京都及奈良博物馆书记之官等、俸给
……………………………………………………………… 491

帝国各博物馆技手之官等、俸给 ………………………… 491

在外公馆职员之官等令 …………………………………… 492

支发通译官及通译生之俸给与旅费之法 ………………… 492

警察监狱学校职员之俸给令 ……………………………… 493

警察监狱学校通译官之官等、俸给 ……………………… 493

神宫司厅职官之官等、俸给 ……………………………… 493

神部署职员俸给之支发规则 ……………………………… 494

官国币社神职之俸给规则 ………………………………… 494

传染病研究所职员之官等、俸给 ………………………… 496

税关监吏之俸给 …………………………………………… 496

陆军武官之官等表 ………………………………………… 497

陆军给与令 ………………………………………………… 497

屯田兵给与令 ……………………………………………… 515

驻外国之陆军武官给与令 ………………………………… 526

驻扎清国之陆军部队给与令 ……………………………… 527

陆军所属之特别文官俸给令 ……………………………… 529

附于驻外公使馆之陆军武官俸给令 ……………………… 531

海军武官官阶[①]表 ………………………………………… 532

[①] 原书为"阶级",系排版之误。

海军给与令	533
海军特设船舶中乘员之航海加俸	559
主理、录事俸给	560
判事、检事之官等俸给令	561
裁判所书记长之官等	564
裁判所书记长、书记之定员及俸给令	564
帝国大学高等官之官等、俸给令	565
东京帝国大学农科大学附属台湾演习林在勤职员之支给加俸	567
文部省所直辖之诸学校中高等官之官等、俸给令	567
府县官立师范学校长之任命及俸给令	568
师范学校教谕、助教谕、训导及书记之俸额	569
帝国图书馆高等官之官等、俸给令	570
公立中学校、高等女学校、专门学校职员之名称、待遇及任免	570
公立学校职员等级配当之件	571
公立学校职员俸给令	572
市町村所立小学校长及教员之名称、待遇	576
市町村所立小学校之教员俸给令	576
市町村所立小学校教员之加俸令	578
地方测候所职员之条件	579

道厅府县郡市之农事试验场、工业试验场、水产试验场、农事讲习所、工业讲习所、水产讲习所、种畜场之职员并农事巡回教师、工业巡回教师、林业巡回教师、水产巡回教师等所有名称、待遇、任免及官等、官级配当之件……581

通信手、补用铁道书记与看守航路标识之俸给及三等邮便电信局长、三等邮便局长、三等电信局长之手当……584

商船学校职员之俸给……584

在亲补职者及会计检查院长之待遇……585

会计检查院高等官之年俸……585

行政裁判所长官之待遇……587

行政裁判所长官并评定官之年俸……587

待遇贵族院及众议院之守卫……588

贵族院、众议院守卫定员及俸给令……588

台湾总督府之职员官等、俸给令……589

台湾总督府职员加俸之支给规则……594

台湾总督府之奏任文官转任于他官厅或再任者之官等……595

台湾总督府之判任官转他官厅或再任者之俸给……595

待命外交官兼任为台湾总督府高等文官时之俸给……596

台湾总督、补用警部之俸给令……596

台湾总督府之巡查、看守援用巡查、看守之俸给令	596
待遇台湾总督府之补用巡查	597
台湾总督府补用巡查之俸给令	597
台湾总督府警察官及司狱官与练习所练习生之俸给	598
台湾总督府附于陆军幕僚之佐尉官兼任台湾土地临时调查局高等文官者之俸给	598
台湾总督府税关监吏之俸给	599
台湾总督府法院职员之官等、俸给及定员令	599
支发台湾总督府法院判任通译俸给之件	601
台湾总督府使用嘱托员、雇员及技师、技手支发俸给之法	601
台湾盐务局职员之官等、俸给令	601
台湾樟脑局职员之官等、俸给令	601
临时台湾敷设铁道部职员之官等、俸给令	602
警视厅高等官俸给令	603
据警视厅高等官俸给令而定警察署长俸给区别	604
警视厅警部消防士、消防机关士、监狱书记、看守长之俸给	604
警视厅北海道厅府县及监狱判任官支发低额之俸给	605
待遇巡查、看守	605
巡查、看守俸给令	605

女监取缔与押丁之俸给……………………………………… 608

北海道厅高等官俸给令…………………………………… 608

北海道厅府县视学官之俸给……………………………… 610

地方视学之俸给…………………………………………… 610

视学之俸给………………………………………………… 610

地方高等官俸给令………………………………………… 611

港务部高等官俸给令……………………………………… 612

冲绳县宫古岛司及八重山岛司之俸给额………………… 612

岛屿之不行町村制者其户长以下之给资旅费并浦役场
　费………………………………………………………… 613

户长之身分取扱及俸给支发之法………………………… 613

待遇伊豆七岛地役人及名主……………………………… 613

典狱俸给令………………………………………………… 613

森林主事之俸给…………………………………………… 614

不受初叙官等制限之高等文官转其他高等文官时之官
　等………………………………………………………… 614

第二章　试验[①]……………………………………… 616

文官试验规则……………………………………………… 616

文官高等试验规则………………………………………… 619

---

① 试验,即考试。

外交官及领事官之试验规则 …………………… 622

外交官及领事官试验规则之施行细则 ………… 624

公使馆书记生及领事馆书记生之试验规则 …… 626

登用①试补理事之试验规则 …………………… 629

试补理事出愿并实务修习及实务修习试验规则 ……… 633

登用试补主理之试验规则 ……………………… 636

试补主理出愿并实务修习及实务修习试验规则 ……… 640

采用海军少主计候补生之试验规则 …………… 641

采用海军水路少技士候补生之试验规则 ……… 644

采用海军少军医候补生及海军少药剂士候补生之试验
  规则 …………………………………………… 646

望楼长及望楼手之试验规则 …………………… 649

任用海军笔记之试验规则 ……………………… 653

登用判事、检事之试验规则 …………………… 655

登用裁判所书记之试验规则 …………………… 660

登用执达吏②之规则 …………………………… 662

递信省补用铁道书记、补用邮便电信书记补用邮便为
  替贮金书记之试验规则 ……………………… 666

北海道厅铁道书记之试验规则 ………………… 671

---

① 登用,即录用、起用。
② 执达吏,即法警。

郡区长暂据内务大臣所指定科目之试验………… 672

　　郡区长之试验条规………………………………… 673

第三章　任用（附补充　进级　分限）………… 674

第一款　任用…………………………………… 674

　　文官任用令………………………………………… 674

　　文官试补及见习之规程…………………………… 676

　　外交官、领事官、书记生之任用令……………… 676

　　外交官、领事官及贸易事务官之特别任用令…… 678

　　任用通译官及通译生……………………………… 679

　　通译官之任用为外交官或领事官………………… 679

　　领事官特别任用令之适用于通译生……………… 679

　　在勤清国及朝鲜国之警部特别任用令…………… 680

　　官国币社及神部署之神职任用令………………… 680

　　税务监督局事务官及税务官之特别任用令……… 683

　　税务官属之特别任用……………………………… 683

　　税关补用事务官并监视及监吏之特别任用令…… 684

　　专卖局之使用临时雇员…………………………… 685

　　临时整理冲绳县土地事务局书记之任用及俸给… 685

　　海陆军将校于相当之官交互转任………………… 686

　　千住制绒所长之特别任用令……………………… 686

　　理事、主理之任用令……………………………… 686

　　遇战时或事变而任用之理事或主理……………… 688

　　录事之任用令……………………………………… 688

条目	页码
上等计手之任用	689
陆军通译官之特别任用	689
陆军补用监督之为监督讲习生	689
陆地测量官之任用规则	689
陆军监狱官之特别任用令	690
任用陆军监狱长及书记、看守长	691
采用陆军监狱看守之规则	691
采用陆军警守之规程	693
陆军准士官、下士采用为文官之规则	693
陆军准士官、下士采用为文官之细则	694
望楼长、望楼手之任用令	696
海军笔记之任用令	697
海军准士官、下士之任用进级条例	697
海陆军准士官并服役期满下士之用为判任文官	700
海军监狱官之特别任用令	700
裁判所书记长之特别任用	701
帝国大学舍监之特别任用	701
文部省直辖诸学校校长与生徒监之特别任用	701
任用文部省视学官图书审查官	702
视学官及视学之特别任用令	702
任用帝国图书馆长、司书官及司书	703
府县所立师范学校长之特别任用令	704
任用制铁所事务官及书记	704
候补营林主事及森林监守之任用令	705
候补营林主事及森林监守特别任用规则	705

任用海事局长 …………………………………… 708

任用铁道事务官 ………………………………… 708

递信事务官、通信事务官、候补通信事务官之特别
  任用令 ……………………………………… 708

任用三等邮便局长 ……………………………… 709

三等邮便局长之采用规则 ……………………… 709

北海道厅管下三等邮便局长采用之法 ………… 710

采用三等邮便局长时郡区长、户长处办之法 … 710

采用三等邮便局长之手续 ……………………… 710

三等电信局长之选任及手当法 ………………… 711

任用东京邮便电信学校卒业生 ………………… 711

任用商船学校长及学生监 ……………………… 711

任用会计检查官之资格 ………………………… 712

贵族院、众议院守卫长及守卫班长之特别任用法 … 712

台湾总督府事务官之特别任用 ………………… 712

任用台湾总督府判任职员 ……………………… 712

台湾总督府附于海军幕僚海军判任文官任用及俸
  给等 ………………………………………… 713

台湾总督府附于海军幕僚之判任文官转任或转勤
   …………………………………………… 713

任用台湾总督府警部长及其他职员 …………… 713

据明治二十九年(1896年)敕令第百三号而任用之
  文官惟得转任于同一官职 ………………… 714

台湾总督府警视之特别任用令 ………………… 714

台湾总督府警部、候补警部之特别任用令 …… 715

台湾总督府监狱监吏之特别任用 …………… 716
任用台湾总督府警察官及司狱官、练习所之舍监 … 716
台湾总督府海港检疫官之特别任用 …………… 717
临时台湾基隆筑港局事务官之特别任用令 …… 717
任用台湾土地调查局之职员 …………………… 717
台湾总督府专卖局事务官之特别任用令 ……… 717
台湾总督府税关事务官、税关监视官之特别任用令
　……………………………………………………… 718
台湾总督府税关属职之特别任用令 …………… 719
任用台湾总督府法院检察官 …………………… 719
台湾总督府师范学校长之特别任用 …………… 719
任用台湾总督府之国语学校长 ………………… 720
任用台湾总督府国语学校之舍监 ……………… 720
台湾樟脑局事务官之特别任用 ………………… 720
台湾总督府铁道部事务官之特别任用令 ……… 721
台湾总督府通信事务官、候补通信事务官之特别
　任用令 …………………………………………… 721
台湾总督府通信书记、候补通信书记之特别任用
　令 ………………………………………………… 722
台湾总督府地方职员之特别任用令 …………… 722
恒春办务署主记之任用为恒春厅属 …………… 723
警视之特别任用 ………………………………… 723
警视厅北海道厅府县税务监督局、税务署专卖局
　及集治判任官月俸未满十五元者之特别任用 … 723
北海道厅支厅长之特别任用令 ………………… 724

北海道厅翻译生之特别任用 …………………… 724

任用北海道铁道部铁道事务官 ………………… 724

北海道厅铁道书记之特别任用 ………………… 724

府县参事官及典狱之特别任用令 ……………… 724

港务部职员之特别任用令 ……………………… 725

任用郡区长 ……………………………………… 726

郡区长、府县参事官之特别任用 ……………… 726

警部、监狱书记、看守长之特别任用令 ……… 726

采用巡查规则 …………………………………… 727

采用看守规则 …………………………………… 730

巡查、看守之考试规程 ………………………… 732

巡查之教习概则 ………………………………… 734

看守之教习规则 ………………………………… 734

施行地方官官制中之郡视学规定时任用郡视学之

　件 …………………………………………… 736

公立学校职员、教官及其他从事教育之文官间转任

　之件 ………………………………………… 736

任用外务通译生为外务书记生 ………………… 736

烟草专卖局职员之特别任用令 ………………… 737

任用临时烟草制造准备局之事务官 …………… 738

樟脑事务局职员之特别任用令 ………………… 738

典狱及看守长之特别任用令 …………………… 739

看守之考试规程 ………………………………… 740

森林主事之特别任用规则 ……………………… 741

候补铁道书记、通信手之特别任用令 ………… 744

　　　　在外各地为邮便局长之通信事务官任用法……744
　　　　台湾总督府防疫事务官之特别任用令……745
　　　　台湾总督府税务官之特别任用令……745
　第二款　补充……746
　　　陆军补充条例……746
　　　陆军补充条例第七条所应指定之学校……780
　　　陆军宪兵科预备役士官之补充……781
　　　关于卫戍病院附属卫生部员并官衙学校附属兽医
　　　　之补充……781
　　　陆军诸部团队官衙学校中以预备役、后备役者补
　　　　充之身分取扱……781
　　　动员时陆军诸官衙学校及宪兵队附属职员之补充
　　　　……782
　　　海军高等武官之补充条例……782
　　　得省略采用试验而采用海军少军医候补生之府县
　　　　所立医学校……789
　第三款　进级……790
　　　陆军武官进级令……790
　　　陆军预备、后备之武官进级令……793
　　　陆军三等军医及药剂官之特别进级……794
　　　陆军三等兽医之特别进级……794
　　　陆海军将校同等官之名誉进级……794
　　　海陆军预备、后备将校及与将校相当官之名誉
　　　　进级……794

参谋职制中之补职年限 ………………………… 795
台湾在勤陆军武官实役停年之加算 …………… 795
海军高等武官之进级条例 ……………………… 795
台湾总督府及所辖官厅技手之进级 …………… 798

第四款 分限[①]……………………………… 799
文官分限令 ……………………………………… 799
陆军将校分限令 ………………………………… 801
海军将校分限令 ………………………………… 803
理事分限令 ……………………………………… 804
公立学校职员之休职 …………………………… 805
裁判官休职之规定 ……………………………… 806
会计检查官之退官 ……………………………… 806
集治监、假留监看守之休职 …………………… 807
厅府县看守之休职 ……………………………… 807

第四章 服务规律 惩戒赏罚 执务时间 休假
………………………………………………… 808

第一款 服务规律 …………………………… 808
官吏服务规律 …………………………………… 808
禁官吏私自揭载新闻纸 ………………………… 810
禁官吏叙述政务于新闻纸等 …………………… 810
官吏之商业制禁 ………………………………… 810

---

① 分限,即身份,地位。

官吏得为会社之株主① ……………………………… 811
公卖官地、官林及不用之物禁其厅之官吏投票 …… 811

第二款　惩戒赏罚 ……………………………………… 812

文官惩戒令 ………………………………………… 812
判事惩戒法 ………………………………………… 816
陆军惩罚令 ………………………………………… 823
海军惩罚令 ………………………………………… 828
神职惩戒令 ………………………………………… 834
税关监吏赏罚规则 ………………………………… 834
监狱判任待遇职员之惩戒规程 …………………… 835
巡查惩罚例 ………………………………………… 836
授与看守女监取缔以精勤证书之规则 …………… 836
会计检查官之惩戒法 ……………………………… 837
行政裁判所长官评定官之惩戒令 ………………… 842
贵、众两议院守卫之惩罚 ………………………… 847
临时博览会事务局职员惩戒之件 ………………… 847

第三款　执务时间 ……………………………………… 848

各官厅执务时间 …………………………………… 848
台湾总督府及其所属各官厅之执务时间 ………… 848
邮便局所之执务时间 ……………………………… 849

第四款　休假 …………………………………………… 850

休假定日 …………………………………………… 850

---

① 株主，即股东。

日曜日、土曜日休假之件 ……………………………… 850
年中祭祀等之休假日 ………………………………… 850
各官员暑假之件 ……………………………………… 851
赐官员父母祭日之休假 ……………………………… 851
各官员出张于远地者归京后赐休假 ………………… 851
归京者休假之日数 …………………………………… 851
女监取缔休假之件 …………………………………… 852
巡查、看守休假概则 ………………………………… 852

第五章　恩给　扶助 …………………………… 853

第一款　官吏恩给及遗族扶助并附退官之赐金 ……… 853

官吏恩给法 …………………………………………… 853
官吏恩给法施行规则 ………………………………… 857
文官伤痍、疾病之等差例 …………………………… 861
官吏遗族扶助法 ……………………………………… 863
官吏遗族扶助法施行规则 …………………………… 866
官吏恩给法及官吏遗族扶助法之补则 ……………… 868
官吏恩给法及官吏遗族扶助法补则之施行规则 …… 869
恩给局裁决恩给扶助费权利之手续 ………………… 870
台湾总督府属下雇员之适用官吏恩给法及官吏遗
　族扶助法 …………………………………………… 871
文官判任以上者之退官赐金 ………………………… 871
台湾总督府三等邮便电信局长、三等邮便局长、三
　等电信局长之俸给退官赐金及死亡赐金令 ……… 872
台湾在勤官吏之恩给及遗族扶助费 ………………… 872

据明治三十三年（1900年）法律第七十五、七十六
号在台湾官吏及军人之恩给并遗族扶助费中所
称之风土病、流行病而指定其种类 ……………… 874
在台湾文官判任以上之学校职员所受俸给以地方
税支办者之退隐费及遗族扶助费 ……………… 874
第二款　军人恩给及遗族扶助 …………………… 876
军人恩给法 ……………………………………… 876
军人恩给法施行规则 …………………………… 890
施行明治三十五年（1902年）法律第四十五号
改正军人恩
给法之手续 ……………………………… 892
陆军军人恩给之取扱手续 ……………………… 893
理事之恩给及遗族扶助 ………………………… 895
陆军见习士官及生徒之恩给额 ………………… 895
海军候补生及海军生徒之恩给额 ……………… 895
支给海军大佐、大尉及与同等之官之恩给法 … 895
军人、军属在明治七年以后因战役死亡者其父母
及祖父母之扶助法 ……………………………… 896
军人、军属之父母及祖父母扶助法施行规则 … 897
战死者等之遗族及负伤者支给特别赐金方法 … 900
陆军军人、军属、雇员、佣人死于明治二十七、八年战
役者之遗族特别赐金支给法 …………………… 901
海军军人、军属死于明治二十七、八年战役者之遗
族特别赐金支给法 ……………………………… 902
于明治二十七、八年之战役有勋劳者予以一时赐金

之取扱方法 …………………………………………… 904
　　明治二十七、八年之战役及明治三十三年(1900)之
　　　清国事变所有赐金之请求交付手续 …………… 904
　　军人服役于台湾者之恩给及遗族扶助费 ………… 904
　　日俄战役之特别赐金颁给手续 …………………… 905
　　海军军人、军属及其他有从日俄战役而死亡者遗
　　　族之特别赐金交付法 …………………………… 906
　　救助下士、兵卒家族令 …………………………… 907
　　救助下士、兵卒家族令之施行规则 ……………… 907
　　救助下士、兵卒家族令之施行期日 ……………… 908
第三款　宫内官吏之恩给及遗族扶助 …………… 909
　　宫内省之官吏恩给例 ……………………………… 909
　　宫内省准官吏恩给例 ……………………………… 910
　　宫内省官吏、准官吏之遗族扶助例 ……………… 911
　　宫内省官吏、准官吏恩给例之施行规则 ………… 913
　　宫内省官吏、准官吏遗族扶助例之施行规则 …… 915
　　宫内省官吏、准官吏恩给例与遗族扶助例适用官
　　　吏恩给法及官吏遗族扶助法之补则法 ………… 917
　　宫内省官吏恩给及扶助费之支给法 ……………… 918
　　关于宫内省官吏恩给及扶助费之件 ……………… 918
　　请求恩给及扶助费之差出法 ……………………… 919
　　受恩给者就职时之停止恩给法 …………………… 919
第四款　学校职员之退隐及遗族扶助 …………… 921
　　府县所立师范学校长之俸给并公立学校职员之退

隐费及遗族扶助费法…………………………921
公立学校职员退隐费及遗族扶助费之支给规则……924
于府县所立师范学校长之俸给并资格学校职员之
　退隐费及遗族扶助费法算定学校职员之在职年
　数……………………………………………930
在不行府县郡市町村制之地而行府县所立师范学
　校长之俸给并公立学校职员之退隐费及遗族扶
　助费法及市町村所立小学校教员之退隐费及遗
　族扶助费法…………………………………931
关于公立学校职员退隐费之件………………932
施行明治二十九年之法律第十三号…………934
施行明治二十九年法律第十三号之规定……934
市町村所立小学校教员之退隐费及遗族扶助费法
　　…………………………………………935
市町村所立小学校教员退隐费及遗族扶助费之支
　给规则………………………………………938
于支给市町村所立小学校教员退隐费等之算定在
　职年数………………………………………945
府县小学校教员恩给基金之管理规则…………945

第五款　巡查、看守等之给助…………………947
巡查、看守之退隐费及扶助费法………………947
巡查、看守退隐费及遗族扶助费法之施行令……951
据巡查、看守退隐费及遗族扶助费法而属于内阁
　恩给局长管掌者之取扱规程………………952
地方长官所主管之巡查、看守退隐费及遗族扶助

费取扱规程……955
在勤台湾之巡查、看守退隐费及遗族扶助费……957
巡查看守疗治费、给助费及祭吊费之给予令……958
施行巡查看守疗治费、给助费及祭吊费给予令于
　　台湾之件……960
巡查、看守给助例……960
巡查、看守给助例中之年金支给法……962
陆军监狱看守、海军监狱看守给助令……962
陆军监狱看守给助例之施行细则……963
皇宫警手之给助例……964

第六款　死伤扶助之手当……969
官吏为公务上从事于预防传染病等而感染或死亡
　　者给予手当金法……969
佣使为预防、救济流行病之医师以下有感染及死
　　亡者之手当规则……969
官役人夫之死伤手当规则……971
各厅所用技术、工艺之人执业而死伤者之手当内规
　……972
值战时或事变海陆军之雇员、军舰之乘组佣人、官
　　用船舶之船员等有伤痍、疾病及死亡而给予之
　　手当金……973
给予陆军雇员等死伤者手当金之细则……975
给予海军死伤者手当金之细则……977
从事明治二十七、八年之战役因公务而死亡或受伤
　　痍、罹疾病者之特别赐金取扱方法……978

从事明治二十七、八年之战役因公务而死亡或受伤
  痍、罹疾病者之特别赐金取扱方法 ················· 979
从事于清国之事变因公务而死亡或受伤痍、罹疾
  病者之特别赐金取扱方法 ························· 981
从事于清国之事变因公务而死亡或受伤痍、罹疾
  病者之特别赐金取扱方法 ························· 982
给予陆军诸生徒之手当金 ····························· 984
陆军军人、军属归乡疗养者之给予规则 ················· 984
陆军军人、军属归乡疗养者给予规则之细则 ············· 987
台湾总督府雇员佣员死亡、伤痍、疾病之手当规则
  ··· 989
台湾并在外陆海军雇员、佣人死伤手当金之给予
  规则 ·· 990
台湾并在外陆军雇员、佣人死伤手当金之给予细则
  ··· 990

第六章　旅费手当及诸给 ································· 992

第一款　旅费 ·· 992
内国旅费规则 ·· 992
警察及其他官吏之内国旅费概则 ······················· 994
警察监狱学校生徒旅费之支给规则 ····················· 996
给内国税征收费所支办之旅费法 ······················· 996
给专卖局作业费所支办之旅费法 ······················· 998
官船航行旅费规则 ···································· 999
以樟脑及樟脑油专卖费支办之旅费支给法 ··············· 1000

陆军旅费规则 …………………………………… 1000
海军内国旅费规则 ……………………………… 1010
林区署旅费规则 ………………………………… 1028
铁道会议议长、议员及临时议员旅费支给规则 …… 1031
土木会会长委员及临时委员旅费支给法 ……… 1032
农商工高等会议议长、副议长、议员及临时议员旅
　　费支给法 …………………………………… 1032
台湾总督府文官判任以上之台湾旅行旅费规则 … 1032
台湾总督府嘱托委员、雇员之内地旅费支给法 … 1033
台湾总督府嘱托员、雇员、佣员之台湾旅行旅费规
　　则 …………………………………………… 1033
台湾总督府警察、司狱吏员旅费规则 ………… 1034
台湾总督府警察、官吏在受持区内出张及巡回之
　　旅费规则 …………………………………… 1035
台湾总督府判任以上职员及看守、巡查之归乡旅
　　费规则 ……………………………………… 1036
外国旅费规则 …………………………………… 1037
递信省部内官吏在勤外国而挈其妻者之旅费给与
　　规则 ………………………………………… 1039

第二款　手当及诸给与 …………………………… 1041
宿直等之给与食品并附备特别应用文具法 …… 1041
公使馆、领事馆费用条例 ……………………… 1041
公使馆、领事馆费用条例之施行细则 ………… 1051
照公使馆、领事馆费用条例支给金币或银币者给
　　以新金币件 ………………………………… 1056

日本专管居留地经营事务监督官及日本专管居留
地经营事务所职员支给旅费及手当之件 ……… 1057
海外在勤外交官、领事官等于在勤地值战事或事
变之给予手当法 ……………………………… 1057
从事预防、救治传染病之官吏、准官吏及佣员给予
手当法 ………………………………………… 1058
从事预防、救治传染病者手当金之件 ………… 1058
从事预防、救治传染病者疗治费之件 ………… 1059
从事预防、救治传染病之陆军雇员、佣人或其遗族
等之手当金出愿手续 ………………………… 1060
东京府下及冲绳县下在勤岛屿之地方官厅判任官
及巡查、雇员给予手当之件 ………………… 1060
在勤于岛屿者给予月手当之细则 ……………… 1060
在勤千岛之北海道厅职员给予手当金之件 …… 1061
在勤于千岛国诸岛之北海道支厅长以下给予手当
之细则 ………………………………………… 1062
巡查、看守给予宿费法 ………………………… 1063
北海道厅巡查、看守及北海道厅集治监看守支给
手当金之件 …………………………………… 1063
巡查之给予品及贷与品规则 …………………… 1063
看守之给予品及贷与品规则 …………………… 1065
押丁之给予品及贷与品之规定 ………………… 1066
女监取缔之给予品及贷与品规程 ……………… 1068
北海道厅森林监守之给予品及贷与品规则 …… 1069
专卖所见习员手当之支给规则 ………………… 1070

税关临时出务之税关官吏及佣人支给手当金之件
.... 1071
税务署设于交通困难之岛屿者其在勤之税务官属、
技手、雇员给予手当之件 1071
在勤岛屿者给予月手当之细则 1072
烟草专卖局制造所职员之手当及年功加俸 1072
烟草制造所从事现业之判任官及雇员所有勤勉手
当 1073
召唤职工长及职工于烟草制造所之间给予之手当
.... 1073
驻扎台湾岛及澎湖岛之陆军部队给予规则 1074
驻扎韩国陆军部队之给予 1076
陆军战时给予规则 1077
陆军监狱看守给予宿费之件 1080
战时陆军准士官以上及军属以乘组船舶之破坏或
沉没亡失被服装具而支给手当之件 1080
据造船造兵监督官条例派遣于美国之上长官、士
官给予手当之件 1081
海军战时给予规则 1081
海军上等技工与技工及夫工手当金加给之件 1085
裁判所及检事局等之设置于交通极难之岛屿者给
予其判事、检事各官之手当 1085
给予在勤岛屿者月手当之场所及细则 1085
俘虏及捕获船舶之乘员并准此者给予之件 1086
服勤于中央气象台附属测候所者给予手当之件 .. 1086

中央气象台临时观测技手给予月手当之件 ……… 1087
中央气象台附属测候所职员之月手当给予细则 … 1087
林区署之给予次序 ………………………………… 1087
支给视察航路标识船及布设海底电线船乘组员之
　食卓费并航海日当 …………………………… 1092
驻清国之帝国领事馆附属船舶司检所职员给予手
　当之件 ………………………………………… 1093
驻清国之帝国领事馆附属海事局职员给予手当之
　件 ……………………………………………… 1094
给予驻在清国制铁所官吏之件 ………………… 1094
驻在清国之制铁所官吏给予细则 ……………… 1095
通信现业员之勤勉手当 ………………………… 1096
给予设在外国邮便及电信局官吏之手当 ……… 1096
给予设在外国邮便及电信局官吏手当之细则 … 1097
增给设在外国邮便局长临时手当之件 ………… 1101
设在韩国通信官署官吏值战时或事变增加在勤手
　当之给予年额 ………………………………… 1101
三等邮便局长之手当金年额 …………………… 1102
置于千岛、大隅、琉球诸岛邮便及电信局之职员给
　予手当金之件 ………………………………… 1103
置于千岛、大隅、琉球诸岛二等邮便及电信局职员
　在勤月手当之给予细则 ……………………… 1103
在勤于交通困难地方航路标识看守之月手当 … 1104
在勤于交通困难地方航路标识看守月手当金之给
　予细则 ………………………………………… 1105

台湾总督府厅参事月手当金支给之件 …………… 1105

台湾总督府嘱托员、雇员及公医手当金支给之件

………………………………………………… 1105

补给台湾总督府雇员、佣员食费之件 …………… 1106

台湾总督府判任文官、巡查、看守兼掌土语通译者

支给特别手当之件 …………………………… 1106

台湾总督府巡查及看守之手当支给规则 ………… 1106

台湾总督府警察官及司狱官练习生支给手当金及

旅费之件 ……………………………………… 1107

台湾总督府国语学校并附属学校、师范学校及国

语传习所之生徒支给学资金及旅费日当之件 … 1107

第七章 服制服装 礼炮礼式 …………………… 1108

第一款 服制服装 ……………………………… 1108

定大礼服及通常礼服以旧衣冠为祭服并废直垂狩

衣上下等 ……………………………………… 1108

布告礼服制式 ……………………………………… 1108

用大礼服法与更用黑及绀色上服羽织裤之件 …… 1108

侍从武官徽章 ……………………………………… 1109

主猎局敕任、奏任官服制 ………………………… 1109

主殿寮敕、奏任官服制 …………………………… 1110

主马寮中头副权头、助权、助车马监、调马师服制

……………………………………………………… 1110

东宫职敕任、奏任官大礼服、小礼服制定之件 …… 1110

警察官、消防官服装规则 ………………………… 1111

巡查服装规则	1114
巡查服装之件	1115
巡查部长及其待遇并徽章	1115
注意巡查带剑布达之件	1115
巡查带剑之注意法	1116
典狱分监长、看守长以及看守之服制并提灯徽章之件	1116
典狱看守长、看守之服装规则	1117
看守部长之待遇并其徽章	1118
元帅徽章之式制及其装缀之件	1118
理事及试补理事之服制	1119
宪兵上等伍长之服制	1119
陆军部内佩用记章之种类及图式	1119
陆军下士、兵卒在乡得被制服之件	1120
陆军战时或事变时之服制	1120
预备役后备役海军下士、卒不在召集中可用制服之件	1120
贵族院众议院守卫长、守卫番长及守卫之服制	1121
守卫长、守卫番长及守卫之服装规则	1121
陆军军人之在台湾者日覆垂下白布之件	1122
台湾总督府法院判官、检察官及书记之服制	1122
台湾总督府海港检疫官、海港检疫医官、候补海港检疫官、候补海港检疫医官、海港检疫员、海港检疫医员之服制	1123
港务部职员之服制	1123

小林区署职员之服制 ……………………………… 1123
　　　小林区署职员服制礼式之规程 …………………… 1124
　第二款　礼炮礼式 …………………………………… 1127
　　　海军礼炮条例 ……………………………………… 1127
　　　警察礼式 …………………………………………… 1137
　　　看守长、看守礼式 ………………………………… 1141
　　　监狱官吏礼式 ……………………………………… 1141
　　　水上警察礼式 ……………………………………… 1141
　　　港务部及临时海港检疫所职员准用警察礼式与水
　　　　上警察礼式之件 ………………………………… 1143

附录 ……………………………………………………… 1144
　　　日汉法律专用名词对照表 ………………………… 1144

附表目录[*]

　侍讲之俸给表 …………………………………………… 37
　陆军省职员表 …………………………………………… 147
　海军省定员表 …………………………………………… 225
　临时教员养成所各科科目表 …………………………… 313
　　第一号表　国语汉文科 ……………………………… 313
　　第二号表　英语科 …………………………………… 313

---

[*] 表格目录，本次再版时所加，原书无。

第三号表　数学科 …………………………………… 314

　　　第四号表　博物科 …………………………………… 314

　　　第五号表　物理化学科 ………………………………… 315

府县警视俸给表判事文官俸给表技师年俸表 ……………… 472

在外公馆职员官等表 …………………………………………… 492

警察监狱学校通译官年俸表 …………………………………… 493

神宫司厅职员官等、俸给表 …………………………………… 493

神部署长、神部俸给第一号表 ………………………………… 494

补用神部俸给第二号表 ………………………………………… 494

官国币社神职俸给一、二号表 ………………………………… 496

税关监吏俸给表 ………………………………………………… 497

陆军武官官等表 ………………………………………………… 499

陆军给与令诸表 ………………………………………………… 508

　　第一表　现役俸 ……………………………………… 508

　　第二表　职务俸 ……………………………………… 508

　　第三表甲　给资 ……………………………………… 509

　　第三表乙　在召集中之给资 ………………………… 510

　　第四表　手当金 ……………………………………… 511

　　第五表　外宿加俸 …………………………………… 511

　　第六表　各种加俸 …………………………………… 512

　　第七表　特别俸 ……………………………………… 512

第七表之二　下士退营赐金 …………………………… 513

　　第七表之三　初任手当 ………………………………… 513

　　第七表之四　勤功褒赏金 ……………………………… 513

　　第八表　宅费 …………………………………………… 514

　　第十三表　下士以下之被服 …………………………… 514

　　第十四表　附备之被服 ………………………………… 515

屯田兵给与令诸表 ………………………………………… 521

　　第二表　粮食及食费 …………………………………… 521

　　第四表　给与出身屯田兵之下士卒被服 ……………… 521

　　第五表　被服各费 ……………………………………… 523

　　第六表　附备被服 ……………………………………… 523

　　第七表　马匹之各定额 ………………………………… 524

　　第八表　消耗品费 ……………………………………… 525

　　第九表　薪炭费 ………………………………………… 525

　　第十表　阵营具永续费 ………………………………… 525

驻外国之陆军武官给与表 ………………………………… 527

驻扎清国之陆军部队俸给表 ……………………………… 529

陆军所属特别文官俸给第一、二表 ……………………… 530

驻外公使馆之陆军武官在勤俸年额表 …………………… 532

海军武官官阶表 …………………………………………… 532

海军给与令诸表 …………………………………………… 550

　　　　第一表　军人俸给表 …………………………………… 550

　　　　第二表　文官及以判任官待遇者之俸给表 …………… 550

　　　　第三表　外国在勤加俸表 …………………………………… 551

　　　　第四表　台湾在勤加俸表 …………………………………… 551

　　　　第五表　舰船航海加俸表 …………………………………… 552

　　　　第六表　舰船航海加俸表 …………………………………… 553

　　　　第七表　驱逐舰及水雷艇航海加俸表 ………………… 554

　　　　第八表　宿舍手当表 ………………………………………… 555

　　　　第九表　再服役手当表 ……………………………………… 555

　　　　第十表　武装手当表 ………………………………………… 556

　　　　第十一表　支度手当表 ……………………………………… 556

　　　　第十二表　食桌手当表 ……………………………………… 556

　　　　第十三表　被服物品定数表 ………………………………… 557

海军特设船舶中乘员航海加俸表 ……………………………… 560

主理、录事俸给别表 …………………………………………… 560

判事、检事俸级表 ……………………………………………… 563

帝国大学高等官官等俸给表 …………………………………… 566

文部省直辖学校高等官官等俸给别表 ………………………… 568

府县官立师范学校长俸给别表 ………………………………… 569

师范学校之俸额表 ……………………………………………… 469

帝国图书馆高等官官等俸给别表 ……………………………… 470

与奏任文官受同一待遇之公立学校职员官等配当表……571

与判任文官受同一待遇之公立学校职员等级配当表……571

公立学校职员俸给第一、二、三号表……575

市町村立小学教员俸给表……577

技师官等配当表……580

技手、书记等级配当表……581

与奏任(判任)文官受同一待遇之府县郡市农事试验场
　等巡回教师官等(等级)配当表……583

看守航路标识之月俸表……585

商船学校职员俸给别表……585

高等文官官等表……591

高等文官俸给表……593

高等文官官等相当俸给表……594

台湾总督府税关监吏之俸给别表……600

台湾总督府法院职员之官等俸给别表……601

巡查、看守俸给别表……607

北海道厅府县视学官俸给别表……610

地方高等官年俸表、加俸表……611

港务长及港务官年俸表……612

军人恩给法诸表……888

　第二号　免除恩给表……888

第三号　增加恩给表 889

第四号　给助金表 889

第五号　寡妇孤儿扶助费表 890

佣使为预防、救济流行病之医师以下有感染及死亡者之手当表 970

官役人夫之死伤手当表 971

各厅所用技术、工艺之人执业而死伤者之手当内规表 973

值战时或事变海陆空雇员、佣人、船员之死殁、伤痍、疾病手当金表 975

陆军军人、军属归乡疗养者之给予手当第一、二表 985

台湾总督府雇员、佣人死殁、伤痍、疾病手当金额表 989

台湾并在外陆海军雇员、佣员死殁、伤痍、疾病手当金表 990

国内旅费额表 994

警察及其他官吏之内国旅费甲、乙号表 996

给内国税征收费所支办之旅费表 997

海军内国旅费第一、二、三、四、五、六、七表 1020

林区署旅费甲、乙、丙表 1030

铁路会议议长、议员及临时议员旅费表 1031

台湾总督府文官判任以上之台湾旅行费别表 1033

台湾总督府嘱托员、雇员、佣员之台湾旅行费别表 …… 1034

台湾总督府警察、司狱吏员旅费别表第一、二号 …… 1035

公使馆、领事馆之外交官及领事之本(加)俸表 …… 1042

从事预防、救治传染病者手当金表 …… 1059

东京府下及冲绳县下在勤岛屿之地方官厅判任官及
  巡查、雇员给予手当表 …… 1060

在勤于岛屿给予月手当金表 …… 1061

在勤千岛之北海道厅职员给予手当金表 …… 1062

税关临时出务之税关官吏及佣人支给手当表 …… 1071

税务署设于交通困难之岛屿者其在勤之税务官署、技
  手、雇员给予手当表 …… 1072

在勤岛屿者给予月手当表 …… 1072

召唤职工长及职工于烟草制造所之间给予手当表 …… 1073

陆军战时给予手当金表 …… 1078

裁判所及检事局等之设置于交通极难之岛屿者给予
  判事、检事各官之手当表 …… 1085

给予在勤岛屿者月手当表 …… 1086

服勤于中央气象台附属测候所者给予手当表 …… 1086

支给视察航海标识船等乘组员食卓费、日当表 …… 1093

给予驻在清国制铁所官吏手当表 …… 1094

给予设在外国邮便及电信局官吏之手当表 …… 1097

给予设在外国邮便等官吏手当 ……………………………
  第一号表　在勤手当之给予年额表 …………… 1099
  第二号表　一时手当给予额表 ………………… 1101
三等邮便局长之手当 ……………………………… 1102
置于千岛、大隅、琉球诸岛邮便及电信局之职员给予
  手当表 …………………………………………… 1103
对帝国文武官礼炮数表 …………………………… 1132

点校前言

《新译日本法规大全》(点校本)第三卷,包括第八类官制和第九类官规,收入法律法规共计776项。

官制部分共21章,按国家机关的设置依次分为内阁所管、枢密院、宫内省、各省官制通则、外务省所管、内务省所管、大藏省所管、元帅府及军事参议院、陆军省所管、海军省所管、司法省所管、文部省所管、农商务省所管、递信省所管、会计检查院、行政裁判所、贵族院事务局、众议院事务局、台湾总督府、警视厅、道厅府县等,详细规定了各国家机关及其主要职员的设定、职责和权限等内容。

《新译日本法规大全》中所规定的官制发源于日本明治十八年(1885年)12月22日的官制改革。在这之前,日本实行的还是太政官制度,即国家的最高中央官厅是太政官,以太政大臣为核心,以左右大臣及参议辅弼太政大臣,太政大臣之下的各部长官称之为卿。官制改革之后,太政官制度被内阁制度所取代,太政大臣、左右大臣、参议和诸卿被内阁总理和各部部长取而代之,由内阁总理和各部部长组织内阁,由此形成最高中央官厅。正如同时期日本宪法、行政法学家美浓部达吉所言,"现行之中央官制,於天皇之下,将行政各部分配之於各部,各部长官关于其所主任之事务,一方有为国务部长以辅弼天皇之职务,一方有为最高行政官厅之职务。别设内阁总理,使为国务部长之首领,以当统一行政各部之任。而以国务部长之全体组织内阁,关于重要政务,以阁议决之。此大体之主义也。"①

日本当时的官吏分为敕任官、奏任官和判任官三种。敕任官和奏任官称为高等官,其中,敕任官包括亲任官、一等官和二等官。所谓亲任官,是指由天皇亲笔书写委任状所任命的敕任官和由内阁总理大臣亲自作出任命的敕任官,前者隶属于天皇,后者隶属于内阁总理大臣。敕任官的任命,一般是由内阁大臣会议讨论决定,然后上奏天皇。二等官至九等官为奏任官,它由内阁总理大臣任命。判任官不属于高等官,它由各省大臣任命。

官规部分共7章,依次为"官等、俸给"、"试验"、"任用(附补充、进级、分限)"、"服务规律、惩戒赏罚、执务时间、休假"、"恩给扶助"、"旅费手当及诸给"、"服制服装、礼炮礼式"等,详细规定了官员的待遇、考核、任免、级别、惩罚等内容。

从《新译日本法规大全》中可以看出,日本当时所规定的官规制度是相当详细和完善的。例如,关于官吏的权利,就详细分为以下五种权利:一是身份上的权利。官吏有不同的等级和官名,不同等级的官吏可以穿着不同款式和质地的制服和礼服,可以享受相应的待遇,官吏的官职不可随意剥夺。二是职务上的权利,官吏因担任官职从而享有相应职务上的权利。三是俸给权,官吏因从事官职而有取得俸给的权利。四是恩给权,即官吏退休或退职后有取得养老金、退休费或其它补贴的权利。五是职务上实费开支的权利,即官吏因从事官职而有取得一定的旅行费、服装费等补贴的权利。其中,仅恩给权

---

① [日]美浓部达吉著:《日本行政法撮要》,杨甘甲译,(民国)考试院印刷所,1933年版,第115页。

一项,就又详细分为普通恩给(包括退职恩给和免职恩给等)、增加恩给、一时恩给、伤病赐金、扶助金、一时扶助金、赈恤金、给助金等多种形式。此外,官规部分对官吏的考核任免、惩戒赏罚等也做了非常详尽的规定。

《新译日本法规大全》第三卷官制、官规部分的立法,基本反映了日本明治政府在推行法制改革尤其是在建立和健全行政法律法规方面的立法成果和立法状况。从官制和官规的立法之中,也可以隐约看出当时日本社会的种种现象。

例如,关于文官高等考试,日本《文官试验规则》第 2 章第 12 条规定,"有帝国大学法科大学、东京旧大学法学部、文学部及司法省旧法学校正则部之卒业证书者及卒业学习院大学科四学年之课程者,俱免预备试验。"此外,帝国大学法科大学的毕业生还享有司法官考试、律师考试免考的特权。这种规定,一方面反映了日本当时对法学教育的重视和推崇,以致社会上出现"法科万能"的局面。另一方面反映出日本社会对文凭的重视,这在官吏的考核任免制度中体现得非常突出,难怪清末民初学者沈觐鼎在考察日本官制官规后对日本教育制度有如下之评论:

"日本行政制度及社会之风气,偏重学校毕业文凭。凡未毕业中学校者,社会不认之为修过普通教育者,既不能任委任官,亦不能充小学教员,当然不能升入大学。如欲服务于社会之较上层,则更须得有大学毕业文凭,其所受过教育之内容如何,是否适应实际社会之要求,非所计也。国家于任用公务员,对于学校毕业生既设种种特权,而社会亦有藐视未毕业学校者之风气,于是一般青年莫不争入中学而更谋入大学,因青年之争趋中学大学,各学校之收额有限,于是乎乃有考试地狱入学之难关矣。既入中学大学之学生,刻苦多年,幸而毕业,以其所受教育未适应于社会实际之需要,故除师范毕业生外,并无生活之保障。于是毕业生遂供过于求,乃有求职难之痛苦矣。智识阶级之求职既难,失业问题既随之而生,甚者穷迫相率而趋于赤化,成为社会上一重大问题,此其教育制度之缺点一也。日本国民职业大半仍为农林,国家行政机关实属有限,而国中学校之种类则多为政法方面,学生修政治法律者亦最多,显于国民之实际生活相反,此其教育制度之缺点二也。居今日之社会,少壮有为之人才正复相需相殷,日本教育年限过长,大学毕业生年龄率在二十七岁左右,青年新进猛锐之气已销磨于考试地狱之中。各机关公务员之初叙多属三十岁以上,且尚在见习期间,乃至荐升要职,不免暮气深重,此其教育制度之缺点三也。"①

严格的等级秩序以及因等级不同而产生的繁琐的礼仪亦是日本官制官规制度的一大特色。例如,明治二十四年(1891年)内务省训令《警察礼式》规定,"欲入上官之室内,则直立于其入口,以告来意而待指挥。上官许之入室,则进及离其席三、四步之处,行敬礼。若上官有数人在,则先向最高级之人行敬礼,次向其他共行敬礼,去其居室同。""上官而来居室,当一律离椅子为敬礼。除有关系者外,敬礼之后,即席各服其事。及上官去其居室,复行敬礼。""同班或下班者来居室而行敬礼,同班则离椅子为敬礼,下班则坐而为答礼。""在室内谈公事,则下班者当离椅子,立而正姿势,但上官许可,则不妨就席。""行遇上官或通过其旁,则头当稍向受礼者之方,正姿势为敬礼。"这些具体而细致的规定在一定程度上是日本社会现状在法律上

---

① 沈觐鼎:《日本官制官规之研究》,现藏于上海图书馆,索书号362484,1931年版,第68页。

的体现。

《新译日本法规大全》第三卷所收录的日本官制、官规部分的立法,从时间跨度上看,从最早的明治三年(1870年)太政官发布的《归京者休假之日数》,一直到明治三十七年(1904年)的《烟草专卖局官制》,基本是日本明治初年到19世纪末20世纪初的立法,从那时到现在,一个多世纪过去了,如今细读这些法律法规,仍有许多地方不乏借鉴意义,下面略举几例。

明治政府非常重视对官吏的管理,为防止官吏利用职权经商牟取不正当利益,早在明治八年(1875年),政府即颁布《官吏之商业制禁》法令,明确规定,"凡官吏及其家族于买入他之物品卖于他人以获利,或卖入他之生产加以制作而贩卖以获利等业,一切禁止。""官吏之家族而欲以己之财营商贾之业者,必分籍别居,方可营之。"明治二十年(1887年),明治政府颁布《官吏服务规律》,第11条更是严厉规定,"官吏及其家族非经本属长官之许可,则不问直接与间接,俱不得营商业。"这些法律法规在保证官吏廉洁奉公以及防止不正当竞争等方面起到一定的积极作用。

日本的初任警察宣誓制度也很有特色。明治二十四年(1891年)内务省训令《采用巡查规则》规定,符合各项身体及技能条件的申请者考试合格后,警察局长应召集他们,亲自宣告以下内容:"为巡查者,当恪守官吏服务纪律固不待言,又当遵守上官之命令,勤务中无论已,即不服勤务之时,亦决不得恣口评论政治之是非得失等。为巡查者,应自省为人民之保护者,常对之以丁宁亲切为主,顾不得相与狎昵,其于职务上所负担各种之责,皆当严正忠实以践行之。为巡查者,既奉职后,当绝他念,专心从事于职务,决不得有未满五年,自以一身之故而辞职。为巡查者,从己身以至家族,皆当端正品行,决不可有污损警察官吏及其家族体面之行为。"然后,由申请人亲自书写并呈读誓文,并在誓文上盖章后方可正式采用。誓文如下:"今具为某厅府县巡查之志愿,幸荷采用之后,自当恪守官吏服务纪律,对于人民则丁宁亲切,执行职务且遵守一切之法律、命令。职任上各种之责,皆以严正忠实践行之。又,奉职不满五年,断不因私故而辞职。又,从自身以至家族皆保持品行之端正,决不有污损警察官吏及家族体面之行为。"警察局长的当面宣告和初任警察的亲自宣誓虽然都只是一种形式上的任职要求,但其对初任警察心理上的影响不容小觑。

再如,官制官规中所规定的有关证人出庭作证和有关合议庭评议案件的法律规定亦颇有借鉴意义。

关于证人出庭作证,明治政府于明治三十三年(1900年)颁布《会计检查官之惩戒法》,首先规定证人有权取得相关旅费,以提高证人出庭作证的积极性。然后,明确规定对"由惩戒裁判所或受命裁判官传呼为证人……并无正当之理由而不出应之或不尽其义务者",处以罚金的处罚。同时,"证人之由惩戒裁判所或受命裁判官与受托判事传呼之者而诈为虚伪之证",要被处以"一月以上、一年以下之重禁锢",并附加罚金。我国目前无论是刑事诉讼,还是民事诉讼和行政诉讼,都存在证人不愿意出庭作证和证人作不实证明却难以追究相关责任的问题,日本此方面的法律规定足可引以为鉴。

关于合议庭评议制度,法律法规明确规定,在评议的程序上,"各审判官陈述意见之次序,以官等最低者为始,渐至审判长止。如官等相同,则视任官之先后,以在后者为始。受命事件,则以受命审判官为始。"在评议的结果上,"审判官于应行审判之问题不得拒其表明自己之意见。……裁决及裁定依过半数之意见。其意见如分为三说以上,皆不至过半数,则以不利于被判人之意见,顺次合算于利益之意见,以求过半数。"

此外,同一法律法规分期实施的做法也很有创意。例如,明治二十三年(1890年),日本颁布《府县所立师范学校长之俸给并公立学校职员之退隐费及遗族扶助费法》,考虑到法律的推行需要一定的时间,故第 20 条规定,"此法律之第一条自明治二十五年度施行之,第二条至第十九条自明治二十六年度施行之。"这种根据社会现实情况和事情的轻重缓急而将同一法律不同法条分期实施的做法,无疑将有助于增强法律的执行力,提高法律的实施效果。

中国大规模翻译西方法学著作和法律法规是从清末修律开始的。当时的修律大臣沈家本把翻译外国法典和法学著作提到了重要的高度,认为"参酌各国法律,首重翻译","欲明西法之宗旨,必研究西人之学,尤必编译西人之书。"[1]在清政府支持下,宪政编查馆"广购各国最新法典及参考各书,多致译材,分任翻译"。[2]在沈家本的主持下,从 1904 年 4 月 1 日修订法律馆开馆起,至 1909 年 11 月,修订法律馆译出西方各国刑法、民法、诉讼法、商法、国籍法、法院编制法、监狱法等十几个国家的几十种法律和法学著作。与此同时,民间机构对外国法律法规的翻译出版也颇有成效,其中影响最大的当数商务印书馆出版的 25 类 80 册 400 万字的《新译日本法规大全》。

上海商务印书馆光绪三十三年(1907 年)出版的《新译日本法规大全》,其初译者是南洋公学译书院,由它组织一批留日归国的学子承担翻译工作。之后,商务印书馆编译所派其职员刘子楷等亲赴日本组织留学生进行补译校订,最终于清末预备立宪之际出版了这部

---

[1] 沈家本:《寄簃文存》六,《监狱法规大全序》。
[2] (清)朱寿朋:《光绪朝东华录》(五),张静庐等校点,中华书局,1958 年版,总第 5765—5766 页。

400万字的汉译外国法规全书,成为清末法律改革的立法蓝本。

为翻译、编辑出版《新译日本法规大全》,商务印书馆在诸多日本法政留学生中挑选了兼具日语、汉语、法律专门知识并有能力担任该书译校工作的人。这些译校者均曾在或正在日本早稻田大学、帝国大学、中央大学、法政大学、明治大学等校学习,具有扎实的语言与专业功底。

《新译日本法规大全》第三卷的翻译工作由以下二人承担:第八类官制的翻译人为王我臧,福建侯官人,曾工作于商务印书馆,此人还翻译有《日本法律经济辞典》、《新译日本议员必携》等。第九类官规的翻译人为诸嘉猷,浙江海宁人,日本早稻田大学学生,曾与同乡王国维、陈守谦、叶宜春并称"海宁四才子"。

由于中文和日文均使用汉字,因此将法律法规从日文翻译成中文,要远比从英语、德语、法语等翻译成中文或日文容易得多。想当初日本法学家、翻译家箕作麟祥翻译《拿破仑法典》时,没有注释书,没有老师,没有词典,经常遇到汉字词汇中从未有过的概念,不得不依靠苦思冥想,根据自己的理解去发明、创造一些新的汉字词汇以与之相对应,翻译之艰难可想而知。

然而,也正因为中文和日文均使用汉字,因此在日本法律法规的翻译中,许多日文中的汉字词汇就被原封不动地保留到中文译文中。这些日文词汇的大量存在,为不懂日文的读者理解译文带来了一定的难度。例如,在官制、官规制度的译文中,大量存在与中文表达方式不同的日文词汇,如:"办偿、辩护士、病气、出愿、出张、地代、川河、度支、恩给、分限、割合、假出狱、见本、交番、禁治产、届书、旅次、量移、开陈、免许、年给、配当、片道、平人、取缠、日割、日曜日、身代限、身元、仕拂、书留邮便、书取、手当、手数料、停年、通辩、通译、通事、通帐、土曜日、为替、无料、相场、相续、刑余、言渡、一泊、营仓、邮便、邮便切手、月割、阅月、执达吏、知事、株主"等。译文之中,还出现了一些中文所不使用的日文汉字,如"见达、申达书、取扱、食卓、真鍮、艀舟"等词汇中的"达、扱、卓、鍮、艀"等。此外,还有一些词汇,虽然中文中也有同样的表达方式,但表达的意思与其在日文中的意思完全不同,如"笔记、便宜、丁宁、递信、分课、分析、及第、伎俩、交通、谨慎、取缔、时间、试验、施设、心得、新闻、印纸、犹豫"等。事实上,译文中原封不动保留下来的日文词汇远不只这些,只是还有相当多的日文词汇已被中文所逐步消化吸收并使用至今,因其对我们阅读和理解译文不造成任何障碍从而未被我们注意罢了。值得一提的是,译文中有一些难以理解的词汇,如"装创、见积、忌引、引笼、古参、打切"等以及"石油依的尔、迈当、碧擘脱、亚勒倭迈当"等一些化学制品或检验设备名称,限于点校者能力有限,无法在点校时做出清楚的解释说明,只好保留原词以求教于方家。

关于《新译日本法规大全》第三卷的点校,需要补充说明的是,点校中基本依据现代汉语阅读习惯和规则使用新式标点符号,但有些地方为理解之需要,经常会有一些例外之处。

根据汉语之表达习惯,一般主谓语之间不必用标点符号分隔,但如果主语过长,或者谓语过长,或者主谓语之间如果不加分隔就容易造成误解之时,则仍在主谓语之间以逗号分隔。例如,"二等、三等奏任官非每等在职过五年,四等、五等者非每等在职过三年,六等、七等、八等者非每等在职过二年,不得升叙。"此外,如果句中某一成分过长,为理解方便,在过长的句子成分之间,亦加以逗号或顿号加以区分。如:"见习员以官立公立中学校卒业生、或曾修与此同等以上之学科者、或曾受相当教育有取扱烟草之经验者充之",再如,"据明治八年达书陆军武官伤痍扶助、死者祭粢、家族扶助之概则及海陆军退隐令,又明治九年达书陆军武官恩给令,又明治十六年达书陆军恩给令、海军恩给令,而受恩给或退隐费扶助费者,遇有如下之时,俱照本则。"又如,"文官高等试验委员属内阁总理大臣监督,掌管关于文官高等试验及奏任文官任用之权衡事务,并关于文官普通试验科目事务"。例外的情况很多,不赘。

由于本人才学浅疏,点校中难免失当之处,尚祈专家学者多加指正。

孟祥沛

2007年3月于上海(社科院)

第八类　官制*

第一章　内阁所管

第一款　内阁

●●●**内阁官制**明治三十七年（1904年）敕令

第一条　内阁以国务大臣组织之。

第二条　内阁总理大臣为各大臣之首班，奏宣机务，承旨保持各部之统一。

第三条　内阁总理大臣认为必要之时，得将行政各部之处分及命令停止，以待敕裁。

第四条　凡关于法律及一切行政之敕令，内阁总理大臣及主任大臣具当副署。其属于各省专任之行政事务者，由主任之各省大臣副署。

第五条　下列各件须经阁议：

一　法律案及预算决算案。

二　外国条约及重要之国际条件。

---

* 官制（类）部分，原书第十七至二十一册。

三　关于官制或规则及施行法律之敕令。

四　各省间主管权限之争议。

五　由天皇下付或由帝国议会送致之人民之请愿。

六　预算以外之支出。

七　敕任官及地方长官之任命及其进退。

其他各省主任事务,与高等行政有关系,其事体稍重者,具当经阁议。

第六条　主任大臣据其所见,不问何等事件,得提出于内阁总理大臣,请求阁议。

第七条　事之关于军机军令奏上者,除依天皇之旨下付内阁之件外,当由陆军大臣海军大臣报告内阁总理大臣。

第八条　内阁总理大臣如有事故,他大臣临时承命,代理该事务。

第九条　各省大臣如有事故,以他大臣临时摄任或承命管理该事务。

第十条　除各省大臣外,可依特旨作为国务大臣,使列于内阁员。

第二款　内阁所属职员

●●●**内阁所属职员官制**明治三十一年（1898年）敕令

第一条　内阁所属职员如下：

书记官长	一人	敕任
统计局长	一人	敕任
恩给局长	一人	敕任_{以法制局长官兼之}
书记官	专任三人	奏任
内阁总理大臣秘书官	专任二人	奏任
统计局审查官	专任二人	奏任
恩给局审查官	专任一人	奏任
属	七十一人	判任

第二条　书记官长承内阁总理大臣之命，掌管机密文书，兼统理内阁庶务，又专行判任官①以下之进退。

第三条　书记官承内阁总理大臣或书记官长之命，掌下列事务：

　　一　关于发布诏敕及法律命令事项。

　　二　关于保存大日本帝国宪法及法律敕令之原本事项。

　　三　关于公文之查阅起草受授保存事项。

---

①　判任官，日本旧时官吏身份之一，指由各省大臣或各府县行政长官在其权限内所任命的官员。

四　关于管守官印事项。

　　五　关于内阁之会计事项。

　　六　关于各厅高等官之履历事项。

　　七　关于内阁记录之编纂事项。

　　八　关于内阁所管图书之类别、购买、保存、出纳并调制目录事项。

　　九　关于内阁所用图书之出版事项。

第四条　各局长承内阁总理大臣或内阁书记官长之命,掌理其主务,监督所属职员。

第五条　统计局掌下列事务:

　　一　关于行政各部统计之统一事项。

　　二　关于不专属行政各部之统计事项。

　　三　关于刊行统计之报告事项。

　　四　关于内外统计表之交换事项。

　　五　关于各官厅之统计主任者之召集①及会议事项。

第六条　恩给局掌下列事务:

　　一　关于审查并裁决应受恩给及扶助料之资格及权利事项。

　　二　关于支发恩给及扶助料事项。

第七条　内阁总理大臣秘书官掌大臣官房事务。

第八条　统计局审查官承统计局长之命,担任各种统计。

第九条　恩给局审查官掌恩给局事务。

第十条　属承上官之指挥,从事庶务。

---

①　原文为"招集",应系排版之误。

附　则

第十一条　本令以明治三十一年十一月一日施行。

●●●内阁恩给局设顾问医 明治二十七年(1894年)敕令

第一条　内阁恩给局设顾问医，定额三名内，一名为常务顾问医。

第二条　顾问医应恩给局长之咨询，审查关于恩给扶助料之医术上事项。但恩给局长认为不必征总顾问医之意见者，则常务顾问医审查之。

第三条　审查上须特种专门家之时，可临时增设顾问医。

第四条　顾问医由恩给局长派充，请内阁总理大臣认可。

第五条　常务顾问医，每年给五百圆以内之手当[1]金。其他顾问医，视事件之轻重难易，每件给三圆以上十圆以下之手当金。

---

① 手当，即津贴、补贴。

第三款　赏勋局

●●●**赏勋局官制** 明治二十六年（1893年）敕令

第一条 赏勋局隶于内阁，掌下列事务：

　　一　关于勋位勋章及年金事项。

　　二　关于记章褒章及其他赏件事项。

　　三　关于受领及佩用外国之勋章记章事项。

第二条 赏勋局设职员如下：

总裁	一人	敕任
书记官	专任二人	奏任
属	六人	判任

第三条 总裁管理局中一切事务，监督所部官吏。

第四条 删

第五条 奏任官之进退，总裁当具状内阁总理大臣。判任官以下，则专行之。

第六条 书记官承总裁之命，掌理局中事务。

第七条 属承上官之指挥，从事庶务。

附　则

第八条 本令以明治二十六年十一月十日施行。

●●●赏勋会议规程 明治二十六年（1893年）敕令

第一条　赏勋局为议定勋位勋章及年金之叙赐或褫夺之当否，设赏勋会议。

第二条　赏勋会议以赏勋局总裁及议定官组织之。

第三条　赏勋会议议长以赏勋局总裁充之。总裁有事故，即以上席议定官代之。

第四条　议定官为十五人以内，就敕任官勋一等以上者补之。

第五条　除前条外，可以皇族特补议定官。

第六条　勋位勋章及年金之叙赐或褫夺，非经议定官八人以上议定，不得上奏。

第七条　议定官之议，以多数者决之。如可否同数，即依议长所决。

第八条　赏勋会议事务，赏勋局总裁掌管之。

附　　则

第九条　本令以明治二十六年十一月一日施行。

第四款　法制局

●●●**法制局官制** 明治二十六年（1893年）敕令

第一条　法制局隶于内阁，掌下列事务：

一　依内阁总理大臣之命，拟法律命令案稿，具理由上申事。

二　于法律命令之制定废止改正，如有意见，具案上申内阁事。

三　审查各省大臣提出于阁议之法律命令案，具陈意见，或加修正上申内阁事。

四　除前各项所载者外，如内阁总理大臣有所咨询，具意见上申事。

第二条　法制局设职员如下。

长官	一人	敕任
参事官	专任八人	奏任 内二人为敕任
书记官	一人	奏任 以参事官兼之
属	专任十一人	判任

第三条　长官管理局中一切事务，监督所部官吏。

第四条　奏任官之进退，长官须具状内阁总理大臣。判任官以下，则专行之。

第五条　长官如有事故，以上席参事官代理其职务。

第六条　参事官承长官之命，掌审议立案。

第七条　书记官承长官之命，掌理局中事务。

第八条　属承上官之指挥，从事庶务。

附　则

第九条　本令以明治二十六年十一月十日施行。

第五款　印刷局

●●●**印刷局官制**明治三十一年（1898年）敕令

第一条　印刷局属内阁总理大臣管理，掌下列事务：

一　关于编辑并发卖官报法令全书及职员录事项。

二　关于官报及其他刷印事项。

三　关于制造印纸、邮便切手[①]并诸证券事项。

四　关于抄纸事项。

第二条　印刷局设职员如下：

局长	一人	敕任
技师	专任六人	奏任
属	三十二人	判任
技手	四十人	判任

第三条　局长承内阁总理大臣及内阁书记官长之命，掌理局中一切事务，监督所属职员。

第四条　删

第五条　技师承局长之命，监理工务。

第六条　属承上官之指挥，从事庶务。

第七条　技手承上官之指挥，从事工务。

---

① 邮便切手，即邮票。

附　　则

第八条　本令以明治三十一年十一月一日施行。

第六款　文官试验委员

●●●文官试验委员官制 明治二十七年（1894年）敕令

要　目 *

第一章　文官高等试验委员
第二章　文官普通试验委员

第一章　文官高等试验委员

第一条　文官高等试验委员属内阁总理大臣监督，掌管关于文官高等试验及奏任文官任用之权衡事务，并关于文官普通试验科目事务。

第二条　文官高等试验委员以委员长、常任委员、临时委员组织，由各官厅高等官中依内阁总理大臣奏请命之。

第三条　文官高等试验委员长监督委员，统理一切事务。

第四条　文官高等试验常任委员以三人为定员，受委员长监督，掌关于文官高等试验及奏任文官任用之权衡事务，并关于文官普通试

---

* 要目为本次再版增加内容，原书无。其他部分的要目，亦同。

验科目事务。

第五条 文官高等试验临时委员于施行文官高等试验时命之,承委员长之监督,掌文官高等试验事务。

第六条 文官高等试验委员长及常任委员视事之繁简,年给[①]手当金三百圆以内,临时委员年给手当金二百圆以内。

第七条 关于文官高等试验委员之事务,设常任书记及临时书记。

第八条 常任书记,派内阁所属或法制局判任官充之。临时书记,派在各官厅奉职及其他之吏员充之。

书记承上官之指挥,从事庶务。

第九条 常任书记以三人为定员,临时书记于施行文官高等试验时酌派。

第十条 书记视事务之繁简,给手当金百圆以内。

第二章 文官普通试验委员

第十一条 各官厅设文官普通试验委员,属长官监督,掌管关于文官普通试验及判任官任用之权衡事务。

第十二条 中央官厅之文官普通试验委员长及委员由长官派该厅之高等官充之。

第十三条 地方官厅之文官普通试验委员长及委员由长官派该厅官吏及府县立学校教官充之。但在北海道,可加以札幌农学校教官。

第十四条 文官普通试验委员长监督委员,统理一切事务。

第十五条 文官普通试验委员受委员长监督,掌关于文官普通试验

---

① 年给,即年俸、年薪。

及判任官任用之权衡事务。

第十六条 关于文官普通试验委员之事务，设置书记，以各官厅之判任官充之。

书记听上官指挥，从事庶务。

第二章 枢密院

●●● 枢密院官制 明治二十一年（1888年） 敕令

要 目

第一章　组织
第二章　职掌
第三章　会议及事务

第一章　组织

第一条　枢密院为天皇亲临咨询重要事务之所。
第二条　枢密院以议长一人、副议长一人、顾问官二十八人、书记官长一人、书记官三人组织之。
第三条　议长副议长顾问官亲任，书记官长敕任，书记官奏任。
第四条　无论何人，非年满四十岁者，不得任议长、副议长及顾问官。
第五条　议长得使书记官兼秘书官。

第二章　职掌

第六条　枢密院于下列事项当待咨询，开会议，将其意见上奏：

一　在皇室典范，使属于其权限之事项。

二　关于宪法之条项及附属于宪法之法律敕令之草案疑义。

三　宪法第十四条戒严之宣告、第八条、第七十条之敕令及其他有罚则之规定之敕令。

四　列国交涉之条约及约束。

五　关于改正枢密院官制及事务规程之事项。

六　除前各项外，临时咨询事项。

第七条　前条第三项所载之敕令当记载曾经枢密院咨询之旨。

第八条　枢密院关于行政立法之事，虽为天皇最高顾问，不能干与施政。

第三章　会议及事务

第九条　枢密院之会议，非顾问官十员以上出席，不得开会议。

第十条　枢密院之会议以议长为首席。如议长有事故，则以副议长为首席。如议长副议长具有事故，则顾问官依其席次为首席。

第十一条　各大臣依其职权在枢密院有为顾问官之地位，列于议席，有表决之权。各大臣又可遣派委员出席于会议，使代行演述及说明，惟不得加于表决之数。

第十二条　枢密院议事以多数决之。如可否同数，则依会议首席所决。

第十三条　议长总管属于枢密院一切事务,枢密院所发一切公文,俱当签名。

副议长辅佐议长之职务。

第十四条　书记官长受议长之监督,管理枢密院常务,一切公文,俱当副署。审查应交会议之事项,调制报告书,列于会议,负辨明之任,但不得加于表决之数。

书记官应于会议之笔记议事,辅佐书记官长之职务。书记官长如有事故,则书记官为之代理。

前项笔记即记载出席员之姓名、会议事件、质问答辩及议结之要旨。

第十五条　除特别之时外,非预先调制审查报告书并会议所必需书类一同配达各员后,不得开会议。

议事日程及报告当预先通报各大臣。

●●●枢密院事务规程明治二十一年(1888年)敕令

第一条　枢密院于敕令下付会议之事项当陈述其意见。

第二条　枢密院不得受领帝国议会或其一院或官署或臣民请愿上书及其他之通信。

第三条　枢密院惟与内阁及各省大臣有公务上之交涉,与其他官署帝国议会或臣民间不得往复文书或有其他之交涉。

第四条　议长于到达枢密院事项下付书记官长,使审查之,并使调制应交会议之事项之报告。

议长如认为必要,可亲当报告之任,或以顾问官一人或数人任之。

第五条　审查报告书由报告员提出于议长。

如有临时紧急事情,得以口头报告。于此之时,当将其要领记于第八条所载之件名簿。

第六条 议长得限定整顿审查报告书之期日。报告当从速调制,不许迁延。

内阁于至急事件,可将其事由通知,限定会议期日。

第七条 审查报告书当于开议前三日与附属文书一同配达各员。

第八条 件名簿当从会议期日之次序记之。应登载于件名簿之事项,第一为事件之性质,第二为会议前配达文书日时,第三为该会议期日等。

应交会议之件,当调制与前项相同之会议日程,于开议前三日通报各员。此通报为兼会议招状①者。

第九条 枢密院之会议日时,议长定之,但各大臣可请更改该日时。

第十条 枢密院之会议当遵下之规程,由议长或副议长整理之。

议长先使书记官长辩明该事件,次使各员自由讨论。无论何人,非请议长许可,不得发言,参与议长之讨论。为属于自由者讨论既毕,由议长定问题,使行表决。

议决之结果,议长当言明之。

第十一条 载在议事日程之事件之会议,当日不能了结者,他日可再行延会。于此之时,无须再行常例之定式。

第十二条 枢密院会议之意见,书记官长或书记官当依表决之结果起草,请议长检阅。此意见当附载理由,如系重要事件,当附讨论要领书。

主持反对议论之出席员,得请求将其表决及其理由,记于议事笔记理由书或要领书。

---

① 招状,即请柬、请帖、通知。

第十三条 前条之意见由议长上奏天皇,同时通报内阁总理大臣。

第十四条 枢密院会议之议事笔记,议长书记官长或出席书记官当签名以表明为正确。

第三章 宫内省

第一款 宫内省

●●●**宫内省官制**明治二十二年(1889年)宫内省达

第一条 宫内大臣总判关于帝室一切事务,统督所部各官兼监督华族①。

第二条 宫内大臣除皇室典范制定者外,得奉敕制定施行关于帝室之诸法规,但不得抵触法律敕令。

第三条 宫内大臣关于皇室典范制定之主务及前条法规得定施行细则,但其重要者须经裁可。

第四条 宫内大臣关于宫仪祭典、行幸行启及其他属于主任之帝室事务,得依规例命令告示臣民。

第五条 宫内大臣临时奉敕或依例规施行救恤、褒赏、赠赐之事。

第六条 宫内大臣关于主任之事务,得示命警视总监、北海道厅长官、府县知事②。

第七条 宫内大臣如有事故,得使次官代理其职务。次官有事故,或所部各部局长缺员或有事故,得经裁可,命所部高等官为之代理。

---

① 华族,明治维新后对皇族以下、士族以上的统称。最初不过是旧公卿、旧大名的家族,1884年华族令颁布后,明治维新的功臣以及实业家均可授予公、侯、伯、子、男的爵位而同享受华族称谓和特权。1947年根据新宪法而废止。

② 知事,即首长、行政长官。

第八条　宫内大臣得将其事务之几部委任次官及所部各部局长。

第九条　宫内大臣得废置分合所部之各部、局内各课,定处务规程。

第十条　宫内大臣于所部奏任官之进退必须上奏,判任官之进退及奏任官以下俸给定限内之增减得专行之,准官同。

第十一条　宫内大臣于所部各官定员内得设奏任官试补、判任官见习,准官同。

第十二条　宫内大臣非经裁可,不得于官制定限外增加所部高等官或使其兼任。

第十三条　宫内大臣关于帝室事务,如在必要之时,得经裁可,派敕奏任官或华族为委员。如在其所部以外者,当预先请该官长承诺。

第十四条　宫内大臣关于帝室事务,如在必要之时,得设补助员顾问员评议员。其属于奏任以上之待遇者,当请裁可。

第十五条　宫内大臣得请裁可,定人员及其待遇之资格,命华族以勤务。其属于奏任以上之待遇者,即当上奏。

第十六条　宫内大臣得以预算金额之内,赏与或报酬所部官吏及委员、补助员、顾问员、评议员。该赏与之属于奏任以上及同等之待遇者,即当上奏。

第十七条　宫内大臣可奉旨将皇族之叙勋示命赏勋局总裁,或将所部官吏之叙勋申牒赏勋局总裁。

第十八条　宫内大臣依例规上奏及奉宣文武官、宫内官及华族士民之叙位。

第十九条　宫内大臣得依事务之现况命所部官吏非职、休职,或使其复职。如系敕任官,当请裁可。

第二十条　宫内大臣得依例规惩戒所部官吏及华族。

第二十一条　宫内大臣每年二月当调制来年度之收支预算,请裁可定之。但有不得已事故须临时增额或有别途支出者,当请裁可。

第二十二条　宫内大臣每年八月当将去年度之收支结算上奏。

第二十三条　宫内大臣不得干预帝室会计审查之实务。

第二十四条　宫内省设宫内次官一人,敕任一等,辅佐宫内大臣管理省务。又,大臣委任之事务,则专行之。

第二十五条　宫内省设宫内书记官六人,奏任,承宫内大臣及次官之命,掌理省务。

但设专属于亲王之书记官不在此例。

第二十六条　宫内大臣官房设下列职员,管理官房庶务:

| 宫内大臣秘书官 | 二人 | 奏任 |

专属于大臣,掌理往复之文书及其他官房内事务。但可视省务情形,使补助书记官及各部局事务。

| 宫内属 | | 判任 |

第二十七条　宫内省设内事外事调查三课,置下列职员,统理事务:

| 内事课长 | 一人 | 以宫内书记或省中高等官兼补 |

掌理属于内事事务,监督课员。

| 内事课次长 | 一人 | 以宫内书记或省中高等官兼补 |

掌理课务。

| 外事课长 | 一人 | 以宫内书记或省中高等官兼补 |

掌理属于外事事务,监督课员。

| 外事课次长 | 一人 | 以宫内书记或省中高等官兼补 |

掌理课务。

| 调查课长 | 一人 | 以宫内书记或省中高等官兼补 |

起草审查关于帝室之制令法规及财产财务之文案,兼掌理报告统

计事务,监督课员。

调查课次长　　　　　　　　一人　以宫内书记或省中高等官兼补

掌理课务。

宫内属　　　　　　　　　　　　　　　　　判任

第二十八条　宫内省设下列各部局,分管事务:

侍从职

式部职

皇太后宫职

皇后宫职

内藏寮

御料局

爵位局

大膳职

主殿寮　附皇宫警察署

图书寮

内匠寮

主马寮

诸陵寮

侍医局

主猎局

调度局

帝室会计审查局

第二十九条　侍从职设下列职员,侍从奉仕,管守属于主管之御服御物:

侍从长　　　　　　　一人　　　　　　亲任

总理职务,监督职员。

| 干事 | 一人 | 一等、二等 |

辅助侍从长整理职务,监督职员。

| 侍从 | 十四人 | 二等一人三等以下六等以上十三人 |

侍从奉仕,分掌御服御物。

| 次侍从 | 二人 | 六等、七等 |

所掌亚于侍从。

| 侍从属 | | 判任 |

第三十条 式部职设下列职员,管理帝室之祭仪典式及雅乐事务,掌属于主管之会计。

但式部官掌典,得设名誉职。

| 式部长 | 一人 | 一等 |

总理职务,监督职员。

| 式部次长 | 一人 | 二等 |

掌理职务。

| 式部主事 | 二人 | 奏任 以式部官兼任 |

掌理庶务。

| 式部官 | 二十八人 | 以二等五人、三等以下十七人为名誉官 |

服仪式之务。

| 式部属 | | 判任 |
| 掌典长 | 一人 | 一等 |

掌祭典

| 掌典 | 九人 | 奏任 |

从事祭典

候补掌典		判任
雅乐部长	一人	准五等、六等
掌理乐部,监督部员。		
雅乐部副长	一人	准七等、八等
所掌亚于部长。		
雅乐师长	一人	准八等
掌教授及奏乐。		
乐师长	一人	准八等
掌教授及奏乐。		
雅乐师		准判任四等以上
雅乐手		准判任五等、六等
雅乐生		等外
乐师		准判任四等以上
乐手		准判任五等、六等
乐生		等外

第三十一条 删

第三十二条 皇后宫职设下列职员,管理关于宫事内廷事务,掌属于主管之会计:

皇后宫大夫	一人	一等
总理职务,监督职员。		
皇后宫亮	一人	奏任
掌理职务。		
皇后宫属		判任

第三十三条 内藏寮设下列职员,管理皇室经费及属于主管之财产会计:

| 内藏头 | 一人 | 敕任 |

总理寮务,监督寮员。

| 内藏助 | 一人 | 奏任 |

掌理寮务。

| 内藏属 | | 判任 |

第三十四条 御料局设下列职员,管理世传御料及属于主管之财产会计:

| 御料局长 | 一人 | 敕任 |

总理局务,监督局员。

| 御料局主事 | 三人 | 奏任 |

掌理局务。

| 御料局理事 | 四人 | 奏任 |

以支厅长补之,其职制另定。

| 御料局属 | | 判任 |
| 御料局技师 | 二十二人 | 奏任 |

从事御料地之实业。

| 御料局技手 | | 判任 |
| 候补御料局技手 | | 判任四等以下 |

第三十五条 爵位局设下列职员,管理关于爵位及华族事务:

| 爵位局长 | 一人 | 敕任 |

总理局务,监督局员。

| 爵位局主事 | 三人 | 奏任 |

掌理局务。

| 爵位局属 | | 判任 |
| 爵位局审理官 | | 临时以省中高等官兼补 |

掌审理惩戒华族事务。

第三十六条 大膳职设下列职员,管理关于御膳及其器具事务,掌属于该主管之会计。

但属于皇太后宫职主管者,不在此例。

大膳大夫	一人	二等、三等

总理职务,监督职员。

大膳亮	一人	四等以下

掌理职务。

大膳属		判任
膳部长		准判任三等以上
膳部副长		准判任三等、四等
膳部		准判任四等以下
候补膳部		等外

第三十七条 主殿寮设下列职员,管理关于宫殿、离宫及其附属物件,并锁钥、洒扫、铺设事务,兼统辖皇宫警察署。

但属于侍从职、皇太后宫职、皇后宫职主管者不在此例。

主殿头	一人	二等、三等

总理寮务,监督寮员。

主殿助	二人	四等以下

掌理寮务,但一人补京都出张所长。

主殿属		判任
皇宫警察长	一人	四等、五等

掌理宫殿、离宫之守门、防火、警察事务,监督其部下。

皇宫警察次长	一人	六等以下

掌理署务。

皇宫警部		判任五等以上
候补皇宫警部		判任六等
皇宫警手		判任待遇
舍人		准判任以省中判任官及准官兼补
内舍人		准判任四等以下
仕人		等外

第三十八条 图书寮设下之职员，保管帝室之图书记录，管理关于皇统、皇谱、皇族牒籍等事务：

图书头	一人	二等、三等

总理寮务，监督寮员。

图书助	一人	四等以下

掌理寮务。

图书属		判任

第三十九条 内匠寮设下列职员，管理关于管守宫殿厅舍及外苑之土木厅舍事务，掌属于主管之会计：

内匠头	一人	二等、三等

掌理寮务，监督寮员。

内匠助	一人	四等以下

掌理寮务。

内匠属		判任
内匠寮技师	四人	奏任

分掌实业。

内匠寮技手		判任

第四十条 主马寮设下列职员，管理关于车马、乘具、调马及牧场事务，掌属于该主管之会计：

| 主马头 | 一人 | 二等、三等 |

总理寮务,监督寮员。

| 主马助 | 一人 | 四等以下 |

掌理寮务。

| 主马属 | | 判任 |
| 车马监 | 一人 | 五等以下 |

管守车马、乘具,监督马匹之饲养、调习、医疗事务。

| 调马师 | 二人 | 六等以下 |

从事调习乘马。

| 马医师 | 一人 | 六等以下 |

从事医疗马匹。

| 主马寮技师 | 三人 | 奏任 |

为牧场事务长,从事实务。

马医		判任
主马寮技手		判任
调马手		准判任
驭者		准判任
掌车		准判任

第四十一条 诸陵寮设下列职员,管理关于陵墓事务,掌属于该主管之会计：

| 诸陵头 | 一人 | 二等、三等 |

总理寮务,监督寮员。

| 诸陵助 | 一人 | 四等以下 |

掌理寮务。

| 诸陵属 | | 判任 |

诸陵寮技手		判任
守长		判任待遇
守部		等外

第四十二条 侍医局设下列职员,管理关于诊候、医药、卫生事务:

侍医局长	一人	敕任以侍医兼之

总理局务,监督局员。

侍医	十六人	一等以下

从事诊候、医药、卫生。

侍医局主事	三人	奏任以侍医兼之

掌理局务。

医员		判任
药剂师长	一人	五等以下

掌理制炼、鉴查药品及调剂。

药剂师		判任
侍医局属		判任

第四十三条 主猎局设下列职员,管理关于狩猎及猎场事务,掌属于该主管之会计。但主猎官为名誉职。

主猎局长	一人	二等、三等

总理局务,监督局员。

主猎局主事	一人	四等以下

掌理局务。

主猎官	十五人	二等以下

从事狩猎。

主猎局属		判任
主猎局监守长		准判任四等以下

主猎局监守		判任待遇
主猎局鹰匠长		准判任四等以下

第四十四条 调度局设下列职员,管理关于御服御物及宫中省中需用物品衣服之购买、修补、搬运事务,掌属于该主管之会计,兼掌省中洒扫事务。但属于皇太后宫职、皇后宫职主管者不在此例。

调度局长 总理局务,监督局长。	一人	二等、三等
调度局主事 掌理局务。	一人	四等以下
调度局属		判任

第四十五条 帝室会计审查局设下列职员,监查帝室之财计:

帝室会计审查局长 总理局务,监督局员。	一人	敕任
帝室会计审查局主事	一人	奏任 以审查官兼之
帝室会计审查官 掌审查帝室之财计。	五人	奏任 三等以下六等以上
候补帝室会计审查官	不得过帝室会计审查官之额	六等以下
帝室会计审查局属		判任

第四十六条 前各条各官之敕奏判等级未规定者,敕任概为一等、二等,奏任由一等至六等,判任由一等至六等,准官同。

第四十七条 省中各官同等中之次序视任官之前后,准官同。

第四十八条 二等、三等奏任官非每等在职过五年,四等、五等者非每等在职过三年,六等、七等、八等者非每等在职过二年,不得升叙。其每等有定员者,非有缺员,虽逾期亦不得升等,准官同。

第四十九条 二等、三等、四等、五等、六等判任官,非每等在职过二年,不得升叙。准官同。

第五十条 省中各官及准官之俸给依甲乙丙三表所定。(表略)

第五十一条 敕任官食该官最高额之俸,劳绩拔群显著者,得以特旨赐一级上等之俸。

第五十二条 一等奏任官食最高额之俸,劳绩拔群显著者,可依宫内大臣奏请,增赐该俸额六分之一。

第五十三条 一等判任官食最高额之俸,已过三年,劳绩拔群显著者,得渐次增俸至百圆。

第五十四条 删

第五十五条 各部局长得具状于宫内大臣,以其部内奏任官或判任官为课长,使分掌事务。

课长有事故,该长官得命其部员临时为之代理。

第五十六条 次官各部局长及书记官,皆为承大臣之命者。其他各部局员,皆为承主务上官之命者。不问其为奉旨,为承大臣若上官之命,于其主任事务,各担责任。准官同。但经常应奉旨及承大臣若上官之条项,及其处务规程别定之。

第五十七条 第十一条之奏任官试补、判任官见习均当试验,但教官及技术官暂时无庸试验。

第五十八条 试补非在职过三年,见习非在职过二年,不得任本官。但任本官者,试补为四等以下,见习为五等以下。

第五十九条 在各官厅奉奏任官之职满五年以上者,可不依前条之例,经试验后即任为本官。准官同。

第六十条 各部局长得设佣员,以补判任官之缺,其给额不得逾本官之俸。准官同。

第六十一条　各部局长如于前条之外，认为必须以佣员供杂役，得于宫内大臣所定定员内设之。

第六十二条　省中判任官及其准官等外并供杂役之佣员定额，宫内大臣定之。

第二款　御料局支厅

●●●**御料局支厅职制**明治二十二年(1889年)宫内省达

第一条　设御料局支厅于需要之地，以管理御料财产。

支厅之下设出张所①，其位置并管辖区域，宫内大臣定之。

第二条　下列职员使在御料局支厅供职：

理事

技师

属

技手

技手补

监守

第三条　支厅管内如地面广阔，则设监督，以技师属或技手充之，监督出张所及其他业务。

第四条　支厅长承御料局长之命，掌理部内财产及一切业务，监督所辖官吏。

第五条　技师、属、技手、技手补、监守各办理该主务。

第六条　出张所长以属或技手或候补技手充之。

第七条　支厅及出张所之处务规程，宫内大臣定之。

---

① 出张所，即设在外地的办事处。

第八条　支厅之会计可视业务情形,由御料局长请宫内大臣认可,据特别会计规则,该规则宫内大臣定之。

第九条　支厅长可视业务情形特设佣员。

第三款　东宫职

●●●**东宫职官制**明治二十二年(1889年)宫内省达

东宫职设下列职员,管理宫事,掌供御服御用度营缮及属于该主管之会计:

东宫大夫	一人	一等、二等
总理职务,监督职员。		
东宫主事	二人	四等以下
掌理职务。		
东宫侍从长	一人	二等
常侍奉仕,监督侍从。		
东宫侍从	五人	奏任
常侍奉仕。		
东宫侍讲	五人	敕任或奏任五等以上
掌侍读进讲,涵养学德。		
东宫属		判任
东宫内舍人		准判任三等以下
仕人		等外

东宫大夫俸给依宫内省官制第五十条高等官俸给表敕任官之部第二项,东宫侍从长俸给依同第四项,东宫亮及东宫侍从俸给依同奏任官之部第二项。

侍讲之俸给如下表

官等 俸给	一等	二等	三等	四等	五等
一级俸	二千五百圆	二千二百圆	二千圆	千八百圆①	千四百圆
二级俸	二千二百圆	二千圆	千八百圆	千六百圆	千二百圆
三级俸	二千圆	千八百圆	千六百圆	千四百圆	千百圆
四级俸	千八百圆	千六百圆	千四百圆	千二百圆	千圆
五级俸		千四百圆	千二百圆	千一百圆	九百圆
六级俸			千一百圆	千圆	八百圆

东宫内舍人及仕人俸给，与同条准官俸给表中主殿寮内舍人及皇太后宫职宫丁同。

---

① 千八百圆，即一千八百圆。日语中表示一百多或一千多的数字时，常省略此处的"一"字，下同。

第四款　东宫御所营造局

●●●**东宫御所御营造局官制**明治三十一年(1898年)宫内省达

第一条　东宫御所营造局掌管关于东宫御所营造一切事务。

第二条　东宫御所营造局设职员如下：

长	一人	敕任
事务官	二人	二等一人，三等以下一人以宫内省高等官兼之
属	六人	判任
技监	一人	二等
技师	四人	三等以下
技手	十六人	判任

第三条　长承宫内大臣之监督，统督所部职员，总理局务。

第四条　事务官承长之命，掌理庶务会计。

第五条　属承上官之指挥，从事庶务会计。

第六条　技监承长之命，掌理工务。

第七条　技师承长及技监之命，掌理工务。

第八条　技手承上官之指挥，从事工务。

第九条　长得于经费预算定额内，设嘱托员或佣员。

第十条　长及事务官技监之俸给依宫内省官制第五十条高等官俸给表，技师之俸给依技术官俸给表，属及技手之俸给依同条属及技手俸给。但技师、技手之俸给，可视事务之繁简，给以与官等相当俸给以下之额。

第十一条 嘱托员之报酬及佣员之俸给，长定之。

第十二条 此官制中无特别规定者，依宫内省官制。

第五款　御歌所

●●●御歌所官制 明治三十年（1897年）宫内省达

第一条　御歌所设职员如下：

| 御歌所长 | 一人 | 敕任 |

掌关于天皇、皇后两陛下御制事务，兼管理臣民之咏进，总理所务，监督职员。

| 御歌所主事 | 一人 | 奏任 |

承长之命，掌理所务。

| 御歌所寄人 | 七人 | 名誉职敕任或奏任待遇 |

承长之命，分掌编纂、撰述短歌、长歌、唱歌等。

| 御歌所参候 | 十五人 | 名誉职奏任待遇 |

承长之命，掌理歌御会之仪式典例。

| 御歌所录事 | | 判任 |

承上官之指挥，从事庶务。

第二条　所长及主事之俸给依宫内省官制第五十条高等官俸给表赐第二级至第五级俸，录事俸给依同条属官官等俸级表。

第三条　此官制中无特别规定者，依宫内省官制。

第六款　内大臣并宫中顾问官及内大臣秘书官

●●●内大臣并宫中顾问官及内大臣秘书官官制 明治十八年(1885年)太政官达

宫中设内大臣并宫中顾问官及内大臣秘书官,其官制如下:

| 内大臣 | 一人 | 亲任 |

一　尚藏御玺、国玺。

二　常侍辅弼。

| 宫中顾问官 | 十五人以内 | 一等、二等 以有功者任之 |

关于帝室典范仪式事件,奉对咨询,具陈意见。

| 内大臣秘书官 | 一人或二人 | 奏任 |

专属于内大臣。

| 属 | | 判任 |

第七款　文事秘书局

●●●文事秘书局官制明治二十三年（1890年）宫内省达

第一条　文事秘书官长　　　一人　　　　　　　　　一等、二等

奉旨掌管关于文事之内廷文书。

第二条　文事秘书官　　　　二人　　　　　　　　　二等以下

承官长之指挥，掌理文书。

第三条　属　　　　　　　　　　　　　　　　　　　判任

第八款　皇族职员

●●●皇族职员职制 明治二十三年(1890年)宫内省达

第一条　亲王家

别当

任辅翼之责,总理家务会计,监督家令以下。

家令

助理别当之职务,管理家务会计。

家扶

掌理家务会计。

家从

从事庶务。

第二条　诸王家

家令

任辅翼之责,管理家务会计,监督家扶以下。

家扶

掌理家务会计。

家从

从事庶务。

第三条　宫内省官制第四十八条、第四十九条、第五十一条、第五十二条、第五十三条亦适用于本制。

第九款　帝室博物馆

●●●帝室博物馆官制 明治三十三年（1900年）宫内省达

第一条　东京帝室博物馆设帝室博物馆总长一人，敕任，承宫内大臣之监督，统督职员，总理各帝室博物馆事务，兼管理上野公园及动物园事务。

第二条　东京帝室博物馆设主事一人，奏任，辅助总长，掌理馆务。

第三条　京都帝室博物馆及奈良帝室博物馆各设馆长一人，奏任，掌理馆务，监督部员。

第四条　各帝室博物馆设职员如下：

部长	奏任
	京都帝室博物馆、奈良帝室博物馆为五等以下
部次长	判任三等以上
书记	判任
技手	判任

第五条　东京帝室博物馆设部长四人，京都帝室博物馆及奈良帝室博物馆各设三人，承总长及馆长之命，依陈列品部类，分掌部务。

第六条　东京帝室博物馆设部次长四人，京都帝室博物馆及奈良帝室博物馆各设三人，辅助部长，处理部务。

第七条　书记承上官之指挥，从事庶务会计。

第八条　技手承上官之指挥，从事调查、监守陈列品。

第九条　视馆务情形，各帝室博物馆可设评议员及学艺委员。

第十条　东京帝室博物馆设评议员五人，京都帝室博物馆及奈良帝室博物馆各设二人，敕任或为奏任待遇，答总长或馆长之咨询，应其召集，参与馆务。

第十一条　东京帝室博物馆设学艺员七人，京都帝室博物馆五人，奈良帝室博物馆三人，为奏任待遇，承总长或馆长之命，从事鉴查、解说陈列品及编纂、著译。

第十二条　如有必需嘱托员之时，各帝室博物馆得设嘱托员，以部长、部次长事务或鉴查、解说陈列品委嘱之。

第十三条　高等官之俸给依宫内省官制第五十条高等官俸给表，部次长及书记俸给依同条属俸给，技手依技手俸给。

第十四条　评议员、学艺委员之报酬由总长于经费定额内酌定之。

第十五条　此官制中无特别规定者，依宫内省官制。

第十款　学习院

●●●学习院官制 明治三十二年（1899年）宫内省达

第一条　学习院设职员如下：

学习院长	一人	敕任

受宫内大臣监督，依学习院教育之主旨及学制，总理院务，统督职员，负育成学生之责。

学习院干事	二人	奏任

承长之命，掌理庶务会计。

学习院书记	判任

承长及干事之指挥，从事庶务会计。

学习院教授	敕任或奏任

承长之命，从事教育。

学习院助教授	判任

补助教授行其职务。

学习院寮长	奏任 _{以教授兼之}

承长之命，管理各学寮，且从事教导属于该寮之学生。

学习院副寮长	奏任或判任 _{以教授或助教授兼之}

补助寮长行其职务。

学习院学生监	一人	奏任

承长之命,掌监督学生之风仪,且从事教习武课,使学生娴于军队纪律。

学习院学生监副官　　　　一人　　　　　　奏任

补助学生监行其职务。

学习院学生监部员　　　　　　　　　　　　判任

承学生监及学生监副官之指挥,从事该职务之细节。

学习院医官　　　　　　　一人　　　　　　奏任

承长之命,从事医药卫生。

学习院医官助手　　　　　　　　　　　　　判任

承医官之指挥,从事该职务之细节。

第二条　如在教授上必要之时或判任官缺人,长可择其适当者,设嘱托员或佣员。

第三条　教育上之规律及职员分掌服务规程,长定之,申牒宫内大臣。

第四条　长、干事、敕任教授、学生监、学生监副官及医官之俸给依宫内省官制第五十条高等官俸给表,奏任教授之俸给依技术官俸给表,书记、学生监部员、医官助手之俸给依同条属之俸给,助教授之俸给依技手俸给。

第五条　寮长及副寮长给本官俸给半额以内之手当[①]金。

第六条　教授助教授视授业时刻之多少、学科之性质给以与官等相当俸给以下之额。

第七条　嘱托员之报酬及佣员之俸给由长酌定之。

第八条　此官制中无特别规定者,依宫内省官制。

---

① 手当,即津贴、补贴。

第十一款　华族女学校

●●●华族女学校职员及官等俸给明治十九年(1886年)省达宫内

第一条　华族女学校设职员如下：
长
学监
干事
教授
助教
书记

第二条　长一人，敕任，受宫内大臣之命，总理学校事务。
第三条　学监一人，奏任，受长之命，监督教授及校内事务。
第四条　干事二人，奏任，受长之命，干理庶务。
第五条　教授奏任，掌教授生徒。
第六条　助教判任，补助教授之职掌。
第七条　书记判任，受长及干事之命，从事庶务。
第八条　长、学监、干事之俸给依宫内省官制第五十条高等官俸给表，教授俸给依技术官俸给表，书记之俸给依同条属之俸给，助教之俸给依技手俸给。

第十二款　侍从武官

●●●**侍从武官官制**明治二十九年（1896年）敕令

第一条　设侍从武官如下：

侍从武官长，以侍从武官高级资格最老者补之。

侍从武官。　　陆军将官及佐尉官　五人
　　　　　　　海军将官及佐尉官　三人

第二条　侍从武官常侍奉仕天皇，司传达关于军事之奏上、奉答及命令，又观兵演习、行幸及其他祭仪、礼典、宴会、谒见等，则陪侍扈从。

第三条　侍从武官可因演习及其他军事上之视察差遣之。

第四条　侍从武官在宫中当遵奉宫内省之规定。

第五条　侍从武官长规定侍从武官之勤务且监督之。

第六条　侍从武官皆为参谋官。

第七条　于第一条所载人员外，可以陆、海军属各二名，附属于侍从武官。

第十三款　东宫武官

●●●东宫武官官制 明治三十年（1897年）敕令

第一条　设东宫武官如下：

东宫武官长，以东宫武官中高级及资格最老者充之。

东宫武官。　陆军将官及佐尉官　五人
　　　　　　海军将官及佐尉官　三人

第二条　东宫武官长、武官助皇太子整饰威仪，于观兵演习及其他军务、祭仪、礼典、宴会、谒见等，则陪侍扈从。

第三条　东宫武官常侍奉仕。

第四条　东宫武官长、武官于行启、祭仪、礼典、宴会、谒见等事项，当遵奉宫内省规则。

第五条　东宫武官长规定武官之勤务细则。

第六条　于第一条所揭职员外，可以陆军属二名、海军属一名附于东宫武官。

第十四款　皇族附属武官

●●●**皇族附属陆军武官官制**明治二十九年（1896年）敕令

第一条　为陆军武官之皇族，附属于皇族附属之陆军武官，以各兵科佐尉官补之。

第二条　皇族附属陆军武官奉助该附属之皇族整饰威仪，如有行军、观兵演习及其他军务、祭仪、礼典、宴会等则随从。

第三条　皇族附属陆军武官关于祭仪、礼典、宴会等事项，当遵守宫内省之规定。

●●●**皇族附属海军武官官制**明治三十年（1897年）十月敕令

第一条　为海军武官之皇族附属于皇族附属之海军武官，以海军佐尉官充之。

第二条　皇族附属海军武官奉助该附属之皇族整饰威仪，如有军务、祭仪、礼典、宴会等则随从。

第三条　皇族附属海军武官于祭仪、礼典、宴会等事项，当遵守宫内省之规定。

第四章　各省官制通则

●●●**各省官制通则**明治二十六年（1893年）十月敕令

第一条　本则适用于外务、内务、大藏、陆军、海军、司法、文部、农商务、递信各省。

第二条　各省大臣于其主任事务各负责任。

如有主任未定之事务关涉于两省以上者，提出于阁议，以定主任。

第三条　各省大臣于其主任事务，有须法律敕令之制定废止及改定者，当具案提出于阁议。

第四条　各省大臣于其主任事务，得本其职权或特别委任，发布省令。

第五条　各省大臣于其主任事务，对警视总监、北海道厅长官、府县知事，得下指令或训令。

第六条　各省大臣于其主任事务，得监督警视总监、北海道厅长官、府县知事。如认警视总监、北海道厅长官、府县知事有违背命令或处分之成规，或害公益，或犯权限者，得将其命令或处分停止之或取消之。

第七条　各省大臣统督所部官吏至奏任官之进退，当由内阁总理大臣具奏。判任官以下，则专行之。

内务大臣进退地方官厅奏任官，当经内阁总理大臣上奏。但内务大臣及文部大臣之进退，视学官当经内阁总理大臣上奏。

第八条　各省大臣将所部官吏之叙位、叙勋当经内阁总理大臣上奏。地方官厅官吏之叙位、叙勋依前条第二项例。

第九条　各省大臣遇有事故,除法律敕令之副署及奏陈省务、参列阁议、发布省令外,其职务得临时使次官为之代理。

第十条　各省设大臣官房。

大臣官房掌下列事务:

一　属于机密事项。

二　关于官吏之进退身分事项。

三　关于管守大臣之官印及省印事项。

四　关于接受、发送公文书类及成案文书事项。

五　关于统计报告之调查事项。

六　关于编纂、保存公文书类事项。

七　关于本省所管经费及各种收入之预算、决算并会计事项。

八　关于会计之监查事项。

九　关于本省所管之官有财产及物品事项。

十　依各省及其他官制,特使属于大臣官房所掌事项。

从各省之便,可将大臣官房事务使各局处理之。

陆军省、海军省可设局使掌第二项第二号及第七号至第九号事项,递信省可设局使掌第七号至第九号事项。

第十一条　删

第十二条　各省设局分掌省务,该分掌事务依各省官制定之。

第十三条　大臣官房及各局之分课[①]依各省大臣所定。

陆军省、海军省之分课各依该省官制定之。

---

①　分课,即分科。

第十四条　各省设职员如下：

次官

局长

参事官

秘书官

书记官

属

第十五条　各省次官一人，敕任。

第十六条　次官佐大臣整理省务，监督各局部事务。

第十七条　删

第十八条　各省局长一人，敕任，承大臣之命，掌理其主务，指挥监督局中各课事务。

第十九条　参事官奏任，承大臣之命，掌审议立案。但其中一人，可由敕任。

第二十条　参事官视各省情形兼司局课，或临时承命，助理事务。

第二十一条　秘书官奏任，承大臣之命，掌机密事务，或临时承命，助理各局课事务。

第二十二条　书记官奏任，承大臣之命，掌大臣官房事务，或助理各局事务。

第二十三条　各省专任秘书官一人，但外务省得设专任秘书官二人。各省专任参事官、专任书记官俱为九人以下，其额依各省官制定之。但外务省、内务省、大藏省及递信省得设十四人以下。

第二十四条　大臣官房及局中各课设课长一人，以奏任官或判任官充之。课长承上官之命，掌理课务。

陆军省、海军省之课长依各省官制所定。

第二十五条　属判任,承上官指挥从事庶务。

第二十六条　各省判任官之额依各省官制定之。

第二十七条　除本则所载者外,各省如须设特别职员,依各省官制定之。

附　　则

第二十八条　本令以明治二十六年十一月初十日施行。

第五章 外务省所管

第一款 外务省

●●●**外务省官制**明治三十一年（1898年）敕令

第一条 外务大臣掌施行关于外国之政务，保护在外国之帝国商事及关于在外国之帝国臣民一切事务，监督指挥外交官及领事官。

第二条 大臣官属除载在通则者外，掌关于驻扎帝国之各国外交官、领事官、外国人之叙勋及保管条约、翻译文书事务。

第三条 外务省以专任参事官二人、专任外务大臣秘书官二人、专任书记官六人为定员。

第四条 外务省设下之二局：

政务局

通商局

第五条 政务局掌关于外交事务。

第六条 通商局掌关于通商、航海及移民事务。

第七条 外务省设翻译官四人，奏任，从事翻译文书。

第八条 外务省属以四十七人为定员。

第九条 外务省设候补翻译官六人，判任，承上官指挥，从事翻译文书及通辩①。

---

① 通辩，应为通弁，同通译，即口译。

第十条　外务省置技手三人，承上官指挥，从事电信及营缮事务。

附　则

第十一条　本令以明治三十一年十一月一日施行。

第二款　外交官及领事官试验委员

●●●**外交官及领事官试验委员官制**明治二十六年(1893年)敕令

第一条　为施行外交官及领事官之试验,设外交官及领事官试验委员,属外务大臣管辖。

第二条　外交官及领事官试验委员以下列人员组织之:

委员长　　　　　　外务次官

委员

外务省政务局长

外务省通商局长

文官高等试验委员二人

帝国大学教授二人

外务次官、外务省政务局长或外务省通商局长如有事故或缺员,临时可以其他高等官充之。

第三条　前条委员之外,如有临时之必要,得派临时试验委员。

第四条　外交官及领事官试验委员除职务上应为委员长或委员者外,均依外务大臣奏请由内阁派之。临时委员同。

第五条　关于试验事务,设书记使从事庶务,以外务省判任官充之。

第六条　外交官及领事官试验委员并临时委员除外务省官吏外,年给百圆以内之手当金。

附　　则

第七条　本令以明治二十六年十一月十日施行。

第三款　外交官及领事官

●●●外交官及领事官官制 明治三十二年(1899年)敕令

第一条　外交官为特命全权公使、办理公使、公使馆一等书记官、公使馆二等书记官、公使馆三等书记官及候补外交官。

第二条　特命全权公使及办理公使敕任，公使馆一等书记官、公使馆二等书记官、公使馆三等书记官及候补外交官奏任。

第三条　领事官为总领事、领事、副领事及候补领事官。

第四条　总领事、领事、副领事及候补领事官奏任。

第五条　在未设外交官地方可设外交事务官。

外交事务官，使领事官兼之。

第六条　在未设领事官地方可设贸易事务官及名誉领事或名誉副领事。

贸易事务官，奏任。名誉领事、名誉副领事为奏任待遇。

第七条　公使馆、领事馆及贸易事务馆设外务书记生。

外务书记生，判任。

第八条　需英语、法语、德语以外之外国语通译之公使馆可设公使馆一等通译官、公使馆二等通译官。

公使馆一等通译官、公使馆二等通译官，奏任。

第九条　需英语、法语、德语以外之外国语通译之公使馆领事馆及贸易事务馆可设外务通译生。

外务通译生，判任。

第十条　外交官或领事官暂时免其在外国勤务者为待命。

待命之外交官及领事官奉其本官，不从事职务。除本令及公使馆、领事馆费用条例有特别规定事项外，一切与在职官吏同。

待命之外交官及领事官得临时使其从事外务省事务，于此之时，适用关于在职官吏之规定。

待命以满三年为期，期满为免官者。

待命之外交官及领事官不得命其休职。

前各项之规定适用于贸易事务官、公使馆一等通译官及公使馆二等通译官。

附　则

第十一条　明治二十八年敕令第八十二号及同年敕令第八十七号，以本令施行之日废去。

第十二条　本令施行之际为一等领事或二等领事未另行交付辞令书者，即作为被任为领事者。

●●●在外公使馆职员定员令 明治三十二年（1899年）敕令

第一条　外交官、领事官、贸易事务官、公使馆一等通译官、公使馆二等通译官、外务书记生及外务通译生之定员如下：

特命全权公使、办理公使，凡十六人。

公使馆一等书记官、公使馆二等书记官、公使馆三等书记官，凡三十人。

总领事、领事、副领事、贸易事务官，凡三十七人。

公使馆一等通译官、公使馆二等通译官，凡七人。

候补外交官、候补领事官，凡三十人。

外务书记生、外务通译生，凡百二十八人。

外交官兼领事官、领事官兼外交官者，不列入定员之内。

第二条　待命之外交官、领事官、贸易事务官、公使馆一等通译官、公使馆二等通译官，凡十五人，不列入前条定员内。

附　　则

外交官、领事官、通译官、书记生、通译生定员令以本令施行之日废去。

●●● 外交官、领事官等临时增员之件 明治三十七年

（1904年）敕令

第一条　战时或事变之际，可于在外公使馆职员定员令第一条之定员外，设临时职员如下：

特命全权公使及办理公使，凡四人。

公使馆一等书记官、公使馆二等书记官、公使馆三等书记官、公使馆一等通译官及公使馆二等通译官，凡十人。

总领事及领事，凡五人。

外务书记生及外务通译生，凡二十人。

依本条所设职员，不属于在外公馆，使其从事临时职务。

第二条　因遇战争或事变，而使其在外国勤务之外交官、领事官、贸易事务官、公使馆一等通译官及公使馆二等通译官，得作为在外公馆职员定员令第二条之额外定员。

●●●外交官、领事官赴任及赐假规则 明治二十六年(1893年)敕令

第一条 外交官及领事官除有特别命令外,新从本邦赴任之时,自受命之日起五周间之内,当行事务引继出发。如系其他之赴任或归国之时,由命令到达之日起三周间之内,当行事务引继出发。

第二条 外交官及领事官在勤外国满三年以上者,除往返日数外,可依下之比例,赐假归国:

一 满三年以上者,六个月以内。

二 满三年以上,多满一年者,每年加一个月,但通算不得过十个月。

第三条 赐假归国者给本俸全额。除有特别命令外,过期不能出发者减本俸半额。但因罹病已得外务大臣许可展期赴任者,给本俸全额,以九十日为限。

第四条 因养疴许可归国者,除往返日数,在本邦滞留九十日,给本俸全额。过九十日不能出发者,减本俸半额。

附　则

第五条 本令亦适用于贸易事务馆、公使馆书记生及领事馆书记生。

第六条 本令以明治二十六年十一月十日施行。

明治二十四年敕令第七十四号外交官、领事官、贸易事务官、公使馆书记生及领事馆书记生赐假归朝规则,以本令施行之日废去。

●●●通译官及通译生、通用外交官、领事官赴任及赐假规则 明治二十八年(1895年)敕令

明治二十六年敕令第百七十二号公布之外交官、领事官赴任及赐假规则，公使馆一等通译官、公使馆二等通译官、公使馆通译生、领事馆通译生、贸易事务馆通译生，亦适用之。

●●●关于领事官之职务事件 明治三十二年（1899年）法律

第一条　条约中特使属于领事官权限之事项，得于与法律不抵触之范围内，以命令设制限。

第二条　条约中关于领事官之职务有须法律规定之事项，如无法律之规定，得以命令设必要之规定。

第三条　领事官及其他依本法而行职务者，须从法令及条约之规定行其职务，但可从基因国际法之惯例或驻在地特别之惯例。

如有不能依前项者，得以命令设特别之规定。

第四条　未定在外国施行期日之法律，得以命令定施行期日。

第五条　关于领事官职务之管辖区域，以命令定之。

第六条　因条约或惯例得行领事裁判权之领事官，从第七条至第十七条之规定，行关于诉讼事件、非讼事件之事务及登记事务。

第七条　关于前条之事务，领事官于不抵触法令条约及惯例之范围内，行地方裁判所及区裁判所之职务。

第八条　领事官不得行重罪公判。

轻罪之裁判无须预审。

第九条　领事官已行预审之重罪之公判，归长崎地方裁判所管辖。

第十条　属于领事官管辖之刑事，如有国交上之必要，外务大臣得命领事官不可管辖该事件，且得使移送被告人于内国监狱。

于此之时，该事件如应属于地方裁判所之权限，司法大臣当使长崎控诉院检事申请该控诉院，指定裁判管辖。该事件应属于区裁判所之权限,当使长崎地方裁判所检事申请该地方裁判所,指定裁判管辖。

第十一条 前条之申请及裁判准用刑事诉讼法第三十三条之规定。

第十二条 属于地方裁判所权限之事项,对领事官之裁判如有行控诉或抗告者,由长崎控诉院管辖。

属于区裁判所权限之事项,对领事官之裁判如有行控诉或抗告者,由长崎地方裁判所管辖。

第十三条 领事官应使领事馆员或警察官行检事或裁判所书记之职务。

如无应行裁判所书记职务之前项官吏,领事官可选任在留该管辖区域内之帝国臣民,使临时行其职务。

第十四条 领事官得使领事馆员或警察官吏行执达吏[①]职务。

行前项之职务者,得以自己之责任,委任自认为适当者,临时执行其职务。

第十五条 除依法令规定者外,欲为诉讼代理人或辩护人者,当请领事官许可。

第十六条 关于通常裁判所之忌避或回避之规定,领事官及依本法行其职务者不适用之。

第十七条 如无行第十三条及第十四条所载之职务者,外务大臣得派遣同国之他领事馆官吏行其职务。

第十八条 在未设领事馆地方,以命令之规定,应归本法及其他法律中领事官取扱[②]之事项,可使非领事官取扱之。

---

① 执达吏,即法警。
② 取扱,即处理。

第十九条　本法及其他法律中单称之领事或领事官,谓非名誉领事之领事及其代理人。

第二十条　施行本法所必要之规定以命令定之。

第二十一条　驻扎清韩二国领事裁判规则以本法施行之日废去。

●●●领事官职务规则 明治三十三年(1900年)敕令

第一条　领事官受外务大臣之指挥监督,并受驻扎国之帝国公使之监督。

外务大臣于特定事项,如已命驻扎国之帝国公使指挥该领事官,领事官关于该事项当受帝国公使之指挥。

第二条　领事官在驻扎国保护日本臣民,维持增进帝国通商、航海之利益。

第三条　领事官视察驻扎国依条约及国际法,对帝国遵守所负之义务。日本臣民之利益及帝国通商、航海之利益如有被害之时,对驻扎国官厅当行必要之措置①。

第四条　领事官对在该驻扎国之帝国军舰当行必要之帮助。

第五条　领事官为救助或取缔在该管辖区域内之日本臣民当行必要之措置。

领事因救助或取缔认为必要之时,得命日本船舶之船长送还日本臣民。

第六条　领事官于该辖区域内保护管理日本臣民之财产或遗产,可行必要措置。

第七条　领事官当备在该管辖区域内之日本臣民名簿,受理关于居

---

① 措置,即安置。

住及身分之届出①,将依届出或其他事实确知之关于日本臣民之居住及身分事项登录于该名簿。

第八条　领事官对在该驻扎国之日本船舶及其船员当行必要之保护及监督。

第九条　帝国军舰及其他日本船舶之乘组员如有脱船者,领事官对舰长及船长之请求,可因令脱船者复役,行必要之措置。

第十条　领事官得证明该驻扎国官厅或公署所发公文之是否真正。

第十一条　领事官因日本臣民或外国人之申请行其职务所应取扱之事项之职务之时,得行已知之事实之认证。

第十二条　领事官得以旅券给与日本臣民,又得查证之。

领事官得依欲游历日本之外国人之申请查证其旅券。

第十三条　领事官于该管辖区域内,得依日本臣民及外国人之申请,为日本臣民及关于在日本之土地之法律行为之公证。

第十四条　领事官于日本臣民相互之间或日本臣民与外国人之间所生之民事上之争论,得使行和解或为之伸裁。

第十五条　依条约及惯例得行领事裁判权之领事官于其所管事务得发命令。

领事官所发之命令,得附以十圆以内之罚金或拘留之罚则。

关于公布领事官所发命令之规程,领事官定之。

第十六条　外务大臣于领事官所发之命令,如有认为违背条约或法令,或有害公益者,得命其取消之。

在领事官驻扎国之帝国公使于领事官所发之命令,如有认为违背条约或法令,或有害公益者,得命其停止施行。但于此之时,当速

---

① 届出,即申报、登记。

将其旨报告外务大臣。

前项之施行停止,经过三个月即失其效力。

第十七条　领事官于其职务上必要之时得求帮助于帝国军舰。

第十八条　领事官于职务上事项当报告外务大臣。

第十九条　领事官除预得外务大臣认可外,不得与帝国之他官厅或公署直接通信。

第二十条　关于领事官征收手数料及出张[①]费用之规程,外务大臣定之。

第二十一条　名誉领事及贸易事务官据外务大臣之训令,准依本令及其他关于领事官职务之法令及条约之规定行其职务。

第二十二条　本令之施行日期,外务大臣定之。

第二十三条　日本帝国领事规则及明治二十三年敕令第二百五十八号悉废去。

●●●领事官征收手数料及出张费用之规程明治三十三年(1900年)外务省令

第一条　领事官征收之手数料及出张费用,除法令有特别明文者外,悉依本令所定。

第二条　领事官征收下记之手数料:

一　依领事官职务规则第六条,保护管理之财产及遗产。

视财产价格百分之一,最多额五十圆。但未满一钱之零数则不征收。

二　依领事官职务规则第七条阅览名簿及其他之文书。

---

① 出张,即出差。

		五十钱
三	交付名簿及其他之文书已行认证之誊本抄本。	
		五十钱至五圆
四	交付依民法及户籍法之规定,关于身分之届书、呈证书并航海日记誊本受理之证明书。	五十钱
五	遗言之取扱。	二圆
六	在留证明。	一圆
七	船舶载重之测量或改测之取扱。	三圆
八	交付假船舶国籍证书。	三圆
九	船舶进水之证明。	三圆
十	船舶出港、入港之取扱。	
	二十吨或二百石以上之船舶。	五十钱
	百吨又千石以上之船舶。	一圆
	二百吨以上之船舶。	一圆五十钱
	五百吨以上之船舶。	二圆五十钱
	千吨以上之船舶。	四圆
十一	船舶开行到埠之证明。	
	未满千吨之船舶。	一圆五十钱
	千吨以上之船舶。	三圆
十二	交付船舶健全证书。	三圆
十三	依航海奖励法施行细则第四十二条之公认。	三圆
十四	依航海奖励法施行细则第二十九条船舶职员补缺之公认。	一圆五十钱
十五	交付旅券。	二圆
十六	查证旅券。	一圆

十七　日本物产输入外国之证明之取扱。　　　　　　　一圆

十八　因人民申请之各种证明、公认、认证及登录。

五十钱至六圆

十九　仲裁①或和解之取扱。　　　　　　　　二圆至三十圆

第三条　特需费用之事项使申请者于手数料外负担其实费。

第四条　第二条第一号所定之手数料，其财产价格未满二百圆者免除之。

第五条　第二条第四号及第六号所定之手数料，如申请者无资力，可免除之。

第六条　领事官取扱之事项如系第二条所不载者，领事官可参酌该处惯例，经外务大臣认可，征收二十圆以内之手数料。

第七条　因人民之申请，须出张领事馆所在地之外取扱事务之时，则征收出张费用。

出张费用，最初一时间②二圆，每加一时间加征一圆，或每日八圆。但未满一时间，亦作为一时间计。六时间以上二十四时间以下，亦作为一日计。

第八条　领事官征收之手数料及出张费用可用外国货币完纳，其换算相场③依大藏大臣所定。

第九条　领事官征收之手数料及出张费用，可令其于外务大臣特行指定地方，以收入印纸④完纳。

第十条　贸易事务官之征收手数料及出张费用亦准用本令。

---

① 原书为伸裁，系排版之误。
② 时间，即小时。
③ 相场，即行情、市价。
④ 印纸，即印花。

第十一条　本令以施行领事官职务规则之日施行。

第六章　内务省所管

第一款　内务省

●●●**内务省官制**明治三十一年(1898年)敕令

第一条　内务大臣管理神社、地方行政、选举议员、警察、土木、卫生、地理、宗教、出版、著作权、赈恤救济事务,监督台湾总督、警视总监、北海道厅长官及府县知事。

第二条　大臣官房除载在通则者外,掌褒赏及关于台湾事务。

第三条　内务省以专任参事官四人,专任书记官十人为定员。

第四条　内务省设六局如下:

神社局

地方局

警察局

土木局

卫生局

宗教局

第四条之二　神社局掌下列事务:

一　关于神宫、官国币社、府县乡村社、招魂社及其他一切神社事项。

二　关于神宫及神职事项。

第五条　地方局掌下列事项:

一　关于选举议员事项。

二　关于府县会、府县经济及其他一切行政事项。

三　关于郡会、郡经济及其他一切郡中行政事项。

四　关于市町村会、公共组合会、市町村公共组合之经济及其他一切市町村公共组合行政事项。

五　删

六　关于赈恤救济事项。

七　关于供府县立以下之贫院、盲哑院、疯癫院、育儿院及其他慈惠之用之营造物事项。

八　关于征兵及征发事项。

九　关于北海道之林野、官设铁路及拓殖事项并其他关于北海道事项而不属于他局所管者。

第六条　警察局掌下列事项：

一　关于行政警察事项。

二　关于高等警察事项。

三　关于图书出版及著作权事项。

第七条　土木局掌下列事务：

一　关于本省直辖之土木工事事项。

二　关于府县经营之土木工事及其他公共土木工事事项。

三　关于直辖工费及补助府县工费调查事项。

四　关于水面埋立事项。

五　关于收用土地事项。

第八条　卫生局掌下列事务：

一　关于预防传染病及地方病、种痘并其他一切公众卫生事项。

二　关于检疫停船事项。

三　关于取缔医师、药剂师之业务并药品卖药事项。

四　关于卫生会及地方病院事项。

第九条　宗教局掌下列事务：

一　关于供神佛各派寺院宗教所用之堂宇及其他一切属于宗教事项。

二　关于僧侣及教师事项。

第十条及第十一条　删

第十二条　内务省设专任技师五人，内一人敕任。

内务省设专任技手十六人。

内务省属以百五十七人为定员。

附　则

第十三条　本令以明治三十一年十一月施行。

台湾事务局官制及明治二十七年敕令第六十六号，以本令施行之日废去。

●●● 神宫皇学馆官制 明治三十六年(1903年)敕令

第一条　神宫司厅设神宫皇学馆。

第二条　神宫皇学馆设职员如下：

馆长

专任教授	十人	奏任
专任助教授	十人	判任
学生监	三人	
专任书记	三人	判任

第三条　馆长以神宫少宫司充之，听大宫司指挥，统理馆务。

第四条　教授听馆长指挥,掌教授学生。

第五条　助教授听馆长指挥,助教授行其职务。

第六条　学生监以教授或助教授充之,听馆长指挥,掌关于取缔学生之事。

第七条　书记听上官指挥,从事庶务。

附　则

本令以明治三十六年九月一日施行。

第二款　土木监督署

●●●**土木监督署官制**明治二十七年（1894年）敕令

第一条　为监督地方土木事业，分划①府县为七土木监督区如下：

第一区

东京府　神奈川县　埼玉县　群马县　千叶县　茨城县　栃木县　山梨②县

第二区

宫城县　福岛县　岩手县　青森县　山形县　秋田县

第三区

新潟县　长野县　石川县　富山县

第四区

三重县　爱知县　静冈县　岐阜县　福井县

第五区

京都府　大阪府　兵库县　奈良县　滋贺县　和歌山县　德岛县　高知县

第六区

鸟所县　岛根县　冈山县　广岛县　山口县　香川县　爱媛县

---

① 原文为"分画"，应系排版之误。
② 原文为"山黎"，应系排版之误。

第七区

長崎县　福冈县　大分县　佐贺县　熊本县　宫崎县

鹿儿岛县　冲绳县

第二条　各土木监督区设土木监督署,其位置内务大臣定之。

第三条　各土木监督署置职员如下:

署长

技师

技手

书记

第四条　署长以技师充之,承内务大臣之指挥监督,管理署务,指挥所属职员。

第五条　署长监视区内地方之土木事业,查核利害得失,报告内务大臣。

第六条　署长于第一条记载事务外,承内务大臣之命,计划内务省直辖之土木事业,兼管理其施行。

第七条　技师合各署以二十一人为定员,内四人敕任,承署长之指挥,分掌署务,并补助第六条事务。

土木监督署如设敕任技师,即以敕任技师为署长。

第八条　技手合各署以二十三人为定员,承上官之指挥,从事工务。

第九条　书记判任,合各署以二十一人为定员,承上官之指挥,从事庶务。

第十条　管理直辖土木事业,可不依第一条之区域。

第十一条　本令以明治二十七年十月一日施行。

●●●土木监督署处务规程 明治三十二年（1899年）内务省训令

第一条 署长得巡视区内，并命署员巡回区内或出张区外。

第二条 署长得许可判任官以下之归省、看护、省墓以及移地疗养，并得命其除服出仕。

第三条 署长于雇员以下之命免得专行之。

第四条 署长得设署中处务细则。

第五条 府县知事之禀伺或报告等经由土木监督署者，署长当为之审查，附以己见上达。

第六条 经由土木监督署之府县知事之禀伺，于下列各项中事体轻易者，除有特别规定外，署长得以依命通牒处分之：

一 关于新筑、改筑已经施行川河①法之川河及施行除却工事并其计划及工费之预算。

二 依川河法第十七条及第十八条给与之许可。

三 依川河法第三十九条除却之建筑物。

四 对依明治三十二年内务省令第二十一号之川河工事而生之其他必要工事之补助，而关于川河费用之内于充该补助费之预算金额内能支出者。

五 依防砂法受国库补助之防砂工事之计划及其工费预算。

六 明治三十年内务省训令第九百七十六号之第一条第一号至第三号、第四号中国道及假定②县道之变更并征收路钱期限之变更，第五号中国道及假定县道中应架桥梁之变更及于从来之构造加大变更之桥替，并征收桥钱期限之变更及

---

① 川河，即河川。
② 假定，即暂定。

依第四条之禀伺。
七　埋立使用公有水面而与港湾无关系者及不以筑造船渠为目的者。
八　依明治三十二年内务省训令第九百六号之禀伺。
九　依明治三十三年敕令第三百号之第九条第一号之禀伺。
署长每月十日以前当将前月间依本条处分之事报告。

第七条　署长于区内土木事业，每年六月三十日以前，当将其前年度状况报告。但临时重要事项，当每次报告。

第八条　署长于直辖工事，当本已定之计划，定每年度施工区域，调制目论见帐及图面经伺之。

第九条　署长除有特别规定者外，于下列事项当每次经伺：
一　变更直辖工事已定之计划。
二　预定区域外之工事。但修缮工事，一处金额未满二百圆者，不在此例。
三　诉讼之提起、取下、和解及诉权之抛弃。
四　雇入酬金二百圆以上之辩护士[①]。
五　需手当二百圆以上之事务之嘱托。
六　施行调查川河、道路及港湾之次序。
七　其他重要事项。

第十条　署长除有特别规定者外，于下列事项当每次报告：
一　署员之分掌。
二　署长之发著。
三　判任官以上之出张区外。

---

① 辩护士，即律师。

四　判任官之归省、视疾、扫墓、转地疗养及除服出仕。

五　雇员之命免。

六　署中处务细则。

七　仕拂[①]预算目之流用。

八　需手当未满二百圆之事务之嘱托。

九　因灾害而生之直辖工事之破损。

十　关于属直辖工事之寄附物件之受领。

十一　土地之买入及收用。

十二　重要物品之贷借。

十三　其他认为必要事项。

第十一条　署长每年六月三十日以前，当将其前年度施行之直辖工事及调查事业之状况报告，但工事当附呈已竣工之部分之图。

第十二条　署长每年二月末日以前，当将前年中调制之水位表进达[②]。

第十三条　署长每年二月末日以前，当将前年中编制之图面书籍报告。

第十四条　应由署长经伺或报告内务大臣之会计事项，当送付大臣官房庶务课长，其他则送付土木局长。

第十五条　明治二十三年内务省令第五百二十九号土木监督署处务细则废止之。

[①]　仕拂，即支付。
[②]　进达，即转呈、转递。

第三款　古社寺保存会

●●●**古社寺保存会规则**明治三十年(1897年)敕令

第一条　古社寺保存会属内务大臣监督,于古社寺保存法第二条及第四条事项及其他关于保存古社寺事项,应内务大臣之咨询,具陈意见。

第二条　古社寺保存会于保存古社寺事项得建议于内务大臣。

第三条　古社寺保存会为整理会务议定规则,当请内务大臣认可。

第四条　古社寺保存会以会长一人、委员二十人以内组织之。

第五条　如因审议特别事件,如临时之必要,得于前条定员外派临时委员。

第六条　会长以敕任官充之。

第七条　委员及临时委员由内阁依内务大臣奏请,派官吏或有学识有经验者充之。

第八条　古社寺保存会设干事一人,以内务省高等官充之。
干事受会长指挥,整理庶务。

第九条　会长依议事规则整理议事,将会议之决议具申①内务大臣。

第十条　会长有事故,以内务大臣指名之委员代理其事务。

第十一条　会长委员及干事年给五百圆以内手当金,临时委员视事

---

① 具申,即汇报、呈报。

之轻重给相当手当金。

第十二条 古社寺保存会设书记,承会长及干事之指挥,从事庶务。书记以内务属充之。

第十三条 书记视事之繁简给相当手当金。

第十四条 内务大臣认为必要之时,可遣派委员或其他之人,调查关于保存古社寺一切事项。

第四款　神宫司厅　造神宫使厅

●●●神宫司厅官制 明治二十九年（1896年）敕令

第一条　神宫司厅设职员如下：

祭主	一人
大宫司	一人
少宫司	一人
祢宜	十人
权祢宜	二十人
宫掌	四十人

第二条　祭主亲任，以皇族任之，为大御手代，管理祭事，但亦可以公爵任之。

第三条　大宫司敕任或奏任，承祭主之命，奉仕祭祀，宣读祭文，承内务大臣之指挥监督，统督所部职员，管理厅中事务。

第四条　大宫司得为分掌厅中事务，设课立庶务细则。

第五条　少宫司奏任，佐宫司奉仕祭祀，整理厅中事务。
大宫司有事故，少宫司代理其事务。

第六条　祢宜奏任，承大宫司及少宫司之命，恭候于神前，供撤神膳，办殿内一切事务，临时行祈祷祓除，从事厅中庶务。

第七条　删

第八条　权祢宜判任，承上官之指挥，调理神馔，从事祭事及庶务。

第九条　宫掌判任，听上官指挥，从事祭事及杂务。

第十条　大宫司将所属判任官，神部署职员中受判任之待遇者及神宫卫士长、卫士副长、卫士之进退惩戒，具状于内务大臣。

●●●造神宫使厅官制 明治三十一年（1898年）敕令

第一条　造神宫使厅属内务大臣监督，掌营造神宫及装束、调进神宝事务。

第二条　造神宫使厅设职员如下：
使
副使
主事
技师
属
技手

第三条　使一人，以神宫祭主充之，承内务大臣之指挥监督，管理厅中事务。

第四条　使统督所属官吏进退，奏任官，当具状内务大臣。判任官以下，得专行之。

第五条　副使一人，以内务省神社局长充之，佐使办理事务。使有事故，则代理其职务。

第六条　主事一人，奏任，承使及副使之命，分掌厅中事务。

第七条　技师承使及副使之命，掌关于技术之事。

第八条　属判任，承上官之命，从事庶务。

第九条　技手承上官之命，从事技术。

●●●关于神宫卫士长、卫士副长及卫士之件明治三十二年(1899年)敕令

第一条 神宫设下之职员，掌警卫神宫：

  卫士长　　　　　　　　　　一人

  卫士副长　　　　　　　　　二人

  卫士　　　　　　　　　　　四十人

第二条 卫士长承大宫司之命，监督部下职员，掌理警卫事务。

第三条 卫士副长辅佐卫士长。卫士长有事故，则上席之卫士副长代理其职务。

第四条 卫士听上官指挥，从事警卫。

第五条 卫士长、卫士副长及卫士，受判任官之待遇。

第六条 关于卫士长、卫士副长及卫士之俸给服制及其他关于服务之细则，内务大臣定之。

●●●卫士长、卫士副长、卫士服务规则明治三十二年(1899年)内务省令

第一条 卫士长、卫士副长视察部下诸员之勤惰，征各种报告，行关于职务之指挥。

第二条 卫士驻宿神地或其附近之地，或巡逻神地，预防并防止水火灾、恶疫及流行病，制止犯罪及不良行为，并从事取缔神地。

第三条 卫士于宫域内见有服装、言语、举动涉于不敬或有失火之虞之行为者，当严行制止之。

第四条 卫士在神地如见有死人、病人、迷儿、发狂人等，当行相当处置。行旅病人、行旅死亡人及迫于冻馁不能步行之行旅者，或行旅中之妊妇产妇，须施行当而不得其术者，并其同伴者当引渡该所在

地之市町村长。其他之人,则引渡该地之警察官吏。

第五条　卫士在神地如见有殿舍桥梁或道路破坏或树木倾倒、沟渠淤塞等,当报知卫士长,卫士长报告宫司。

第六条　卫士于行其职务所必需之时,可使不听其制止者得退出神地之外,妨害物及不洁物不可使其存在神地内。

第七条　卫士于神地内如见有重罪或应受禁锢之刑之轻罪现行犯人,当逮捕之,引致司法警察官,或知有应受罚金之刑之轻罪及违警罪现行犯人,当问明被告人之姓名住址。如系轻罪,则告发检事;如系违警罪,则告发可行即决之官署。但除有不得已事情外,于未引致或告发之先,当听卫士长指挥。

第八条　卫士于神地及其附近失火或其他事变之时,除行临机之处置外,当急报宫司、司厅、齐宿及卫士长。

第九条　卫士长、卫士副长及卫士于祭典之际,依宫司之命,从事警卫。

第十条　宫司及卫士长于事变或必要之时,得全行召集卫士长以下卫士。

第十一条　卫士长当审理部下各员之赏罚及愿届等,具状于宫司。关于警卫事务,应呈宫司之上申及报告,卫士长行之。

第十二条　警卫事务中之重大者,当请卫士长之指挥施行。其须急施者,施行后即当报告卫士长。

第十三条　卫士长、卫士副长及卫士执行职务之际,当着制服。

第十四条　关于卫士长、卫士副长及卫士之配置、驻宿、巡逻、心得①、勤务、监督及其他施行本令必需之事项之细则,宫司定之,请

---

① 心得,即代理、暂代。

内务大臣认可。

第十五条　卫士之职务,卫士长或卫士副长得专行之。

第十六条　本令以明治三十二年十月二十三日施行。

●●●神部署官制 明治三十三年(1900年)敕令

第一条　神部署属神宫大宫司监督,掌关于大麻历之制造及颁布并臣民奉赉事项。

第二条　神部署设职员如下：

署长	一人	奏任待遇
神部	二人	奏任待遇
候补神部	十四人	判任待遇

第三条　署长掌理一切署务,监督所属职员。

第四条　神部承署长之命,掌理署务。

第五条　候补神部承署长及神部之命,从事庶务。

第六条　神务署得设参务员。

参务员为奏任待遇,应署长之咨询,关于署务具陈意见。

第七条　署长有事故,上席神部代理其事务。

第八条　署长神部及参务员,内阁依内务大臣奏请委派。候补神部,内务大臣委之。

附　则

本令以明治三十三年十月十五日施行。

第五款　官国币社

●●●**官国币社职制** 明治三十五年（1902年）敕令

第一条 官币社及国币社设神职如下：

宫司	一人	
权宫司	一人	但以官币大社热田神宫及官币大社出云大社为限
祢宜	一人	
主典		
宫掌		但以官币大社热田神宫为限

主典及宫掌之定员，内务大臣定之。

第二条 宫司承内务大臣及地方长官之指挥监督，奉仕国家之祭祀，司祭仪，管理庶务。

第三条 权宫司辅佐宫司，从事祭仪及庶务。

第四条 祢宜承宫司及权宫司之指挥监督，从事祭仪及庶务。

第五条 主典及宫掌承上职之指挥监督，从事祭仪及庶务。

第六条 宫司有事故，在设权宫司之神社则权宫司为之代理，在其他神社则祢宜为之代理。

第七条 宫司及权宫司为奏任待遇，内阁依内务大臣之奏请命之。祢宜主典及宫掌为判任待遇，地方长官命之。

第八条 官国币社神职支给俸额，但宫司及权宫司不妨以内务大臣为名誉职,祢宜主典及宫掌不妨以地方长官为名誉职。

第九条　官国币社神职其服务俸给及旅费规程,内务大臣定之。

第十条　本令中属于内务大臣及地方长官之职权,关于别格官币社、靖国神社之神职,则陆军大臣及海军大臣行之。

第十一条　本令中属于内务大臣及地方长官之职权,在台湾则台湾总督行之。但关于第七条之奏请,当经由内务大臣。

附　则

第十二条　本令以明治三十五年二月二十日施行。

第十三条　本令施行之际,现膺官国币社神职者,即作为依本令委派者。

●●●关于官国币社主典及宫掌之定员等事件

明治三十五年(1902年)内务省令

第一条　主典之定员,每社为二人以内。

第二条　现在主典定员一人之神社如欲增至二人,地方长官当开具理由,请内务大臣认可。

第三条　有特别事由之神社,地方长官得请内务大臣认可,于第一条定员之外增设主典。

第四条　在主典现员三人以上之神社,暂时可仍旧存置。但因退职或其他事故减员者,于未复定员以前,不得补命。

依前条之补命,不在适用前项但书规定之例。

第五条　热田神宫宫掌之定员为五人以内。

第六条　雇员由宫司命免之。

第七条　祢宜主典宫掌之补免及死亡,该时各地方长官报告内务大臣。

第八条 关于第二、第四条之事项，于本规则未施行以前已得内务大臣认可者，不因本规则之施行失其效力。

第九条 本规则以明治三十五年二月二十日施行。

第六款　卫生试验所

●●●卫生试验所官制 明治二十三年(1890年)敕令

第一条　东京、大阪、横滨设卫生试验所。

第二条　卫生试验所属内务大臣管辖,取扱关于卫生上试验事项。

第三条　各卫生试验所设职员如下:

所长

技师

技手

书记

第四条　所长以技师充之,承内务大臣之指挥监督,管理所内事务,统督所属职员。

第五条　技师奏任,以专任九人为定员,分属各试验所,承所长之指挥,分掌试验事务。

第六条　技手判任,以专任二十三人为定员,承上官之指挥,从事所务。

第七条　书记判任,以专任七人为定员,承上官之指挥,从事庶务。

第八条　各试验所事务之分课,内务大臣定之。

第七款　传染病研究所

●●●**传染病研究所官制**明治三十二年（1899年）敕令
第一条　东京设传染病研究所。
第二条　传染病研究所属内务大臣管理，掌关于检束传染病及他病原，研究预防及治疗方法，检查预防、消毒、治疗材料，讲习传染病研究方法等事务。
第三条　传染病研究所设职员如下：

所长	一人	敕任
部长	专任三人	奏任
助手	专任八人	判任
书记	专任四人	判任

前项定员外，可设二十人以内之无给[①]助手。
第四条　所长承内务大臣之指挥监督，掌理所务，监督部下。
第五条　部长承所长之命，掌研究检查讲习。
第六条　助手听上官指挥，从事研究检查讲习。
第七条　书记听上官指挥，从事庶务。
第八条　传染病研究所事务之分课，内务大臣定之。

---

① 无给，即没有工资，无报酬。

附　　则

本令以明治三十二年四月一日施行。

第八款　血清药院

●●●血清药院官制 明治二十九年(1896年)敕令

第一条　东京设血清药院。

第二条　血清药院属内务大臣管理,掌关于血清药院事务。

第三条　血清药院设职员如下：

院长	一人
技师	专任二人
技手	专任六人
书记	专任二人

第四条　院长以技师充之,承内务大臣之指挥监督,掌理院内事务,监督部下职员。

第五条　技师听院长指挥,分掌关于制造事务。

第六条　技手听上官指挥,从事关于制造事务。

第七条　书记判任,听上官指挥,从事庶务。

第八条　血清药院事务之分课,内务大臣定之。

第九款　痘苗制造所

●●●**痘苗制造所官制** 明治二十九年(1896年)敕令

第一条　东京、大阪设痘苗制造所。

第二条　痘苗制造所属内务大臣管理，掌关于制造痘苗事务。

第三条　痘苗制造所设职员如下：

所长	一人
技师	专任二人
技手	专任十人
书记	专任三人

第四条　所长以技师充之，承内务大臣之指挥监督，掌理所内事务，监督部下职员。

第五条　技师承所长之命，掌关于制造事务。

第六条　技手听上官指挥，从事制造。

第七条　书记判任，听上官指挥，从事庶务。

第八条　痘苗制造所事务之分课，内务大臣定之。

●●●**痘苗制造所设顾问医之件** 明治三十二年(1899年)敕令

第一条　痘苗制造所得置顾问一人。

第二条　顾问关于所务开陈[①]其意见。

第三条　顾问以高等官充之。

第四条　顾问由内阁依内务大臣奏请命之。

第五条　顾问不给手当。

---

① 开陈,即陈述。

第十款　临时海港检疫所

●●●**临时海港检疫所官制**明治三十三年（1900 年）敕令
第一条　临时海港检疫所掌关于临时海港检疫事务。
第二条　临时海港检疫所承内务大臣之命，地方长官管理之。
第三条　临时海港检疫所之开设及闭锁，内务大臣出示。
第四条　临时海港检疫所设职员如下：

所长　　　　　　　　　　　一人

临时海港检疫官补

临时海港检疫所书记

临时海港检疫员

临时海港检疫医员

第五条　所长以临时海港检疫所所在道厅府县之警部长充之。
　　　所长受地方长官之指挥监督，掌理所务，监督部下。
第六条　临时海港检疫官补及临时海港检疫所书记以道厅府县判任官充之，由地方长官委派。
第七条　临时海港检疫员及临时海港检疫医员由地方长官命之，受判任待遇。
第八条　临时海港检疫官补承所长之命，从事检疫。
第九条　临时海港检疫所书记承所长之命，从事庶务。
第十条　临时海港检疫员听上官指挥，从事检疫。

第十一条　临时海港检疫医员承上官指挥,从事医务。

附　　则

本令以明治三十三年四月一日施行。

第十一款　中央卫生会

●●●**中央卫生会官制**明治二十八年（1895 年）敕令

第一条　中央卫生会属内务大臣监督，及关于公众卫生兽畜卫生事项，应各大臣之咨询，开陈其意见。

第二条　中央卫生会于各省主管事务中关于卫生诸事项得建议于该主任大臣。

第三条　中央卫生会关于卫生一切事项，如有认为须寻问[①]警视总监北海道厅长官及府县知事，或须派遣临时会员往各地方调查检察，可具申内务大臣。

第四条　中央卫生会为整理议事，议定规则，当请内务大臣认可。

第五条　中央卫生会以会长一人、委员二十八人以内组织之。

委员以宫内省侍医局长、内务省参与官、内务省地方局长、内务省警保局长、内务省土木局长、内务省卫生局长及内务省高等官三名、传染病研究所长、陆军省医务局长、陆军兽医监一名、海军省医务局长、东京帝国大学医科大学长、农商务省农务局长、农商务省高等官一名并医师、药学者、卫生工、学者若干人充之。

第六条　如因审议特别事件有临时之必要，可于前条定员外命临时委员。

---

① 寻问，即询问。

第七条　会长及委员中之内务省高等官、陆军兽医监、农商务省高等官、医师药学者、卫生工、学者及临时委员，内阁依内务大臣奏请命之。

由医师、药学者、卫生工、学者选任之委员，任期四年，但满期后得再被选任。

第八条　会长总管会务，依议事规则整理议事，将会议之决议具申内务大臣及主任大臣。

第九条　会长有事故，以内务大臣指名之委员代理其事务。

第十条　中央卫生会设干事一人。

干事以内务省高等官充之，听会长指挥，整理庶务。

第十一条　会长委员及干事年给五百圆以内手当金，临时委员视事之轻重每次给相当手当金。

第十二条　中央卫生会设书记，以内务属充之。

书记听上官指挥，从事议事之笔记及庶务。

第十三条　书记年给百圆以内手当金。

附　　则

第十四条　从前委员不另行辞令，自本令施行之日起作为已解任者。

第十二款　日本药局方调查会

●●●日本药局方调查会官制明治三十三年（1900 年）敕令

第一条　日本药局方调查会属内务大臣监督，调查关于改正日本药局方事项。

第二条　日本药局方调查会以会长一人、委员十六人以内组织之。

第三条　会长及委员，内阁依内务大臣奏请命之。

第四条　日本药局方调查会设干事一人。

干事以内务省高等官充之。

第五条　日本药局方调查会设主查委员。

主查委员由内务大臣委员中之选派。

第六条　会长整理会务及议事，将其决议具申内务大臣。

会长有事故，以内务大臣指名之委员代理其事务。

干事听会长指挥，整理庶务。

第七条　日本药局方调查会当议定议事规则，请内务大臣认可。

第八条　会长委员及干事年给五百圆以内手当金。

第九条　日本药局方调查会设书记，以内务省判任官充之。

书记听会长及干事指挥，从事庶务。

第十条　书记年给百圆以内手当金。

附　则

本令以明治三十三年四月一日施行。

第十三款　医术开业试验委员

●●●**医术开业试验委员官制**明治二十九年(1896年)敕令
第一条　医术开业试验委员属文部大臣监督,掌管关于医术开业试验事务。
第二条　医术开业试验委员以委员长一人、主事二人、委员若干人组织之。
医术开业试验委员长及主事以高等官充之。
非高等官之医术开业试验委员为奏任待遇。
第三条　医术开业试验委员长主事及委员,内阁依文部大臣奏请命之。
医术开业试验委员任期四年,但满期后得再被选任。
第四条　医术开业试验委员长监督医术开业试验主事委员及附属病院长,掌理事务。
第五条　医术开业试验委员长查定医术开业试验委员提出之试验成绩,发给及第[①]者之及第证书。
及第证书当由医术开业试验委员长签名。
第六条　医术开业试验委员长于试验之后,当将其成绩及试验事务之要领报告文部大臣。

---

① 及第,即及格、合格。

第七条　医术开业试验主事听委员长指挥,整理关于试验庶务。

医术开业试验主事得承委员长之命,代理其职务。

第八条　医术开业试验委员听委员长指挥,掌学说试验及实地试验。

第九条　医术开业试验委员长主事及委员视事之繁简给以手当。

第十条　医术开业试验设附属病院,附属病院长为奏任待遇。

附属病院长年俸为二千五百圆以内。

第十一条　附属病院长承医术开业试验委员长之命,整理病院事务。

第十二条　医术开业试验书记设专任四人,判任。

医术开业试验书记听上官指挥,从事庶务。

附　则

第十三条　从前之医术开业试验委员长不另行辞令书,由本令施行之日起作为已解任者。

第十四条　明治二十二年敕令第六十二号医术开业试验委员组织权限以本令施行日废去。

●●●药剂师试验委员官制 明治二十九年(1896年)敕令

第一条　药剂师试验委员属文部大臣监督,掌管关于药剂师试验事务。

第二条　药剂师试验委员以委员长一人、主事二人、委员若干人组织之。

药剂师试验委员长及主事以高等官充之。

非高等官之药剂师试验委员为奏任待遇。

第三条　药剂师试验委员长主事及委员,内阁依文部大臣奏请命之。

药剂师试验委员任期四年,但满期后得再被选任。

第四条　药剂师试验委员长监督药剂师试验主事及委员,掌理事务。

第五条　药剂师试验委员长查定药剂师试验委员提出之试验成绩,发给及第者之及第证书。

及第证书当由药剂师试验委员长签名。

第六条　药剂师试验委员长于试验之后,当将其成绩及试验事务之要领报告文部大臣。

第七条　药剂师试验主事听委员长指挥,整理关于试验之庶务。

药剂师试验主事可承委员长之命,代理其职务。

第八条　药剂师试验委员听委员长指挥,掌学说试验及实地试验。

第九条　药剂师试验委员长主事及委员视事之繁简给手当金。

第十条　药剂师试验设书记,以文部属或医术开业试验书记充之。

药剂师试验书记听上官指挥,从事庶务。

药剂师试验书记视事之繁简给手当金。

附　　则

第十一条　从前之药剂师试验委员长及主事不另行辞令书,由本令施行之日起作为已解任者。

第十二条　明治二十七年敕令第七十四号之药剂师试验委员组织权限以本令施行日废去。

第七章　大藏省所管

第一款　大藏省

●●●**大藏省官制**明治三十一年（1898年）敕令

第一条　大藏大臣总辖政府之财务，管理关于会计、出纳、租税、樟脑、樟脑油专卖、国债、货币、预金①、保管物及银行事务，监督府、县、郡、市、町、村及公共组合之财务。

第二条　大藏省以专任参事官二人、专任书记官八人为定员。

第三条　大藏省设下列三局：

　　主计局

　　主税局

　　理财局

第四条　主计局掌下列事务：

　　一　关于总预算、总决算事项。

　　二　关于特别会计之预算、决算事项。

　　三　关于仕拂预算事项。

　　四　关于登记主计簿事项。

　　五　关于调制岁入、岁出现计书事项。

　　六　关于一切计算书之下检查事项。

---

① 预金，即存款。

七　关于出纳官吏之监督及身元①保证事项。

八　关于支出预备金事项。

九　关于定额之缲越②之承认及定额戾入年度开始前支出事项。

十　关于收入、支出之科目事项。

十一　关于银钱物品会计之统一事项。

十二　关于府、县、郡、市、町、村及其他公共组合之岁计事项。

第五条　主税局掌下列事务：

一　关于赋课征收国税事项。

二　关于管理监督税务事项。

三　关于民有地变换地种名目事项。

四　关于土地台帐③事项。

五　关于调查税关输出、输入事项。

六　关于监督外国贸易之船舶及输出入品事项。

七　关于保税仓库事项。

八　关于大藏省所管税外一切收入事项。

九　关于府、县、郡、市、町、村及其他公共组合各种收入事项。

十　关于樟脑、樟脑油之制造、收纳、卖渡、输入及取缔事项。

第六条　理财局掌下列事务：

一　关于国资之运用出纳事项。

二　关于国库之出纳管理事项。

---

① 身元，即出身、身份。

② 缲越，即国家岁入，不满预算之定额而有剩余，将此剩余，拨归明年会计中核算，谓之缲越。

③ 台帐，即总帐。

三　关于国库之出纳计算书事项。

　　　四　关于国债之募集、借入、偿还及利拂事项。

　　　五　关于国债簿及国库簿之登记事项。

　　　六　关于货币事项。

　　　七　关于取扱纸币、国债、证券、大藏省证券及借入证书事项。

　　　八　关于调制国债计算书事项。

　　　九　关于年金恩给及诸禄之给与事项。

　　　十　关于罹灾救助基金事项。

　　　十一　关于金库之监督事项。

　　　十二　关于银行之监督事项。

　　　十三　对银行之补助金及关于补助事项。

　　　十四　关于银行债券事项。

　　　十五　关于国立银行纸币之处分事项。

　　　十六　关于预金、保管物及供托①物事项。

　　　十七　关于地方财务之监督事项。

　　　十八　关于一般金融事项。

　　　十九　关于府、县、郡、市、町、村及其他公共组合之公债事项。

第七条　大藏省设专任鉴定官三人、技师一人，奏任。鉴定官属于主税局，技师视情形使属于大臣官房或他处，掌所司事务。

第八条　大藏省设候补鉴定官四人、技手四人，判任。候补鉴定官听上官指挥，从事鉴定事务。技手听上官指挥，从事关于建筑及电信事务。

---

　　①　供托，即寄存、委托保管。

第九条　大藏省属以百九十人①为定员。

第十条　本令以明治三十一年十一月一日施行。

---

① 百九十人,即一百九十人。日语中表示一百多或一千多的数字时,常省略此处的"一"字,下同。

第二款　造币局

●●● **造币局官制** 明治二十六年（1893年）敕令

第一条　造币局设于大阪市，属大藏大臣管理，掌铸造货币、镕毁旧货币、制造赏牌、分析及精制地金银并试验诸矿物。

第二条　造币局设职员如下：

局长	一人	敕任
技师	四人	
属	十九人	判任
技手	十九人	

第三条　局长受大藏大臣指挥监督，掌理局中一切事务。

第四条　技师受局长指挥监督，监理工务。

第五条　属听上官指挥，从事庶务。

第六条　技手听上官指挥，从事工务。

第七条　东京市设造币支局，分掌买入地金及代行拂渡货币事务。

造币支局长以大藏省高等官充之。

附　则

第八条　本令以明治二十六年十一月十日施行。

第三款　税关

●●●**税关官制**明治三十二年（1899年）敕令

第一条　税关属大藏大臣管理，掌下列事务：

一　税关吨税及关于税关一切收入事项。

二　关于保税仓库及其他仓库事项。

三　关于取缔船舶及货物事项。

四　关于关税法及吨税法犯则者之处分事项。

五　关于酒类造石税、酱油税下戻①及制造烟草输出交付金事项。

六　关于取缔关税通路事项。

七　关于由税关或保税仓库引取之砂糖、石油、毛织物消费税及骨牌课税②事项。

第二条　税关设于下列五港：

武藏国横浜

摄津国神户

摄津国大阪

---

① 下戻，即退回、发回。

② 骨牌课税，指日本以前对麻将、纸牌、多米诺牌等的生产者和输入者所征之税，称骨牌税，后于1989年并入消费税而被废止。

肥前国长崎

渡岛国函馆

第三条　税关设税关长一人，奏任。

高等官三等满三年以上功绩显著者，可升叙高等官二等。

第四条　各税关设职员如下：

事务官	专任	奏任	五人
监视官	专任	奏任	四人
鉴定官	专任	奏任	十二人
候补事务官	专任	判任	二百七十六人
监视	专任	判任	百九人
候补鉴定官	专任	判任	百四十六人
监吏	专任	判任	百六十九人
技手	专任		四十五人

第五条　税关长听大藏大臣指挥，掌理关于税关一切事务。

第六条　事务官除为税关支署长者外，分属各税关，助税关长办理事务。

第七条　监视官听税关长指挥，掌理关于税关警察及犯则处分事务。

第八条　鉴定官听税关长指挥，掌理关于鉴定检查货物事务。

第九条　候补事务官除为税关支署长者外，听上官指挥，从事庶务。

第十条　监视除为税关监视部长及税关监视署长者外，听上官指挥，从事关于关税警察及犯则处分事务。

第十一条　候补鉴定官听上官指挥，从事检查鉴定货物。

第十二条　监吏除为税关监视署长者外，听上官指挥，从事关于关税警察及犯则处分事务。

第十三条　税关设税关监事部。

税关监视部设部长一人,以监视官及监视充之。

税关监视部长听税关长指挥,掌理关于关税警察及犯则处分事务。

第十四条　税关可于管辖区域内紧要地方设税关支署及税关监视署。

税关监视署之位置,大藏大臣定之。

第十五条　税关支署设支署长一人,以事务官或候补事务官充之。

第十六条　税关监视署设署长一人,以监吏充之。

第十七条　税关支署长听税关长指挥,掌理该管内税关事务。

第十八条　税关监视署长听税关长指挥,掌理关于关税警察及犯则处分事务。

附　　则

第十九条　本令以明治三十二年四月二十五日施行。

●●●关税诉愿审查委员会规则 明治三十二年(1899年)敕令

第一条　依关税法第六十九条之委员会称关税诉愿审查委员会,以会长一人、委员九人组织之。

第二条　会长以大藏次官充之,委员以大藏省高等官三人、帝国大学教授三人、农商务省高等官二人、司法省高等官一人充之。

第三条　如有特别必要之时,可于前条定员外命临时委员。

第四条　委员,内阁依大藏大臣奏请命之。

第五条　会长有事故,以指名之委员代理事务。

第六条　关税诉愿审查委员会设干事一人,以大藏省高等官充之。

干事听会长指挥,整理庶务。

第七条　关税诉愿审查委员会设书记二人,以大藏省属充之。

书记听会长及干事指挥，从事庶务。
第八条 书记视事之繁简给相当手当金。

第四款　税务监督局

●●●**税务监督局官制**明治二十九年（1896年）敕令

第一条　税务监督局属大藏大臣管理，监督关于内国税事务。

第二条　通各税务管理局设职员如下：

局长	十八人	奏任
事务官	专任五十七人	奏任
税务属	专任三百九十六人	判任
技手	专任百十人	

第三条　局长受大藏大臣指挥监督，管理在该管内之内国税事务，指挥监督税务署长。

第四条　局长于税务署长之处分有认为违犯法律命令者，可取消之。

第五条　局长得使其部下官吏行关于间接国税之检查。

第六条　局长监督部下官吏，税务监督局及税务署判任官之任免当具状大藏大臣。

第七条　事务官分属各局，办理事务。

第八条　税务属听上官指挥，从事庶务。技手听上官指挥，从事关于技术事务。

第九条　税务监督局之名称、位置及管辖区域依别表所定。

附　　则

本令以明治三十五年十一月五日施行。

税务管理局官制及明治二十九年敕令第三百四十六号以本令施行之日废去。

●●●税务署官制 明治三十五年（1902年）敕令

第一条　税务署属大藏大臣管理，执行关于内国税事务。

第二条　通各税务署设职员如下：

税务官	七十五人	奏任
税务属	专任四千三百六十九人	判任
技手	专任一百八十九人	

在小笠原岛使岛司兼税务官之时，可作为额外定员。

第三条　税务官在未设为署长之税务官之署，则以税务属充署长。

第四条　署长受税务监督局长之指挥监督，执行关于内国税之法律命令，掌理该管内事务，监督部下官吏。

第五条　税务属除为署长者外，听署长指挥，从事庶务及检查。技手听署长指挥，从事关于技术事务。

第六条　税务署之名称、位置及管辖区域依别表所定。

附　　则

本令以明治三十五年十一月五日施行。

●●●税务监督局见习员事件 明治三十二年（1899年）敕令

第一条　税务监督局可为练习鉴定酒类事务设见习员。

见习员之数,通各税务监督局,不得过百五十人。

第二条 见习员由高等小学校卒业生,或已修寻常中学校二年以上之课程者,或已修与此同等以上之学科者之中采用之。

第三条 为见习员勤续二年以上者,可由文官普通试验委员铨衡,任用为税务监督局或税务署技手。

第四条 见习员可给以月额十五圆以内之手当金。

附　则

第五条 本令施行后二年间,可不拘本令第三条之年限,由见习员任用为技手。

第五款　烟草专卖局

●●●烟草专卖局官制 明治三十七年（1904年）敕令

第一条　烟草专卖局属大藏大臣管理，掌关于烟草之耕作、检查、查定、收纳、制造、贩卖、输入、输出、营业、试验及专卖取缔[①]事务。

第二条　烟草专卖局设于东京。

各地方设叶烟草收纳所及烟草制造所，分掌烟草专卖局事务。

第三条　烟草专卖局设职员如下：

局长	一人	敕任
书记官	专任四人	奏任
事务官	专任二十五人	奏任
候补事务官	专任十四人	奏任
技师	专任十一人	
属	专任千三百八人	判任
技手	专任三百三十五人	

第四条　局长受大藏大臣指挥监督，掌理局中一切事务。

第五条　书记官听局长指挥，掌理局务。

第六条　事务官除为叶烟草收纳所长或烟草制造所长者外，听局长指挥，掌理事务。

---

① 取缔，即管制、管理。

第七条　技师除为烟草制造所长者外，听上官指挥，掌关于技术事务。

第八条　叶烟草收纳所设所长一人，以事务官充之。

烟草制造所设所长一人，以事务官或技师充之。

第九条　叶烟草收纳所长听局长指挥监督，掌理关于烟草之耕作检查、叶烟草之查定、收纳、贩卖、输入、输出、营业、试验及专卖取缔事务。

第十条　烟草制造所长受局长指挥监督，掌理关于烟草之制造、贩卖，制造烟草之输入、输出、试验等事务。

第十一条　候补事务官分属于叶烟草收纳所或烟草制造所，听所长指挥，掌理所务。

第十二条　属听上官指挥，从事庶务。技手听上官指挥，从事关于技术事务。

第十三条　从事制造烟草之技术者之定员俸给及手当，大藏大臣定之。

第十四条　大藏大臣得于认为必要地方，设叶烟草收纳所之出张所[①]，或烟草制造所之分工场、藏置所或贩卖所。

第十五条　叶烟草收纳所及烟草制造所之名称、位置并叶烟草收纳所之管辖区域依别表所定。

附　　则

本令以明治三十七年六月一日施行。

专卖局官制废去。

---

① 出张所，即(设在外地的)办事处。

●●●关于烟草专卖局练习员事件 明治三十七年(1904年)敕令

第一条 烟草专卖局得设见习员,使练习烟草之鉴定、保存及制造。见习员之数不得过百人。

第二条 见习员以官立公立中学校卒业生,或曾修与此同等以上之学科者,或曾受相当教育有取扱烟草之经验者充之。

第三条 为见习员从事烟草之鉴定保存及制造二年以上者,可由文官普通试验委员铨衡,任用为烟草专卖局技手。

第四条 见习员每月给以二十圆以内手当金。

附 则

第五条 本令以明治三十七年六月一日施行。
明治三十年敕令第百七十八号废去。

第六条 烟草专卖法施行之后二年间,惟烟草专卖局技手缺员时,始可不拘本令第三条之年限,任用见习员为技手。

●●●临时烟草制造准备局官制 明治三十七年(1904年)敕令

第一条 临时烟草制造准备局属大藏大臣管理,掌准备专卖烟草之临时事务。

第二条 临时烟草制造准备局设下之二部:
作业部
建筑部

第三条 作业部掌下列事务:

一　关于交付金事项。

　　二　关于叶烟草之征收及买收事项。

　　三　关于器械及各材料之买入事项。

　　四　关于设置卖捌所[①]事项。

　　五　关于政府工场以外之作业事项。

　　六　关于回送及借库事项。

　　七　关于制造计划事项。

　　八　关于采用职员事项。

　　九　关于募集职工事项。

　　十　关于经理事项。

　　十一　关于文书往复事项。

第四条　建筑部掌下列事务：

　　一　关于叶烟草以外之征收及买收事项。

　　二　关于建筑事项。

第五条　临时烟草制造准备局设职员如下：

长官	一人	
部长	二人	
事务官	专任四人	奏任
技师	专任九人	内一人得为敕任者
属	专任二十八人	判任
技手	专任四十八人	

第六条　长官以大藏次官充之。

　　长官受大藏大臣指挥监督，掌理局内一切事务。

[①]　卖捌所，即贩卖所。

第七条　作业部部长以烟草专卖局长充之,建筑部部长以上席技师充之。

部长听长官指挥,掌理总务。

第八条　事务官听上官指挥,掌理局务。

第六条　技师听上官指挥,掌关于技术事务。

第七条　属听上官指挥,从事庶务。

第八条　技手听上官指挥,从事关于技术事务。

第九条　大藏大臣可于认为必要地方设临时烟草制造准备局出张所。

第六款　樟脑事务局　酿造试验所

●●●**樟脑事务局官制**明治三十六年(1903年)敕令

第一条　樟脑事务局归大藏大臣管理,掌樟脑、樟脑油之制造、收纳、贩卖、输出及取缔事务。

第二条　通各樟脑事务局设下之职员:

事务官	专任	二人	奏任
技师	专任	一人	
属	专任	六十四人	判任
技手	专任	九人	

第三条　前条定员之外,可视情形,于俸给定额内设置技手。

第四条　局长以事务官补之,受大藏大臣指挥监督,掌理局中一切事务。

第五条　局长以外之事务官听局长指挥,掌理局务。

第六条　技师听局长指挥,掌关于技术事务。

第七条　属听上官指挥,从事庶务及检查。技手听上官指挥,从事关于技术事务。

第八条　大藏大臣得于认为必要地方设樟脑事务局出张所。

第九条　樟脑事务局出张所长以为该地所辖税务长之税务官或税务属补之。

樟脑事务局出张所长听局长指挥,掌关于樟脑、樟脑油之制造及取缔事务。

第十条　樟脑事务局之名称、位置、管辖区域如下：

名称	位置	管辖区域
鹿儿岛樟脑事务局	鹿儿岛	鹿儿岛县、宫崎县、冲绳县
长崎樟脑事务局	长崎	长崎县、佐贺县
熊本樟脑事务局	熊本	熊本县
福冈樟脑事务局	福冈	福冈县、大分县
神户樟脑事务局	神户	北海道及不归他樟脑事务局管辖之府县

出张所管辖区域视该地所辖之税务署管辖区域。

附　则

本令以明治三十六年十月一日施行。

●●●樟脑事务局取扱事务手续 明治三十六年（1903年）大藏省训令

要　目

第一章　总则

第二章　收纳及交付

第三章　鉴定

第四章　荷造

第五章　回送

第六章　卖渡

第七章　杂则

第一章　总则

第一条　樟脑事务局或其出张所应备第一式至第三式用纸,如有出愿①人或届出人请求之时,则交付之。

第二条　本则中所设应由出张所通知事务局或应由事务局通知出张所之规定,在无出张所地方之粗制樟脑及樟脑油制造人,不适用之。

第三条　欲依施行细则第一条,请制造粗制樟脑、樟脑油、或精制、粗制樟脑许可者,如在以第一号书式之制造许可愿用纸出愿之时,业已许可,当将丙号下付出愿者,以甲号发送所辖樟脑事务局,丁号发送制造地所辖之小林区署。于此之时,出张所当将乙号编纂留存,樟脑事务局当将甲号编纂留存,作为应备之许可台帐,有异动则随时为之增减。

欲得制造之许可者,如以非第一号书式之用纸出愿,当将愿书中必要事项移记于第一号书式之用纸,行前项手续。于此之时,乙号中如无出愿者所盖印,当载明因以别纸出愿之旨。

第四条　欲行施行细则第三条、第四条第二项及第九条之出愿者,如以第二号书式之用纸出愿,业已许可,当以丙号下付出愿者,甲号发送所辖樟脑事务局,丁号发送制造地所辖之小林区署。

出愿者如以非第二号书式之用纸出愿,当将愿书中必要事项移记于第二号书式用纸中之甲、丙、丁,行发送手续。

---

①　出愿,即申请。

第五条 欲行施行细则第四条第一项第五、第六条及第十七条之届出者,如已用第三号书式之用纸届出,当将乙号发送所辖樟脑事务局。

前条第二项准用于本条之事情。

第六条 依施行细则第十条,以更订生产见込[1]量目通知制造者之时,当将一人别更订额通知所辖樟脑事务局。

第七条之一 樟脑事务局收纳之粗制樟脑、樟脑油,除在该事务局卖渡者外,俱当依下列手续:

一　粗制樟脑随时回送神户樟脑事务局,神户樟脑事务局将此樟脑与由该局收纳者一并卖渡台湾总督府专卖局神户支局。

二　樟脑油随时由各樟脑事务局交与再制请负人,请负人[2]再制之樟脑则令其纳付神户樟脑事务局,卖渡台湾总督府专卖局神户支局。

第七条之二 本手续所定书式中品位之栏,当记载施行细则第十五条之二所定之当该乘率。但适合于施行细则第十五条之一之标准品质者,须于品位栏中记载一〇〇,或作100。

第二章　收纳及交付

第八条 既依施行细则第十一条第二项指定纳付期日,当通知所辖出张所。

---

[1] 见込,即预料、预定。
[2] 请负人,即承担者。

第九条 有依施行细则第十一条第三项出愿犹豫[①]纳付者,按照第四条将丙号下付出愿者,甲号发送所辖出张所。

第十条 依施行细则第十四条,向所辖樟脑事务局以外之樟脑事务局请纳付粗制樟脑、樟脑油之认可之时,当按照第四条,将丙号下付出愿者,甲号发送所辖出张所,将许可台帐之誊本附于与甲号同式之通知书,发送应行纳付之樟脑事务局。

载在许可台帐之事项如有异动,每次当通知应行纳付之樟脑事务局。

第十一条 有申出将粗制樟脑、樟脑油纳付者,当依下列次序处理之:

一 受付

由受付主任将人名与许可台帐照合,记载纳付年月日、到着号数及纳付者之姓名、住址于第四号书式之用纸。发给到着号数札,每现品一件,附一下列之符票,与用纸一同回付鉴定主任。

到着号数	第几号	品位	1.00 或 098

同一纳付者,如欲取缠[②]混合诸制造人或制造场之粗制樟脑、樟脑油纳付之时,当使纳付者将制造场或制造人及其内译斤数记于乙号。

二 鉴定

[①] 犹豫,应为犹予,即延期、缓期。
[②] 取缠,即汇总。

鉴定主任既接到前号之回付时，当移出定量容器鉴定之。鉴定之结果，如认为合格，当将品位记于用纸及附于现品之符票与用纸一同回付秤量主任。

三　秤量

秤量主任既接到前号之回付，当检定其量目，将斤数记于用纸。用纸则回付计算主任，现品则回付仓库主任。

四　计算

计算主任既接到用纸之回付，当算出补偿金额，记载明白，以示纳付者。于樟脑事务局之鉴定无异议者，即使盖印，行受入命令之手续，回付于仓库主任。如不服该鉴定者，则使其请求再鉴定。

在第一号第二项之时，秤量主任检定之粗制樟脑、樟脑油之斤数，对纳付者记入之内译斤数之合计如有异动，即将检定斤数按分内译斤数，作为每制造人或制造场之纳付额，记于检定斤数栏。

五　仓库

仓库主任既接到用纸之回付，当与依本条第三号所受之现品对照。现品则行受入手续，盖领收印于用纸中丙号，回付于仕拂主任。

六　仕拂

仕拂主任既接到用纸之回付，当行仕拂命令之手续，使盖收领印于补偿金仕拂命令书。仕拂命令书及用纸之丙号，则交于纳付者。用纸则回付记帐主任。

七　记帐

记帐主任既接到用纸之回付，当依此整理纳付台帐、粗制樟脑出纳簿、樟脑油出纳簿及关于岁出之帐簿。

前项之整理已毕,当将甲号发送所辖出张所。但在应通知两处以上之出张所之时,每所辖出张所当另行调制通知书发送。

如依施行细则第十四条,由所辖以外之制造人纳付粗制樟脑、樟脑油,当将甲号发送制造场所辖樟脑事务局。该事务局当依此再行通知所辖出张所。

第十二条　樟脑事务局因再制樟脑油,欲将樟脑油交付请负人之时,当定交付日期,通达请负人。

第十三条　樟脑事务局因再制之故,将樟脑油交付请负人之时,当使受取人将姓名、住址、交付月日、斤数及函数记于第五号书式之用纸中乙号,盖印。丙号则与现品一同交与请负人。甲号则发送神户樟脑事务局。

第十四条　樟脑油再制请负人申出纳付再制樟脑之时,当使樟脑油交付斤数、交付月日及交付樟脑事务局记于第六号书式之用纸甲号内译,与现品一同提出。鉴定之后认为合格者,则秤量计算,行受入手续,将乙号交与请负人,整理再制樟脑油之整理簿,及再制樟脑纳付制限过不足整理簿与再制樟脑之出纳簿。

如有须仕拂金钱为再制请负料者,即行仕拂。在应征收赔偿金之时,当使其即行手续,整理交付樟脑油整理簿及关于岁入、岁出之帐簿。

第三章　鉴定

第十五条　删

第十六条　删

第十七条　鉴定粗制樟脑，查察其色相、香味及油水分含有量后，当行下之试验：

一　取可检樟脑之一定量，入试验管，加注酒精或石油依的儿，视察其溶解之状。

二　将可检樟脑一瓦，入试验管，加注强硫酸五立方生的迈当，检视其着色度及上升温度。

三　将可检樟脑五瓦，入一定之划度玻璃管，加注石油依的儿，以远心沉淀器旋转，约二分时，检定其沉降于管底之水分及固形夹杂物之容量。

第十八条　行试验时，同一纳付者之粗制樟脑如品质相类，可从各容器中取一定量，互相混合，为可检樟脑。

第十九条　删

第二十条　删

第二十一条　鉴定樟脑油当行下之试验：

一　每一容器，插入碧擘脱，查察其色相、香气及水分之有无。

二　前项查察毕，以亚勒倭迈当检定其比重。

三　如第一项之查察见有异状，或第二项之检定其比重不能达〇. 九一，当再施划温蒸馏，检查脑分之多少如何，以判明其品质。

第二十二条　删

第二十三条　如有请再鉴定粗制樟脑或樟脑油者，当使技术官吏二人以上，依第十七条或第二十一条再行试验，作第七号书式之鉴定书，乙号则交与再鉴定之申立人①。

---

①　申立人，即申诉人。

再鉴定之申立人如请立会于前项试验,当使其立会于试验。

第四章　荷造

第二十四条　已收纳之粗制樟脑及樟脑油应将收纳年分区别,收容于仓库。

第二十五条　收纳之粗制樟脑如奉有受入命令,即移于樟脑槽,装桶之后,藏于仓库内充贮藏之场所。

第二十六条　粗制樟脑一桶凡百五十斤,装于以下开寸法为标准之适宜之桶。但收纳年度末装桶之零数,则装于适宜之桶。

桶深一尺六寸三分至一尺六寸九分。

桶口径一尺八寸八分至一尺九寸五分。

桶底径一尺六寸八分至一尺八寸。

桶厚四分以上。

盖厚五分以上。

底厚六分以上。

盖及底板合缝处须加钉三根以上。

材上盖为松或杉,刨光。

竹箍五个。

第二十七条　装桶时一桶之量须打实数次,使全桶结实,桶面依下列第一式记装桶年月日,桶旁加下列第二号雏形之记标及号数。但记标边各五寸,黑色。

第一号　15/12/36

第二号

鹿儿岛樟脑事务局

所用之记标　　　　　　　长崎同上

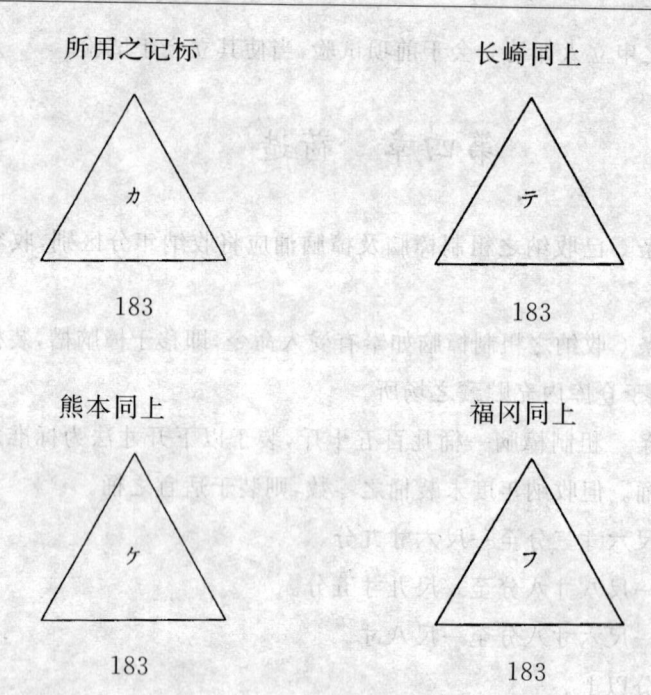

△ カ　　　　　　　　　△ テ

183　　　　　　　　　　183

熊本同上　　　　　　　　福冈同上

△ ケ　　　　　　　　　△ フ

183　　　　　　　　　　183

第二十八条　在第二十六条但书之时，当于适宜地方标记斤数及某收纳年度末之装桶零数。

第二十九条　欲回送粗制樟脑之时，当检查装桶斤数有无减量。如有减量，即当补足，盖之箱口，以美浓纸或厚洋纸密封，盖之三面加钉，外侧依下之雏形，以藁绳缠为三棱形，引渡回送请负人。（雏形略）

第三十条　如使用已用过之粗制樟脑桶，桶上所有之记标号数及荷造年月日，须用适宜方法抹消之。

第三十一条　收纳之樟脑油则贮于定量容器，置仓库内相当之场所。如有受入命令，移于油槽若石油罐大之铁叶罐，藏仓库内充贮藏之场所。

第三十二条　樟脑油在神户樟脑事务局则贮于正味若适宜之容器，在其他樟脑事务局则贮于石油罐大之铁叶罐，每二罐装一木箱，交与再制请负人。

木箱须贴与第二十七条所定者同一之黑色记标。

第三十三条　樟脑油交付毕，对再制请负人指定荷造场所且监督之，行监督上必要之处置，荷造毕即行检查。

第三十四条　前条之荷造，谓使罐口固着，将木箱定钉或捆绳。

第五章　回送

第三十五条　回送樟脑，须预定请负人委托之及须回送之时至，则引渡①与回送请负人。

第三十六条　请负回送，须托身元确实且有经验者，又须纳直接国税十圆以上者二名为保证人。

第三十七条　将樟脑引渡回送请负人及由回送请负人受樟脑引渡之时，主任官吏当行立会。

第三十八条　因回送将粗制樟脑引渡回送请负人之时，应使该请负人将到着预定期日及回送方法，既记于第八号书式用纸之戊号，盖印之后，以己号给之，使与回送品一并递送，同时将乙号、丙号、丁号送交神户樟脑事务局。

第三十九条　回送之粗制樟脑到神户樟脑事务局时，当令回送请负人提出第八号书式用纸之己号，与乙号对照之后，检量回送品，行受入手续，以丁号交付回送请负人，以丙号送付回送原樟脑事务

---

① 引渡，即交给。

局。

第四十条 回送毕,应使回送请负人将第八号书式用纸之丁号提出于回送原樟脑事务局,与之交换,将戊号发还回送请负人。

第四十一条 既将粗制樟脑引渡回送请负人,回送原樟脑事务局,当于粗制樟脑回送整理簿记明拂出。既受领保管转换领收书,神户樟脑事务局当以登记领收之日,于粗制樟脑出纳簿登记拂出,且整理粗制樟脑回送整理簿。

第四十二条 既接到粗制樟脑保管转换引继书,神户樟脑事务局应于粗制樟脑回送整理簿记帐。受现品之引渡时,当再行整理该簿,且登记于粗制樟脑出纳簿。

第四十三条 一回引渡与回送请负人之粗制樟脑,可使其不得分为二回以上回送。

第四十四条 将粗制樟脑引渡回送请负人之后至由神户樟脑事务局引取之间,该樟脑如有遗失或容器损伤,应使回送请负人,担其责任。但无可为力之时,不在此例。

第六章 卖渡

第四十五条 如有请求卖渡粗制樟脑再制樟脑者,将第九号书式之用纸交与请求人,使记入欲请求卖渡之种类、斤数及请求人之姓名、住址,盖印之后提出,将卖渡代金及年月日记于请求书中相当之栏。

第四十六条 既行前条之记入当待局长裁决,将岁入调定年月日登记于此,以纳入告知书交付卖渡请求人,卖渡请求书则送付物品会计官吏。

第四十七条　请求卖渡人如请求引渡现品,当使呈示金库发给之卖渡代金领收证,将收入年月日记于卖渡请求书,及得拂出命令,使于该请求书作领收证印,记入引渡年月日,行引渡手续。

第四十八条　神户樟脑事务局将粗制樟脑、再制樟脑卖渡台湾总督府专卖局神户支局之时,第十号书式用纸之乙号、丙号当送交该支局,既由该支局得丙号之回付,当完其卖渡手续。

第四十九条　依第四十七条及第四十八条拂出毕,当整理粗制樟脑出纳簿、樟脑卖渡及调理之整理簿及再制樟脑出纳簿并其他关系帐簿。

第五十条　卖渡台湾总督府专卖局神户支局之粗制樟脑、再制樟脑代金,神户支局每卖拂一个月分汇齐,于翌月十日以前发纳入告知书,使于同月中将该代金拂入完毕。

第七章　杂则

第五十一条　关于粗制樟脑、樟脑油及再制樟脑之出纳现况,依别纸第十一号至第十五号书式调制之,第十五号表以四月二十日为限送交本省,其他各以翌月五日为限送交本省。

第五十二条　第十一条、十四条、四十一条及四十九条之帐簿依别纸第十七号至第二十四号之书式调制之。

第五十三条　除本则所定者外,关于岁入、岁出及物品出纳之取扱法,在岁入则依诸收入例,在岁出则依内国税征收费例。关于粗制樟脑、樟脑油、再制樟脑等物品之出纳,则依内国税征收费所属物品之取扱例。

●●●酿造试验所官制 明治三十七年（1904年）大藏省令

第一条 酿造试验所归大藏大臣管理，掌试验及讲习酿造酒类事务。

第二条 酿造试验所设职员如下：

所长	一人	
事务官	专任一人	奏任
技师	专任三人	
书记	专任四人	判任
技手	专任五人	

第三条 所长以大藏省高等官充之，听大藏大臣指挥监督，掌理所务，监督部下。

第四条 事务官听大藏大臣指挥，掌理所务。

第五条 技师听所长指挥，掌关于技术事务。

第六条 书记听上官指挥，从事庶务。

第七条 技手听上官指挥，从事关于技术事务。

第七款　临时秩禄处分调查

●●●**临时秩禄处分调查会规则**明治三十一年（1898 年）敕令

第一条　临时秩禄处分调查委员会设于大藏省，属大藏大臣指挥监督，使调查关于执行明治三十年法律第五十号家禄、赏典禄处分法事项。

第二条　临时秩禄处分调查委员会以委员长一人、委员九人组织之。

第三条　委员长以大藏次官充之，委员以内阁高等官二人、内务省高等官一人、大藏省高等官四人、司法省高等官二人充之。

委员内阁依大藏大臣奏请命之。

第四条　委员长整理关于调查之议事，将其决议具申大藏大臣。

委员长有事故，则以委员中首班高等官代理其事务。

第五条　委员长因调查事项，在所必要之时得照会各官厅。

第六条　临时秩禄处分调查委员会设干事一人，听委员长指挥，整理庶务，干事内阁依大藏大臣奏请，就委员中选派之。

第七条　临时秩禄处分调查委员会设书记三人，听委员长及干事指挥，从事庶务。

书记以大藏属充之。

●●●临时秩禄处分调查局官制 明治三十三年(1900年)敕令

第一条 临时秩禄处分调查局属大藏大臣管理,掌关于临时秩禄处分事项。

第二条 临时秩禄处分调查局设职员如下:

局长	一人	敕任
事务官	专任二人	奏任
属	专任五十人	判任

第三条 局长以大藏省敕任官兼之。

第四条 局长受大藏大臣指挥监督,掌理局务。

第五条 事务官听局长指挥,分掌局务。

第六条 属听上官指挥,从事庶务。

附 则

本令以明治三十三年四月一日施行。

第八章　元帅府及军事参议院

第一款　元帅府

●●●元帅府条例 明治三十一年(1898年)敕令

第一条　列于元帅府之陆海军大将,特赐元帅称号。

第二条　元帅府于军事上为最高顾问。

第三条　元帅得奉敕检阅陆海军。

第四条　元帅附属佐尉官各一人,作为副官。

第二款　军事参议院

●●●军事参议院条例 明治三十六年(1903年)敕令

第一条　军事参议院为在帷幄之下应对重要军务咨询之所。

第二条　军事参议院遇有咨询,开参议会,具奏其意见。

第三条　军事参议院设议长、参议官、干事长及干事。

第四条　军事参议官如下:

元帅

陆军大臣

海军大臣

参谋总长

海军军令部长

特补军事参议官之陆海军将官

第五条　军事参议院院长以议官中高级资格最老者充之。

第六条　如有必需事情,以在重要之职之将官补临时参议官,使列于参议会。但该关系事件完毕,即行解职。

第七条　关于海陆两军事项,须查照其规划,以国防用兵之目的为主,调理相互之关系。

第八条　与陆海军无互相关系之事项,得专以陆军或海军之参议官开参议会。

第九条　紧急事项,议长可不经院议应对咨询。

第十条　干事长以侍从武官长或其他将官充之,使整理军事参议会庶务。

干事以侍从武官中陆海军佐各一人充之,使补助干事长之职务。

第十一条　特补之军事参议官作为副官,附属佐尉一人。

附　　则

军事参议官条例废去。

●●●战时大本营条例 明治三十六年(1903年)敕令

第一条　天皇之大纛之下设最高之统帅部,称大本营。

第二条　大本营设幕僚及各机关之高等部,其编制另定之。

第三条　参谋总长及海军军令部长为该幕僚之长,以奉仕帷幄之机务、参划作战、考终局之目的、图陆海两军之策应协同为责任。

第四条　陆海军幕僚各听其幕僚长指挥,掌关于计划及军令事务。

第五条　各机关之高等部听其幕僚长指挥,统理当该事务。

第九章　陆军省所管

第一款　陆军省

●●●**陆军省官制**明治三十六年（1903年）敕令

第一条　陆军大臣管理陆军军政，统督陆军军人、军属，监督所辖诸部。

第二条　陆军省设副官。

副官承陆军大臣之命，掌大臣官房事务。

第三条　大臣官房掌下列事务：

一　属于机密事项。

二　关于管守大臣之官印及省印事项。

三　关于公文书类、成案文书之接受、发送及编纂、保存事项。

四　关于印刷及翻译事项。

五　关于征发物件表、报告及统计事项。

六　关于军旗及靖国神社事项。

七　关于保管图书事项。

八　关于省内风纪事项。

九　关于省属判任文官之人事事项。

十　关于本省之一切给与及用度事项。

十一　依例规不属于应取扱之庶务及各局课事项。

第四条　陆军省置下列五局：

人事局

军务局

经理局

医务局

法务局

第五条　人事局设补任课及恩赏课。

第六条　补任课掌下列事务：

一　关于将校同相当官、准士官及文官之进退、任免、补职、命课、增俸及增给事项。

二　关于将校同相当官及准士官之兵籍、陆军文官名簿及停年名簿事项。

三　关于将校同相当官及高等文官之战时职员表事项。

四　关于退职将校同相当官及准士官之人事名簿事项。

第七条　恩赏课掌下列事务：

一　关于恩给事项。

二　关于叙位、叙勋、记章、褒章、赏与事项。

三　关于准士官、下士之采用文官事项。

四　关于赐假事项。

五　关于结婚事项。

第八条　军务局设军事课、步兵课、骑兵课、炮兵课及工兵课。

第九条　军事课掌下列事务：

一　关于建制及编制事项。

二　关于动员、计划、戒严及征发事项。

三　关于演习及检阅事项。

四　关于配置团队事项。

五　关于战时诸规则事项。

六　关于驻在外国官员及留学将校及同相当官事项。

七　关于仪式、礼式、服制及徽章事项。

八　关于军纪、风纪事项。

九　关于参谋本部、教育总监部、陆军大学校、士官学校、中央幼年学校及地方幼年学校事项。

第十条　步兵课掌下列事务：

一　关于宪兵、步兵、屯田兵及军乐队之本务事项。

二　关于各兵科将校及宪兵科、步兵科、屯田兵、军乐部下士以下之补充事项。

三　关于将校及其相当官以下之补充规定事项。

四　关于兵役召集及解兵事项。

五　关于现役、预备役、后备役军人及国民兵役者事项。

六　关于军队之内务、卫戍、勤务及军事警察事项。

七　关于练兵场及小铳射击场事项。除筑设维持及管理外

八　关于惩治队、联队、区司令部及户山学校事项。

第十一条　骑兵课掌下列事务：

一　关于骑兵本务事项。

二　关于兽医部之勤务及教育事项。

三　关于兽医部之人事及其人员补充事项。

四　关于骑兵科下士以下及各兵科蹄铁工长之补充事项。

五　关于军马之供给、饲养、保续及征发事项。

六　关于蹄铁术之教育及蹄铁事项。

七　关于兽医材料事项。

八　关于军马补充部、骑兵实施学校及兽医学校事项。

第十二条　炮兵课掌下列事务：
- 一　关于炮兵及辎重兵本务事项。
- 二　关于炮兵科及辎重兵科下士以下之补充事项。
- 三　关于炮兵射击场事项。（除筑设维持及管理外）
- 四　关于经理检查一切兵器事项。
- 五　关于要塞兵备事项。
- 六　关于技术审查部、兵器厂、炮兵工厂、火药研究所、野战及要塞炮兵射击学校并炮兵工科学校事项。

第十三条　工兵课掌下列事务：
- 一　关于工兵本务事项。
- 二　关于工兵科下士以下之补充事项。
- 三　关于运输、通信、电气术、电信术、电灯、轻气球及使鸽事项。
- 四　关于水陆交通路事项。
- 五　关于筑造要塞及其用地并要塞地带事项。
- 六　关于铁道大队、要塞司令部、对马警备队司令部、陆地测量部、筑城部、台湾补给厂、炮工学校及电信教导大队事项。

第十四条　经理局设主计课、衣粮课、建筑课。

第十五条　主计课掌下列事务：
- 一　关于陆军总预算、决算报告及关于动员计划之预算纂辑事项。
- 二　关于俸给诸手当及旅费之规定事项。
- 三　关于审查诸给与及经理之规定事项。
- 四　关于经理部之勤务及教育事项。
- 五　关于经理部之人事及其人员补充事项。
- 六　关于金钱之出纳官吏事项。

七　关于经理学校事项。

第十六条　衣粮课掌下列事务：

一　关于被服一切之经理及检查事项。

二　关于规定被服、粮秣及马匹之给与事项。

三　关于准备平时及战时之粮秣诸给与及野战军要塞之给养事项。

四　关于经理部之野战给养勤务之规定事项。

五　关于战用炊具及马匹手入具事项。

六　关于被服厂、粮秣厂及千住制绒所事项。

第十七条　建筑课掌下列事务：

一　关于陆军用地及诸建筑事项。_{除属于炮兵课及工兵课所掌者外}

二　关于宅料阵营具及其永续料、消耗品料、埋葬料并诸调度之规定事项。

三　关于物品会计及出纳官吏事项。

四　关于官有财产事项。

五　关于金柜及公用行李事项。

第十八条　医务局设卫生课及医事课。

第十九条　卫生课掌下列事务：

一　关于卫生部之勤务及教育事项。

二　关于卫生部之人事及其人员补充事项。

三　关于衣食、居住、给水、排水等卫生事项。

四　关于防疫及治病上之审案事项。

五　关于卫生报告统计及卫生部员学术上之绩业事项。

六　关于军医学校事项。

第二十条　医事课掌下列事务：

一　关于病院、休养室及转地疗养所事项。

陆军省职员表

大臣（大中将）次官（中少将）			秘书官 中少佐大尉	一		
			参事官	二		
	大臣官房		副　官　大中佐	一　四		
			一等主计　中少佐大尉	一		
	人事局	长 少将　一	补任课 长 大中佐	一	课员 中少佐 大尉	二 二
			恩赏课 长 大中佐	一		
	军务局	长 中少将　一	军事课 长 大中佐		课员 中少佐 二、三等兽医正 大尉 一等主计	八 一 九 二	属 九九 技手 六 录事 二
			步兵课 长 步兵大中佐	一		
			骑兵课 长 骑兵大中佐	一		
			炮兵课 长 炮兵大中佐			
			工兵课 长 工兵大中佐			
	经理局	长 主计总监 主计监　一	主计课 长 一、二等主计生	一	课员 二、三等主计生 一等主计 技师	三 七 一
			衣粮课 长 一、二等主计生			
			建筑课 长 一、二等主计生			
	医务局	长 军医总监 军医监　一	卫生课 长 一、二等军医正		课员 二、三等军医正 一等军医	二 二
			医事课 长 一、二等军医正			
	法务局	长 理事（敕任）　一	局员 理事（三等以下）			四

二　关于卫生材料事项。

三　关于检查身体事项。

四　关于恩给诊断及因病伤而除役事项。

五　关于卫生材料厂及恤兵团体事项。

第二十一条　法务局掌下列事务：

一　关于军事司法事项。

二　关于检疫事项。

三　关于特赦及引渡罪人事项。

四　关于理事、录事及监狱职员之人事及其人员补充事项。

第二十二条　法务局职员,服高等军法会议事务。

第二十三条　陆军省职员如附表。

附　　则

本令以明治三十六年五月一日施行。

●●●关于陆军设通译生之件 明治二十九年(1896年)敕令

第一条　必需通译外国语之陆军官衙及各部得于判任官定员内设陆军通译生。

第二条　陆军通译生判任。

第三条　陆军通译生可不依文官任用令之规程,由文官普通试验委员铨衡任用之。

●●●关于陆军海军各学校设教官之件 明治十九年(1886年)敕令

第一条　陆军及海军各学校于武官教官外设文官教官如下：

| 教授 | 奏任 |
| 助教 | 判任 |

第二条　教授之官等俸给依敕令第六号高等官官等俸给令,助教之官等俸给依敕令第三十六号判任官官等俸给令。

以武官充教官时不在本条之例。

第三条　教授助教之人员视其需要,依陆军大臣或海军大臣所定。

●●●陆军编修官官制 明治二十三年（1890年）敕令

第一条 为从事编修兵要战史地志政表之业务设陆军编修官。

第二条 陆军编修官属陆军大臣管辖，于其业务，则受参谋总长指挥监督。

第三条 陆军编修官分为陆军编修及陆军编修书记。

第四条 陆军编修奏任，陆军编修书记判任。

第五条 陆军编修官定员如下：

编修　　　　　　四人

编修书记　　　　十四人

●●●陆地测量官官制 明治二十二年（1889年）敕令

第一条 陆地测量部，为从事测量陆地业务设陆地测量官。

第二条 陆地测量官属陆军大臣管辖，于其业务，则受陆地测量部长指挥监督。

第三条 陆地测量官分为陆地测量师及陆地测量手。

第四条 陆地测量师奏任，陆地测量手判任。

●●●设置俘虏情报局之件 明治三十六年（1903年）敕令

第一条 俘虏情报局设于东京，掌下列事务：

一　调查俘虏之留置、移徙、入院及死亡状况，调制铭票。

二　关于俘虏状况之通信。

三　取扱寄赠俘虏或由俘虏发送之金钱物品。

四　保管死亡俘虏之遗留品及遗言书，且为之交还其遗族及其他之关系者。

五　关于敌国战死者，在陆海军军队所能知之事项如有遗留品
　　　　　及遗言书，则照俘虏为之取扱。
第二条　俘虏情报局设长官一人、事务官二人。
　　长官以陆军将官或陆军大佐补之，事务官以陆海军佐尉官或奏任
　　文官补之。
　　俘虏情报局设书记七人，书记判任。
　　事务官及书记可视情形增加之。
第三条　长官隶于陆军大臣，掌理局中一切事务。
第四条　长官于其所管事务，可求所必需之通报于陆海军官宪及病
　　院或绷带所。
第五条　事务官承长官之命，掌理事务。
第六条　书记听上官指挥，从事庶务。

●●●陆军兵器厂条例 明治三十六年（1903年）四月敕令

第一条　陆军兵器厂掌兵器之购买、贮藏、保存、修理、支给、交换、检
　　查及要塞之备炮工事。
第二条　兵器厂以兵器本厂、兵器支厂及兵器分厂为之。
　　本厂设于东京。
　　支厂设于师团司令部所在地及台北门司，分掌本厂事务。
　　分厂设于台中及台南，分掌台北兵器支厂事务。
第三条　兵器厂设职员如下：
　　本厂
　　　本厂长
　　　厂员
　　　检查官

监督

　支厂

　　支厂长

　　厂员

　分厂

　　分厂长

　上列职员之外,设准士官、下士及判任文官。

第四条　本厂长隶于陆军大臣,总理兵器厂事务。

第五条　支厂长受本厂长之命,管理支厂事务。

第六条　分厂长受台北兵器支厂长之命,管理分厂事务。

第七条　本厂厂员及监督受本厂长之命,支厂厂员受支厂长之命,执行事务。

第八条　检查官受本厂长之命,检查炮兵工厂之军用制作品及兵器厂购买之兵器材料。

　检查官及属于此之准士官、下士、判任文官在炮兵工厂,则使其服勤务。

第九条　准士官、下士及判任文官受上官之命,执行事务。

第十条　支厂长及分厂长于师团台湾守备混成旅团之兵器,则受当该师团长混成旅团长之命。

　台北兵器支厂长于战争或事变之际或关于在台湾之动员计划,则受台湾总督之命。

第十一条　兵器本厂长关于要塞之备炮工事及要塞所在地军队、官衙、学校所要兵器之支给、交换,则指挥为当该司令部[在对马则指挥对马警备队司令部]部员之炮兵科将校。

第十二条　炮兵工厂派出所事务,该所在地兵器支厂长管掌之。关于该事务,当该炮兵工厂受提理之区处。

第十三条 兵器厂保管之武器库、弹药库、器具库及材料库如有必须设卫兵之时,兵器本厂长、支厂长、分厂长得请求于卫戍司令官。

前项之外,得于武器库、弹药库、器具库及材料库设准士官及下士。

附　　则

本条例以明治三十六年五月一日施行。

●●●炮兵工厂条例 明治三十三年(1900年)敕令

第一条 炮兵工厂为制造、修理陆军所需兵器及制造海军所需火药之所。

第二条 炮兵工厂设于东京及大阪。

设制造所如下：

东京炮兵工厂

　小铳制造所

　铳包制造所

　炮具制造所

　目黑火药制造所

　板桥火药制造所

　岩鼻火药制造所

大阪炮兵工厂

　火炮制造所

　弹丸制造所

　火具制造所

　宇治火药制造所

门司兵器制造所

第三条　陆军兵器支厂所在地可视情形设炮兵工厂派出所,使陆军兵器支厂长掌管业务,但其位置陆军大臣定之。

第四条　炮兵工厂设职员如下:

提理

厂员

制造所长

所员

主计正　主计

军医

技师

上列职员外,设准士官、下士及判任文官。

第五条　提理隶于陆军大臣,总理工厂业务,兼掌管建筑工厂事项。东京炮兵工厂提理管辖陆军火药研究所及炮兵工科学校。

第六条　厂员受提理之命,分担厂务。

第七条　制造所长隶于提理,担任制造所业务。所员受所长之命,从事所务。

东京炮兵工厂制造所长于前项外兼担任炮兵工科学校之实业教授。

第八条　主计正、主计、军医、技师各服分担之事务。

第九条　派出所、分遣所所要人员,使承陆军兵器支厂长之命,掌关于制造修理兵器之费用及材料素品之出纳。

第十条　军用兵器除为陆军所用制造外,非经陆军大臣许可不得制造。但由陆军技术审查部为试验用要求者并海军所用之火药类,不在此例。

第十一条　如有官厅或人民托代制火药类及物品，惟无妨于军用制造事业，始可许之。

第十二条　炮兵工厂如有须警戒之时，可由提理请卫戍司令官派遣卫兵。但在远隔之制造所，可由所长径请卫戍司令官派遣卫兵。

●●●陆军火药研究所条例 明治三十六年（1903年）敕令

第一条　陆军火药研究所研究调查关于火药事项。

第二条　火药研究所设于东京炮兵工厂板桥火药制造所内。

第三条　火药研究所设职员如下：

所长

所员

准士官、下士及判任文官

上列职员之外，可使有本职之海军将校及同相当官或海军技师兼本所所员，或使有本职之海军技手从事本所业务。

第四条　所长隶于东京炮兵工厂提理，管理研究所事务。

所长关于研究事项，受陆军技术审查部长区处。

第五条　所员受所长之命，从事研究调查。

第六条　准士官、下士及判任文官受上官之命，办理事务。

第七条　陆军大臣可由军队官衙学校派遣将校、准士官及下士至火药研究所，研究实验关于火药事项。

附　则

本条例以明治三十六年五月一日施行。

●●● 千住制绒所官制 明治二十六年（1893年）敕令

第一条 千住制绒所属陆军大臣管理，掌制造陆军所用绒布事项。

如有官厅或人民托制绒布，惟无妨于制造陆军所用绒布之事业，始可许之。

第二条 千住制绒所设职员如下：

所长	一人
事务官	一人
技师	二人
属	八人
技手	十二人

第三条 所长奏任，受陆军大臣指挥监督，掌理所中一切事务。

第三条之二 事务官奏任，承上官之命，掌理所务。

第四条 技师受所长指挥监督，监理制绒事务。

第五条 属判任，承上官指挥，从事庶务。

第六条 技手承上官指挥，从事制绒。

附　则

第七条 本令以明治二十六年十一月一日施行。

●●● 军马补充部条例 明治二十九年（1896年）敕令

第一条 军马补充部属陆军大臣管理，掌军马之供给育成购买，并调查军马之资源。

第二条 军马补充部以本部及支部成之，本部设于东京。第一、第二、第六、第七、第八、第十师管之下，设支部一所或二所。

第三条 军马补充本部及支部设职员如下：
本部
　本部长
　部员
　主计
　技师
支部
　支部长
　部员
　兽医
　主计

第四条 前条所载职员外，本部及支部设下士属技手。

第五条 本部长隶于陆军大臣，总理军马补充部业务。

第六条 支部长属于本部长，分担关于军马之供给及育成之业务，特任整理牧场事业。

第七条 本部及支部部员、兽医、主计等各受该长之命，处理本部或支部之业务。

第八条 陆军大臣可视情形设支部之派出部及出张所，以支部部员充派出部长。

附　　则

第九条 明治二十六年敕令第二十七号军马补充署条例废去。

●●●筑城部条例 明治三十六年(1903年)敕令

第一条 筑城部掌建筑检查、防御营造物，调查关于防御营造物之炮兵工事并工兵事业,管理工事中之防御营造物及国防用土地并军用铁路及其敷地。

第二条　筑城部以筑城部本部及筑城部支部组织之。

本部设于东京。支部分为二等,设于防御营造物之建筑上必要地方。

第三条　筑城部设职员如下：

本部

　　本部长

　　部员

　　副监督

　　技师

支部

　　支部长

　　部员

上列职员外,本部支部设准士官、下士及判任文官。

第四条　本部长隶于陆军大臣,总理筑城部事务。

第五条　本部长既行防御营造物之检查,当将其状况报告陆军大臣。

第六条　支部长隶于本部长,掌理支部事务。

第七条　本部之部员及副监督受本部长之命。支部部员受支部长之命,办理事务。

第八条　技师承本部长之命,从事技术上之调查。

第九条　准士官、下士及判任文官承上官之命,办理事务。

第十条　本部长关于新筑、改筑、增筑在要塞之防御营造物及管理国防用土地,则指挥为当该要塞司令部_{在对马则对马警备队司令部}部员工兵科将校。

附　则

本条例以明治三十六年五月一日施行。

●●●陆军技术审查部条例 明治三十六年（1903年）敕令

第一条　陆军技术审查部研究调查关于炮工兵技术兵器材料事项，具申意见于陆军大臣或应其咨询。

第二条　陆军技术审查部设职员如下：

部长

议员

事务官

审查官

准士官、下士及判任文官

第三条　部长隶于陆军大臣，掌部内一切事务。

第四条　陆军大臣如有所咨询，部长当集议员开会议，但陆军大臣认为无须付会议者不在此例。

第五条　部长于前条之外如认为重要事项必须付会议，可开会议。

第六条　部长为会议议长，整理议事。

部长当设议事规则，请陆军大臣认可。

第七条　议员以在他处有本职者充之。

因会议之必要临时派为议员者，会议毕即解任。

议员中高级资格最老者，议长不在之时可为之代理。

第八条　会议集与该议事有关系之议员开之。

议员中将官一切会议皆列席。

第九条　陆军省军务局长及军务局课长于有关系事项，随时可出席于会议，陈述意见。

第十条　事务官听部长指挥，整理庶务。

第十一条　审查官承部长之命，担任研究调查。

　　审查官列于会议，说明担任事项，且整理关于会议事务。

第十二条　准士官、下士及判任文官承上官之命，办理事务。

第十三条　陆军技术审查部如有因试验认为必要事项，部长可禀议教育总监或师团长，使学校或军队实施之，或使其供给必要之人马、材料。

附　　则

本条例以明治三十六年五月一日施行。

明治三十二年敕令第十二号陆军炮兵会议条例及明治三十年敕令第二百三十七号陆军工兵会议条例，以本条例施行之日废去。

●●●陆军会计监督部条例 明治三十六年（1903年）敕令

第一条　陆军会计监督部监查陆军一切之会计经理，监督师团并台湾陆军经理部管辖以外陆军各部各队之会计事务。

　　陆军会计监督部受陆军大臣之命，临时就陆军各部各队行实地检查。

第二条　陆军会计监督部设职员如下：

部长

部员

下士并判任文官

第三条　部长隶于陆军大臣，掌理部务。

第四条　既行实地检查，部长当具陈意见，将其成绩报告陆军大臣。

第五条　部长可承认师团并台湾陆军经理部管辖以外陆军各部各队

之废品处分,但可分任之当该长官。

第六条　部长于必要之时,得使当该长官或主任官吏提出关于会计经理之簿表及报告,或求其辩明。

第七条　部员承部长之命,办理部务。

第八条　下士并判任文官承上官之命,办理事务。

附　则

本令以明治三十七年四月一日施行。

明治三十五年敕令第十九号陆军监督部条例以本令施行之日废去。

●●●陆军运输部条例 明治三十六年(1903年)敕令

第一条　陆军运输部掌台湾守备及在外陆军部队并有关于此之人马、物件之海上输送,并台湾轻便铁路之业务,整备保管战时军队输送用补助物件。

第二条　陆军运输部以本部及支部组织之。

第三条　陆军大臣可应必要设出张所或停车场。

第四条　本部之下得为收容患者设患者集合所,又可视情形设病院船。

第五条　运输部设职员如下:

本部

　本部长

　部员

　主计

　军医

　下士及判任文官

支部

　　支部长

　　部员

　　主计

　　军医

　　下士及判任文官

支部可不设主计及军医。

第六条　本部长隶于陆军大臣,管理运输部事务。

第七条　支部长承本部长之命,掌支部庶务。

第八条　本部之部员、主计及军医承本部长之命,办理事务。支部之部员、主计及军医承支部长之命,办理事务。

第九条　基隆及台中支部长于战争事变之际及关于台湾陆军诸部队之动员计划,受台湾总督之命。

附　　则

本令以明治三十七年四月一日施行。

明治三十一年敕令第二百四十六号台湾①陆军补给厂条例以本令施行之日废去。

●●●陆军粮秣厂条例 明治三十五年(1902年)敕令

第一条　陆军粮秣厂掌调办制造贮藏补给战用粮秣事务,兼为试验粮秣之所。

----

① 1894年,中日甲午战争爆发,次年,清政府被迫签订《马关条约》,将台湾割让给日本。从此,日本在台湾实行长达半个世纪的殖民统治,史称"日据时代"。

第二条　陆军粮秣厂设于东京。

宇品设粮秣支厂,分掌粮秣厂事务。

陆军大臣可视情形设粮秣厂派出所。

第三条　陆军粮秣厂设职员如下：

厂长

厂员

技师

下士并判任文官、技手

粮秣支厂设职员如下：

支厂长

厂员

下士并判任文官、技手

第四条　厂长隶于陆军大臣,总理厂务。

支厂长承厂长之命,掌理支厂事务。

第五条　厂员以下受上官之命,办理事务。

附　则

本令以明治三十五年四月一日施行。

明治三十年敕令第二十八号以本令施行之日废去。

●●●陆军被服厂条例 明治三十五年(1902年)敕令

第一条　陆军被服厂掌调办、制造、贮藏、补给陆军被服事务,兼为试验被服之所。

第二条　陆军被服厂设于东京。

大阪设被服支厂,分掌被服厂事务。

陆军大臣可视情形设被服厂派出所。

第三条　陆军被服厂设职员如下：

厂长

厂员

技师

准士官、下士并判任文官

被服厂支厂设职员如下：

支厂长

厂员

下官并判任文官、技手

第四条　厂长隶于陆军大臣，总理厂务。

支厂长受厂长之命，掌理支厂事务。

第五条　厂员以下受上官之命，办理事务。

附　　则

本令以明治三十五年二月一日施行。

●●●陆军卫生材料厂条例明治三十二年（1899年）敕令

第一条　陆军卫生材料厂掌制造、购买、贮藏、交换卫生材料、兽医材料之模范品及战用预备品，审查品质，并补给战时材料，及购买、补给驻扎外国部队所需之材料。

第二条　陆军卫生材料厂设职员如下：

厂长

厂员

副监督

前项之外，设下士、判任文官。

第三条　厂长隶于陆军省医务局，掌理厂务。但关于兽医材料，须与军务局长、医务局长协议后区处之。

第四条　厂员及副监督受厂长之命，办理厂务。

第二款　参谋本部

●●●**参谋本部条例**明治三十二年（1899年）敕令

第一条　参谋本部为掌国防及用兵事务之所。

第二条　参谋总长以陆军大将或陆军中将亲补，直隶于天皇，参划帷幄之军务，掌关于国防及用兵一切计划，统辖参谋本部。

第三条　参谋总长立案关于国防之计划及用兵之命令，亲裁之后移于陆军大臣。

第四条　参谋总长统督陆军参谋将校，监视教育，统辖陆军大学校、陆地测量部、陆军文库及在外国公馆附属陆军武官。

第五条　参谋本部次长以陆军中将或陆军少将补之，辅佐参谋总长整理本部一切事务。

第六条　参谋本部之编制，依另行规定者。

●●●**陆军参谋条例**明治三十一年（1898年）敕令

第一条　参谋将校辅佐高等将帅之职务，且参划关于国防及用兵之机务，并掌练成军队事务。其他特别之任务，依各条规所定。

第二条　参谋将校，参谋总长统辖之，使服编制所定之事务。

第三条　应补参谋之职者由各兵科之大尉以上，有下列资格者之中选拔之：

一　陆军大学校卒业后为服队附勤务之将校一年以上，参谋总长认为适任者。
二　学识才能卓越之将校，参谋总长认为适任者。

第四条　参谋将校每次进级例须服一年间队附职务。
第五条　参谋将校彼此交任以使其熟达职务。
第六条　参谋将校每年可选定兵科，使服队附勤务二个月。

附　　则

第七条　本令以明治三十一年二月十日施行。
第八条　明治二十一年五月敕令第二十五号参谋职制以本令施行之日废去。

●●●陆军测量部条例明治二十四年（1891年）敕令

第一条　陆地测量部为施行陆地测量并制造、修正一切可充国用之内国图及其他关于量地事务之所。
第二条　陆地测量部设三角科、地形科及制图科，各科分为数班，又另设修技所。
第三条　陆地测量部设职员如下：

部长	少将或各兵科大佐
事务官	各兵科少佐及尉官
材料主管	各兵科大尉
军吏	
科长	各兵科佐官
科僚	各兵科中尉或少尉
班长	各兵科少佐或大尉

班员	各兵科大中少尉或相当之陆地测量师及陆地测量手
修技所干事	各兵科大科
修技所教官	各兵科大中少尉或相当之陆地测量师
修技所助教	陆地测量手

第四条　部长隶于参谋总长，整理部事，兼负养成陆地测量官之责。

第五条　事务官受部长之命，掌部内庶务，其下设陆军属或陆地测量手。

第六条　材料主管受部长之命，整理器具材料及图籍，其下设陆军属或陆地测量手。

第七条　军吏受部长之命，据会计一切之规定，掌部内之会计及购买供给物品，其下设书记或陆军属。

第八条　三角科管量地事，施行三角测量及水准测量，设置各种测量之基点。地形科施行测量地形，制造修正原图。制图科制造各种地图，掌制版印刷。

第九条　修技所为养成陆地测量官之所，设为测量手之学生生徒。其教授科目，陆地测量部长定之。

第十条　科长受部长指挥监督，课以班长以下之职务，兼整理该科。

第十一条　科僚受科长之命，掌科内庶务，其下设陆军属或陆地测量手。

第十二条　班长受科长之命，以职务课该班员以下，管理各班事业。

第十三条　班员受上官之命，各分掌其业务。

第十四条　科长及班长以陆地测量官充之。

第十五条　修技所干事受部长之命，司养成学生及生徒，掌所内庶务，其下设下士或陆地测量手。

第十六条　修技所教官及助教受部长之命，分掌学术科之教授。

第十七条　修技所教官于定员外得以有他本职者兼之，或选有学识者嘱托之。

第三款　教育总监部

●●●**教育总监部条例**明治三十三年(1900年)敕令

第一条　教育总监部设于东京,为规划陆军全部教育进步齐一之所。

第二条　教育总监以陆军大将或陆军中将亲补,直隶于天皇。

第三条　教育总监统督各兵监,管辖陆军炮工学校、陆军士官学校、陆军中央幼年学校、陆军地方幼年学校、陆军户山学校并陆军将校生徒试验委员。

第四条　教育总监部设幕僚及骑炮工辎重兵监部。

第五条　参谋长辅佐教育总监,统率幕僚,整理事务。

第六条　幕僚将校及军吏在参谋长之下,办理事务。

第七条　骑兵监于各骑兵团队之教育上本科专门之事负齐一进步之责,调查、研究、审议关于本科事项,并掌立案,管辖陆军骑兵实施学校。

第八条　野战炮兵监于各野战炮兵团队之教育上本科专门之事负齐一进步之责,调查、研究、审议关于野战炮兵事项,并掌立案,管辖陆军野战炮兵射击学校。

第九条　要塞炮兵监于各要塞炮兵队之教育上本科专门之事负齐一进步之责,调查、研究、审议关于要塞炮兵事项,并掌立案,管辖陆军要塞炮兵射击学校。

第十条　工兵监于各工兵队之教育上本科专门之事负齐一进步之

责,调查、研究、审议关于本科事项,并掌立案,管辖陆军电信教导大队。

第十一条　辎重兵监于各辎重兵队之教育上本科专门之事负齐一进步之责,调查、研究、审议关于本科事项,并掌立案。

第十二条　野战炮兵监、要塞炮兵监及工兵监巡阅炮工学校于本科学生之教育如有意见,当具申于教育总监。

第十三条　各兵监于该主管事项可检阅当该兵科之团队,将有关于此之意见训示团队长,检阅讫,当将实情报告陆军大臣。

第十四条　各兵监部部员在该兵监之下,分担事务。

第十五条　教育总监部之编制另行规定之。

●●●陆军将校生徒试验委员条例 明治三十一年(1898年)敕令

第一条　陆军将校生徒试验委员分为常设委员、临时委员,司召募试验将校生徒。

第二条　常设委员设于教育总监部,掌调查立案关于士官候补生、地方幼年学校生徒及一年志愿兵、志愿者之召募试验合格[①]并试验问题及其他关于试验事项,审查士官候补生之志愿书类,调查士官候补生并地方幼年学校生徒召募试验之成绩。其组织如下:

常设委员长

常设委员

常设委员主事

第三条　常设委员长及委员以在他处有本职者兼补,主事则专补之,

[①] 原文为"、格",应系排版之误。

但主事可以在预备役、后备役者充之。

第四条　常设委员长隶于教育总监,统督委员以下,关于试验之事对教育总监负责任。

第五条　常设委员分担试验问题之起案及试验成绩之调查。

第六条　常设委员主事处理关于试验一切事务,对委员长负整理事务责任。

第七条　常设委员主事之下设判任文官为书记。

第八条　教育总监可依常设委员长之具申,于常设委员外,使所管将校同相当官、陆军教授、判任文官补助试验事务。

第九条　临时委员就各检查场实行试验,每次由各师团长部下将校团长或佐官中选所需人员命之。

临时委员关于实施试验,对师团长负责任。但第一师团长可与近卫师团长协议,加近卫师团之将校团长或佐官若干于临时委员。

第十条　除前条临时委员外,师团长可视受验者之数,命部下大中尉补助试验事务。但第一师团长可与近卫师团长协议,将近卫师团之大中尉若干加于补助员。

第十一条　临时委员得使用准士官、下士若干为书记。

第十二条　师团长关于实施试验之事对教育总监负责任。

●●●陆军大学校条例明治三十六年(1903年)敕令

第一条　陆军大学校为选拔有才干之少壮士官、令其修习高等用兵学术并增长研究军事必要之诸科学识之所。

第二条　学生教育之实施据参谋总长所定之教育纲领。

第三条　本校设职员如下:

校长

干事

副官

军医

兽医

副监督

兵学教官

马术教官

教官

下士、判任文官

第四条　校长干事及专任之兵学教官为参谋官。

第五条　校长隶于参谋总长，总理校务，统督干事及诸教官，负教育学生责任。

第六条　干事辅佐校长，规划实施教育及齐一，统督副官、军医、兽医、副监督，整理校务，并监督学生。

第七条　副官、军医、兽医、副监督从校长之命，担任事务。

第八条　兵学教官、马术教官及教官从校长之命，司教授学术。

第九条　陆军大学校学生候补者，须为各兵科^{除宪兵科}中少尉，服队务^{户山学校、骑兵实施学校、野战及要塞炮兵射击学校派遣中时日可计算为队务}一年以上，^{入校之年七月一日调查者}身体强壮，办事精勤，富于才学，且操行高尚，将来大有发达之望者。

第十条　联队长^{在独立队则该队长，在官衙学校等则该所属长，以下同}选拔有前条资格者，制学生候补名簿，依次进达于所管长官。所管长官附加意见，每年于一月末日以前进达于参谋总长。

联队长关于选拔学生候补者特负担保责任。

第十一条　学生候补者试验课目及试验开始时日，每年十二月，陆军大臣依参谋总长之移牒告达之。

第十二条 参谋总长设试验委员,以校长为委员长,使行试验。

试验用笔记分为初审试验及再审试验。

初审试验检定学生候补者之学力。再审试验就初审试验合格者,检定其学力之活用。

第十三条 学生候补者初审试验开始前已进级为太尉者,失其为候补之资格。

第十四条 试验如系在师管内候补者,则于师团长指定地方。如系混成旅团守备管区内候补者,则于混成旅团长指定地方。如系在外守备队候补者,则于当该守备队长指定地方,各地方同时行之。但教育总监所管之候补者,则于教育总监指定地方行之。近卫师团之候补者,则于近卫师团长指定地方行之。

第十五条 参谋总长当使试验委员长将关于初审试验之试验问题及受验者名簿,于每年二月中送付教育总监及关系团队长。

教育总监及团队长使受验者集于前条指定地方,于参谋长或参谋(无参谋则队长)监视之下实行试验。

教育总监及团队长当将前项试验之解答书类汇齐,速即送付试验长。

试验委员当依前项书类调查试验成绩,试验委员长制顺次名簿,呈于参谋总长。

第十六条 参谋总长依前条之顺次名簿裁定合格者,使准前条行再审试验,但试验问题及受验者名簿每年六月中送付之。

第十七条 参谋总长参照试验书类及学生候补名簿裁定入学者,移于陆军大臣。陆军大臣命其入学,使于十一月末日以前届出陆军大学校。

第十八条　入学中学生之名籍虽不离原所管,而关于愿届及其他业务上,一切属校长管理。

第十九条　学生修学期限凡三年,各学年学期以十二月始,翌年十一月终。

第二十条　校长于学生入学后有认为资格不适合者,具状于参谋总长。参谋总长查核之后移于陆军大臣,命其退学,使复归原所管。虽因疾病缺课多日,尚有成业之望者,参谋总长可依校长之上申,命其滞学。

第二十一条　每年八月至十月,派遣学生至各兵种之部队,使执队附勤务。队附勤务通常以秋季演习为终期,但陆军大学校授业上认为必要之时,校长可先期召还学生。

学生在队附勤务中,从该队长指挥命令,与部下将校同。又,当该队长对学生有科惩罚之权。

第二十二条　学生队附勤务毕,当该队长将其成绩申报校长。

第二十三条　教育上有适当时机,则使其实视要塞、炮兵射击炮台、军舰及其他制造所等。

第二十四条　校长于各学期之末会同干事及兵学教官,审查学生修学结果及伎俩①,制第一、第二学年学生修学结果报告,第三学年学生伎俩证明书并成绩顺序名簿,呈于参谋总长。

第二十五条　学生卒业者给与卒业证书及表彰之之徽章,使复归原所管。但成绩不良者,只给与修学证书。

第二十六条　修学所需图书、器具及消耗品可贷与或支给之。

第二十七条　武官教官于校务无碍之时,可使其执队附勤务或参与

---

① 伎俩,同"伎量",即本领、技能。

机动演习。

第二十八条 校长每年可给学生暑假三周间以内。

●●●陆军士官学校条例 明治三十一年(1898年)敕令

第一条 陆军士官学校以陆军各兵科候补生为生徒,施为初级士官必要之教育。

第二条 生徒之教育分为教授及训育,其纲领教育总监定之。

第三条 生徒教育之实施依该教则。该教则本前条之教育纲领,由校长具案,请教育总监认可定之。

第四条 本校设职员如下:

校长	少将大佐
副官	大中尉
教官	中少佐　大中尉　军医　兽医　陆军教授　陆军助教
生徒队长	中少佐
生徒队中队长	大尉
生徒队附	中尉
军医	
兽医	
军吏	
准士官、下士、判任文官	

第五条 校长隶于教育总监,总理校务,负教育生徒责任。

第六条 副官掌校中一切庶务。

第七条 军事学教官分担军事学各科之授业,以佐官教官为各科科长。

第八条　马术教官司训练生徒马术,兼统校厩一切事务,掌调教马匹。

第九条　文官教官分任外国语学之授业。

第十条　生徒队长统率生徒队,监督生徒之训育,使各中队长担任训育,对校长负齐一进步责任。

第十一条　中队长指挥生徒队附属士官,担任中队生徒之训育,于其成绩负担保责任。

第十二条　生徒队附属士官分担训育生徒之诸科目,监视生徒日常之躬行,于分担之训育负责任。

第十三条　生徒修学期自每年自十二月一日至翌年十一月下旬,凡十二个月。

第十四条　生徒之诸给与据别定之规则。

第十五条　生徒入校后一切属校长管理。

第十六条　生徒不许以情愿退校。

第十七条　生徒犯下列事项者令其退校:

一　学术预习不全、实际乏于修学之识力、无卒业之望者。

二　紊乱军纪或屡犯法则者。

三　品行不正、无悛改之望者。

四　因伤痍疾病不能修学者。

五　卒业①试验落第者。

第十八条　犯前条第一、第四及第五项者使其退校,士官候补生如尚有可望者,可于次学期再使入校。

第十九条　生徒中因疾病或其他事故,于修学期内不能修习所定之

---

①　卒业,即毕业。

学术者,或不能受卒业试验者,得命其滞学。

第二十条　如有犯本条例第十七条、第十九条例者,校长开具事由,上申教育总监,教育总监裁定处分之。

第二十一条　及生徒修学期末,校长选卒业试验规格,上申教育总监,经教育总监裁定,使校长行卒业试验。

第二十二条　卒业试验毕,校长集各教官生徒队长及中队长开会议,调查成绩,定考科列序,请教育总监认可,发给卒业证书。

第二十三条　已发给卒业证书者,校长即命其归队。

第二十四条　命其滞学之生徒修学毕,为准前各条取扱者。

第二十五条　生徒得给以三周间以内暑假。

第二十六条　教官中队长及生徒队附属士官可于教育便宜①时期,使执队附勤务。

●●●陆军中央幼年学校条例明治三十六年(1903年)敕令

第一条　陆军中央幼年学校设于东京,生徒分为本科及预科。本科以预科卒业者及陆军地方幼年学校卒业者为生徒,施为士官候补生必要之普通学科及军人预备教育。预科选拔将校出身志愿者为生徒,使修与陆军地方幼年学校修同一课程,养成可为本科生徒者。

第二条　生徒之教育分为教授及训育,其纲领教育总监定之。

第三条　生徒教育之实施依教则所定。该教则本前条教育纲领,由校长具案,请教育总监认可定之。

第四条　本校设职员如下:

---

① 便宜,即方便。

校长

副官

教官

生徒队中队长

生徒队中队附

生徒监主事

生徒监

军医

兽医

副监督

准士官、下士、判任文官

将校下士而附于预科者，可以在预备后备役者充之。

第五条　校长隶于教育总监，总理校务，负教育生徒责任。

第六条　副官掌校中一切庶务。

第七条　马术教官司训练生徒之马术，兼统校厩一切事务，掌调教马匹。

第八条　文官教官分担各学科之授业。

教官中选适任者一名为教头，监视教授部全般之授业，使对校长负齐一进步责任。

第九条　中队长指挥中队附属士官，担任训充中队生徒，涵养军人精神，使生徒娴于军纪，于其成绩专负担保责任。

第十条　生徒监主事指挥生徒监，关于预科生徒之训育，准前条负担责任。

第十一条　中队附属士官及生徒监分担训育生徒之诸科目，监视生徒日常之行为，自为模范指导之，于该分担之训育负责任。

第十二条　本科生徒修学期自九月一日至后年五月下旬,凡二十一个月,分为二学年,各学年从每年九月一日开始。

第十三条　预科生徒修学期自九月一日至第四年八月下旬,凡三十六个月,分为三学年,各学年由每年九月一日开始。

第十四条　生徒修学所需之器具及图书等可贷与或支给之。

第十五条　陆军地方幼年学校条例第十二条至第十八条之规定准用于本校生徒。

第十六条　生徒不许以情愿退校,但预科生徒准用陆军地方幼年学校条例第十九条之规定。

第十七条　生徒中有犯下列事项者令其退校:

一　学术之修得不全、无卒业之望者。

二　紊乱军纪或屡犯法则者。

三　品行不正、无悛改之望者。

四　因伤痍疾病不能修学者。

五　卒业试验落第者。

第十八条　生徒中未能全修各学年所定学术者,或因疾病等未受卒业试验者,或卒业试验虽落第,尚有可望者,令其延期修学一学年。惟本科生徒,可使其于士官候补生教育无碍之日数间滞学。

前项延期修学,在本科生徒,通全学年以一回为限。

第十九条　本科生徒中,卒业试验虽及第,因伤痍疾病不得为士官候补生者,发给卒业证书使退校。

第二十条　如有合于前四条者,校长开具事由,上申教育总监,教育总监裁定处分之。

第二十一条　生徒至终学期末,校长选卒业试验规格,上申教育总监,教育总监裁定之,使校长行卒业试验。

第二十二条　卒业试验毕，校长集各教官中队长及生徒监主事开会议，调查成绩，定考科列序，请教育总监认可，发给及第者卒业证书。

第二十三条　教育总监定本科卒业者中可为士官候补生者，命其为士官候补生，配赋各队。命为士官候补生者，于入队前给假一周间以内。预科卒业者，给假至本科学期开始止，许其归省又他往。

第二十四条　命其滞学之生徒补修毕，准前各条取扱之。

第二十五条　生徒每年给暑假五周间以内。

第二十六条　教官中队长及中队附士官可于教育上便宜之时期，使执队附勤务。

●●●陆军地方幼年学校条例 明治三十一年（1898年）敕令

第一条　陆军地方幼年学校选拔陆军将校出身志愿者为生徒，参酌军事上情形，教授普通学科，涵养军人精神，养成陆军中央幼年学校生徒。

第二条　陆军地方幼年学校设于下列五处：

仙台　名古屋　大阪　广岛　熊本

第三条　生徒之教育分为教授及训育，其纲领教育总监定之。

第四条　生徒教育之实施依该教则。该教则本前条之教育纲领，由校长具案，上申教育总监，教育总监裁定之。

第五条　本校设职员如下：

校长

副官

教官

生徒监

军医

主计

下士、判任文官

校长以下将校同相当官及下士,可以在预备役者充之,其身分取扱与在召集者同。

第六条　校长隶于教育总监,总理校务,负教育生徒责任。

第七条　副官掌校中一切庶务。

第八条　教官分担各学科之授业。

教官中选适任者一名为教头,监视教授全部之授业,对校长负齐一进步责任。

第九条　生徒监担任生徒之训育,涵养军人精神,监视日常之躬行,自为模范以指导之,于其成绩负担保责任。

第十条　生徒修学期自九月一日至第四年八月下旬,凡三十六个月,分为三学年,各学年自每年九月一日始。

第十一条　生徒修学所需之器具、图书可贷与或支给之。

第十二条　生徒概使寄宿校内。

生徒纳金若干作为入学中被服、粮食及其他费用者,称为自费生。

第十三条　生徒合于下列各项者,视其资产,依次限若干名,特免其纳金全额,称为特待生：

一　战死及因战伤而死,或因战役中冒危难而死之陆海军将校同相当官及陆军准士官、下士并高等文官之孤儿。

二　现职中因公务而死之陆海军将校及同相当官之孤儿。

三　得增加恩给权之陆海军将校及同相当官之孤儿。

四　得恩给权之陆海军将校及同相当官之孤儿。

五　得增加恩给权之陆军准士官、下士及任官后精勤于队附勤务十五年以上之陆军下士之儿子。

六　于国家有特别功劳之高等官之孤儿。

第十四条　生徒中合于下列各项者,视其资产,依次限若干名,特免其纳帽、日覆_{并绒衣裤肩章}、夏衣裤、外套及精米之金额,称为半特待生。但合于前条各项者之中不为特待生者,可作为半特待生。

一　现在职之陆海军尉官及同相当官之儿子。

二　得恩给权之陆海军尉官及同相当官之儿子。

三　陆海军少佐及同等相当官得名誉进级者之儿子。

第十五条　家督相续者之养子准前二条中之孤儿或儿子。

第十六条　可作为特待生、半特待生之人数及其区分,教育总监陆军大臣协议定之。

第十七条　本条例之孤儿及儿子概以现在同户籍内者为限,且一家不得受重复特待。

第十八条　特待生、半特待生、自费生之纳金额,陆军大臣定之。

第十九条　生徒如有因不得已事情呈请退校者,可视其情形许之。

第二十条　生徒中犯下列事项者,使其退校:

一　学术修得不全、无卒业之望者。

二　屡犯法则或品行不正、无悛改之望者。

三　因伤痍疾病不能修学者。

四　卒业试验落第者。

第二十一条　生徒中不能修全各学年所定之学科者,或因疾病未受卒业试验者,或卒业试验落第者,如尚有可望,可使其延期修学一年。

第二十二条　如有合于前三条者,校长开具事由,上申教育总监,教育总监裁定处分之。

第二十三条 及生徒修学期末,校长选卒业试验规格,上申教育总监,教育总监裁定后,使校长行卒业试验。

第二十四条 卒业试验毕,校长集各教官生徒监开会议,调查成绩,定考科列序,请教育总监认可,及第者则发给卒业证书。

第二十五条 教育总监使地方幼年学校长,命前条卒业者入中央幼年学校肄业。

第二十六条 前条生徒给假至中央幼年学校入校之期日止,许其归省或他往,但斯时生徒之身分属于地方幼年学校。

第二十七条 生徒每年给暑假五周间以内。

●●●陆军户山学校条例 明治三十六年(1903年)敕令

第一条 陆军户山学校使学生训练步兵战术射击、体操及剑术并鼓谱、喇叭谱,以图各队教育之进步,时时调查研究诸科学术,兼行携带火兵之研究试验,又于军乐生徒施为候补乐手必要之教育。

第二条 学生分为下列三种:

战术科学生 以步兵大中尉充之,使研究战术及射击,但依时宜,可以要塞炮兵及工兵士官为学生。

体操科学生 以步骑炮工辎重兵中少尉及下士充之,使训练体操剑术,但在士官学生,尚须使研究小铳射击。

谱调学生 以步兵队鼓手长及骑炮工辎重兵队喇叭长充之,使训练鼓谱、喇叭谱。

第三条 可为研究战术及射击召集步工兵佐官,但修学期日,该时陆军大臣依教育总监之移牒告达之。

第四条 本校设教导大队,由步兵队分遣下士、兵卒编成之,以供学生之训练,兼充一切之研究。

第五条　本校设军乐生徒队,以训练谱调学生、养成候补乐手、研究军乐,该生徒选拔军乐部出身志愿者充之。

第六条　本校设职员如下:

校长

副官

教官

教导大队长

教导大队副官

教导大队中队长

教导大队附

军乐生徒队长

军医

副监督

准士官、下士、判任文官

第七条　校长隶于教育总监,总理校务,负学术进步责任。

第八条　副官掌校中一切庶务。

第九条　教官分担各科学术之教授,兼司该学术之调查研究,携带火兵之研究及试验,以各科中高级资格最老之教官为科长。

第十条　在教导大队及军乐生徒队之职员,其服务准用军队内务之定则。

第十一条　学生及军乐生徒修学期如下:

战术科学生　概为十个月,每年入校一次。

体操科学生　概为七个月,每年入校一次。

谱调学生　　概为二个月,每年分为二次入校。

军乐生徒　　概为十二个月。

第十二条 学生人数及入校期日,陆军大臣该时依教育总监之移牒告达之。

第十三条 如有分遣学生之告达,师团长当使队长选拔适于修学者,于入校前二十日,将其人名通报户山学校长。

第十四条 学生士官使住在校外,同下士及军乐生徒使住在校内,修学所需之兵器、弹药、书籍、器具、消耗品,可贷与或支给之。

下士学生所属队当使携带武器、被服。

第十五条 学生及军乐生徒之愿届并关于其他业务之件,一切属校长管理。

第十六条 学生及军乐生徒不许以情愿退校。

学生中因疾病或其他事故无修得学术之望者,校长开具事由,请教育总监认可,使其退校。军乐生徒犯下列事项者,校长使其退校:

一 学术修得不全、无卒业之望者。

二 紊乱军纪或屡犯法则者。

三 品行不正、无悛改之望者。

四 受伤抱病、无卒业之望者。

第十七条 校长于修学期末,集各教官及军乐生徒队长,开会议,调查学生修学成绩,请教育总监认可。在士官则作修得证明书,签名盖印。在下士则制考科列序表,由师团长送交本人所属之队长。又,体操科下士学生,更发给学术修业证书,使学生归队。在军乐生徒,则于修学期末,施行卒业试验,定考科列序,报告教育总监,及第者则发给卒业证书。

第十八条 军乐生徒中,因疾病事故未受卒业试验者,或卒业试验落第者,仍可使其滞学,准前条再施行卒业试验。

第十九条 派往教导大队之下士由现役尚有一年以上之期者之中选

拔之，兵卒则于前年十二月入营者之中选拔之。

第二十条　派往教导大队之下士兵卒，所属队当使其携带武器、被服，分遣中附加特别徽章。

第二十一条　教官可于教育上便宜之时期，使执队附勤务。

第二十二条　演习上必需之时得使用炮工学校之校马。

●●●陆军军医学校条例 明治二十九年（1896年）敕令

第一条　陆军军医学校为练习学生、教成生徒、编纂选择关于卫生部之教科用书及行关于兵衣、兵食、兵营、兵器等军阵卫生之试验之所。

第二条　学生分遣各部队附属之卫生部士官充之，使练习该特科。

第二条之二　视情形可因练之故召集三等军医正。

第三条　生徒选拔有医术开业免状、卫生部现役士官出身志愿者采用之。

第四条　本校设职员如下：

校长

副官

教官

副监督

第五条　校长隶于陆军省医务局长，掌理校务，关于第一条事项负责任。

第六条　副官掌校中庶务，其下设陆军属。

第七条　教官司教授各专门学科，兼分担第一条事项。

第八条　学生练习期为四个月以内，生徒教成期为一年以内。

第九条　学生及生徒员数及入校时日并采用生徒之规定，陆军大臣裁定告达之。

第十条 如有分遣学生之告达,师团军医部长当于入校期前十日,将本人兵籍册及考科表册送达军医学校长。

第十一条 学生及生徒均使住于校外,关于该科业所需之书籍、器具、消耗品,可贷与或支给之。

第十二条 学生名籍虽不离原所管,分遣中之愿届及关于其他业务诸件,一切属校长管理。

第十三条 学生练习毕,校长命复归原所管,将练习中成绩报告医务局长,并移知该管师团军医部长。

第十四条 生徒教成毕,校长行卒业试验,视其成绩评定列序,制考科表,进达医务局长,请其认可,发给卒业证书。

第十五条 学生及生徒不许以情愿归省或退校。

第十六条 学生因疾病及其他事故无练习完毕之望者,使复归原所管。

第十七条 生徒有犯下列各项之一者,使其退校:

　　一　学力不足、无卒业之望者。

　　二　紊乱军纪或屡犯规则者。

　　三　品行不正、无悛改之望者。

　　四　因疾病无卒业之望者。

　　五　卒业试验落第者。

第十八条 如有合于第十六条、第十七条者,校长详具事由,申请医务局长认可,命其复归或退校。

第十九条 在现役、预备役、后备役而为生徒者,如已受前条处分使其退校,通算前役,编入现役、预备役、后备役。

●●●陆军兽医学校条例 明治三十一年（1898年）敕令

第一条 陆军兽医学校为使学生练习各门学术，时时调查研究关于兽医及蹄铁之学术，行关于军马卫生之试验，且为蹄铁工长候补生施为蹄铁工长必要之教育之所。

第二条 学生以兽医部士官及队附骑兵、炮兵、辎重兵蹄铁工长充之，候补生以由骑兵、野战炮兵、辎重兵队分遣之蹄铁工长充之。

第三条 本校设职员如下：

校长

副官

教官

军医

副监督

下士、判任文官

第四条 删

第五条 校长隶于陆军省军务局长，总理校务，负学术进步责任。

第六条 副官掌校中一切庶务。

第七条 教官分担教授学术及调查研究，从事关于军马卫生之试验。

第八条 学期：学生士官五个月，学生下士三个月，候补生九个月。

第九条 学生候补生之人数及入校时日，陆军大臣告达之。

第十条 师团长既得分遣学生及候补生之告达，在学生士官则使兽医部长选定，在学生下士则使当该队长选定，于入校期前十日将其姓名通报校长。

第十一条 学生士官使住在校外，学生下士及候补生使住在校内。但在营外居住之下士，则为校外。

第十二条 学用品学生士官自办，学生下士及候补生则贷与或支给之。但虽为学生士官,亦可视其科业种类贷与或支给之。

学生下士、候补生,该所属当使其携带武器、被服及装具。

第十三条　学生候补生之愿届及其他关于业务诸件,一切属校长管理。

第十四条　学生候补生不许以情愿归省或退校。

第十五条　学生候补生中有犯下列事项者,校长开具事由,请军务局长认可,使退校归队。但在候补生徒,当预行通报所属队长,与退校同时行除队处分。

　　一　学术修得不全、无卒业之望者。

　　二　紊乱军纪或屡犯法则者。

　　三　品行不正、无悛改之望者。

　　四　因伤痍疾病、无卒业之望者。

　　五　卒业试验落第者。

候补虽因伤痍疾病或他事故未受末期试验、尚有可望者,于若干日之后,可使其特受特验。又,末期试验虽落第、尚有可望者,可使其补修若干日学术卒业。

第十六条　校长于学期末,在学生则开教官会议,审查成绩,发给修得证书。在候补生则施行末期试验,及第者则发给卒业证书。

学生及候补生修学毕,校长命复归原所管,且将其成绩报告军务局长,通知所属长及所管师团兽医部长。

第十七条　授业所需马匹以陆军骑兵实施学校饲养者充之,依便亦可以他学校及军队饲养之马匹充之。

将校及同相当官饲养之马匹亦可依本人之希望供前项之用。

第十八条　关于现在之陆军兽医学校生徒,虽在本令施行之后,仍依从前之规定。

●●●陆军炮兵工科学校条例 明治三十二年（1899年）敕令

第一条 陆军炮兵工科学校设于东京炮兵工厂，属该厂提理管理，以火工术教授火工学生，为炮兵工长候补生施为鞍工、铳工、木工、锻工长必要之教育。

第二条 火工学生由炮兵队长期下士中分遣，炮兵工长候补生从不在陆海军预备役、后备役者及各兵科初年兵召募试验及第者之中采用之。

炮兵工长候补生中由兵卒采用分遣者，称炮兵工长候补学生。由其他采用者，称炮兵工长候补生徒。

第三条 本校设职员如下：

校长

学校附

军医

准士官、下士并判任文官

第四条 删

第五条 校长隶于东京炮兵工厂提理，总理校务，负学术进步责任。

第六条 学校附属炮兵大中尉，司训育及学术之教授，监视学生生徒日常之躬行，于分担之教育负担保责任。

助教担任教授图画等。

第七条 学期在火工学生，概为一年。在炮兵工长候补生，概为二年。

第八条 火工学生及炮兵工长候补生各工科专门实业于东京炮兵工厂教授之，学校之内务概依军队内务之规定。

第九条 火工学生及炮兵工长候补生之人数，陆军大臣告达之。

第十条　如有分遣火工学生之告达,师团长使炮兵队长选定适于修学者,当于入校前十日,将其姓名通报提理。东京炮兵工厂提理,以下仿此

第十一条　已派为炮兵工长候补学生者亦当准前条,将其姓名通报提理。

第十二条　火工学生及炮兵工长候补学生使住于校内,修学所需之书籍、器具、机械、杂具、消耗品并修业用之原料由学校贷与或支给之,但武器、被服、装具,所属队当使其携带。

第十三条　关于炮兵工长候补学生一切之费用由官发给,且给以手当金。

第十四条　火工学生及炮兵工长候补学生分遣入校中关于愿届诸件,悉归总提理管理。

第十五条　火工学生及炮兵工长候补生不许以情愿退校。

第十六条　学期末施行终期试验,及第者发给卒业证书。在火工学生,则命其复归原队,其试验成绩由提理经师团长移于该炮兵队长。

第十七条　火工学生及炮兵工长候补生犯下列事项之一者,免为学生工长候补生:

　　一　学术修得不全、无卒业之望者。
　　二　紊乱军纪,或屡犯法则,或品行不正、无悛改之望者。
　　三　因伤痍疾病、无卒业之望者。
　　四　卒业试验落第者。

第十八条　有犯前条各项之一者,学校长开明事由,具状提理,请其认可处分之。

第十九条　火工学生及炮兵工长候补生中,因伤痍疾病或其他事故,虽未受末期试验、尚有可望者,可于若干日后使特受试验。又,犯

第十七条第四项者,如尚有可望,可使其补修若干日学术卒业。

附　　则

本令未施行以前入校之生徒一概作为炮兵工长候补生徒,如尚无卒业之望者,则依旧条例第十五条之规定。

本令以明治三十二年十二月一日施行。

●●●陆军炮工学校条例[①]

第一条　陆军炮工学校以炮工兵科少尉为学生,教授炮工兵各科之勤务所必需之学术。但少尉不得入学者,虽在进级至中尉或大尉之后,亦可为学生。

第二条　学生教育之纲领,教育总监定之。

第三条　学校教育之实施依该教则。该教则本前条教育纲领,由校长具案,请教育总监认可定之。

第四条　本校设职员如下:

校长

副官

教官

军医

兽医

副监督

下士　判任文官

---

① 原书缺颁行日。

第五条　校长隶于教育总监,总理校务,负教育学生责任。

第六条　副官掌校中一切庶务。

第七条　炮工兵科教官分担军事学各科之授业,以高级资格最老教官为各科科长。

第八条　马术教官司训练学生马术,兼统校厩一切事务,掌调教马匹。

第九条　文官教官分担数学、物理、化学、图学及外国语学之授业。

第十条　学生修学期概为一年,称普通科。

第十一条　于前条修学已毕之学生中,每兵科选拔三分之一以内,使再在学一年,修习必要学术,称高等科。

第十二条　学生员数及入校期日,该时由教育总监酌定,陆军大臣告达之。

第十三条　删

第十四条　学生使住于校外,其修学所需之马匹、马具、书籍、器具、消耗品,可贷与或支给之。

第十五条　学生中之愿届及其他关于业务诸件概属校长管理。

第十六条　学生不许以情愿退校。

第十七条　学生中因疾病及其他事故、无修学之望者,校长开具事由,请教育总监认可,使其退校。

第十八条　普通科学生而犯下列事项者,校长开具事由,请教育总监认可,命其滞学:

　　一　因疾病或其他事故于修学期内不能修习所定之学术者。

　　二　不能受卒业试验者。

　　三　卒业试验落第者。

第十九条　高等科学生而犯前条第一项、第二项者,校长可请教育总监认可,命其滞学。

第二十条　校长于修学期末施行学生之卒业试验,集各教官开会议,调查修学成绩,定考科列序。请教育总监认可,及第者则发给卒业证书。

第二十一条　高等科卒业者中,可选学术优等者若干名作为额外学生,使再研究必要科学,或遣派为外国驻在员。其在学或驻在期限等,与教育总监陆军大臣商议定之。

第二十二条　已发给卒业证书者之中,除复作为高等科或额外学生在学者,及作为野战要塞各炮兵射击学校乙种学生,命其入校者外,校长即行使其归队。

第二十三条　普通科学生命其退校者可依队长之上申,于教育上便宜时,再命其入学。

第二十四条　滞学或再命其入学之学生修学毕,准第二十条给与卒业证书。

第二十五条　普通科学生前条试验落第者归队自习之后,依队长之上申再行试验。及第者给与卒业证书,再落第者附与特别诠议。

第二十六条　学生每年给暑假三周间以内。

第二十七条　教官可于教育上便宜之时使执队附勤务。

●●●陆军骑兵实施学校条例 明治三十一年(1898年)敕令

第一条　陆军骑兵实施学校以战术及马术训练学生,图各队教育之进步,时时调查研究诸科学术,且研究乘马具及马匹、器具并行试验。

第二条　学生分为下之二种:

一　战术科学生,以骑兵大中尉充之,但有时亦可以少尉为学生。

二　马术科学生，以骑兵中少尉及下士充之，但有时亦可以野战炮兵、要塞炮兵、辎重兵士官及下士为学生。

第三条　为研究战术有时亦可召集佐官，但修学期日，该时陆军大臣依教育总监之移牒告达之。

第四条　本校设教导中队，以由骑兵队遣派之下士、兵卒编成之，以供学生之训练及一切研究之用。

第五条　本校设职员如下：

校长

副官

教官

教导中队长

教导中队附

厩长

调马手长

军医

兽医

副监督

准士官、下士、判任文官

第六条　校长隶于骑兵监，总理校务，负使学术进步责任。

第七条　副官掌校中一切庶务。

第八条　教官分担战术及马术科学术之授业，且调查研究各科学术，并掌乘马具及马匹器具之研究及试验，以高级资格最老之教官为各科科长。

第九条　厩长统理校厩一切事务，司调教马匹。

第十条　调马手长隶于厩长，掌调教马匹。

第十一条　教导中队之中队长以下服务适用军队内务之定则。

第十二条　学生修学期，各科概为十一月，但可从已卒业之马术科骑兵士官学生中选拔学生若干名，使再在学一年，修习必要学术。

第十三条　学生人数及入校期日，该时陆军大臣依教育总监之移牒告达之。

第十四条　如有分遣学生之告达，师团长使队长选定适于修学各科者，于入校期前二十日，将其姓名通报骑兵实施学校长。

第十五条　学生士官使住在校外，学生下士使住在校内，修学所需之兵器、马匹、马具、书籍、器具、消耗品，可贷与或支给之。但下士学生，该所属队当使其携带武器、被服、装具。

第十六条　学生之愿届及其他关于业务诸件一切属校长管理。

第十七条　学生虽不许以情愿退校，如有疾病或其他事故无修得学术之望者，校长开具事由，请骑兵监认可，使其退校。

第十八条　校长于修学期末集各教官开会议，调查学生修学成绩，请骑兵监认可，在士官则制修得证明书，签名盖印。在下士则制考科列序表，经由师团长送交本人所属队长。又，下士则发给学术修业证书，使学生归队。

第十九条　派往教导中队之下士于现役尚有二年以上之期者之中选拔之，兵卒则于前一年十二月入营者之中选拔之。

第二十条　派往教导中队之下士兵卒，该所属队当使携带武器、马具、被服、装具，派往之时附加特别徽章。

第二十一条　教官可于教育上便宜时机使执队附勤务。

附　　则

第二十二条　暂时可视情形缩短学生修学期，一年召集战术科学生二次。

第二十三条　陆军乘马学校条例以本令施行之日废去。

●●●陆军野战炮兵射击学校条例明治三十一年（1898年）敕令

第一条　陆军野战炮兵射击学校，使学生行野战炮兵之射击及战术训练，以图各队教育之进步，时时调查研究射击战术，且研究试验野战炮兵材料。

第二条　学生分为下之二种：

甲种　由各野战炮兵队分遣之大、中尉学生。

乙种　炮工学校卒业之后入校之中、少尉学生。

第三条　前条之外，有时可召集佐官，使修必要学术。但修学期日，该时陆军大臣依教育总监之移牒告达之。

第四条　本校为供学生之训练并充一切之研究设教导大队，以野战炮兵队分遣之下士、兵卒编成。

第五条　本校设职员如下：

校长

副官

教官

教导大队长

教导大队副官

教导大队中队长

教导大队附

军医

兽医

副监督

准士官、下士、判任文官

第六条　校长隶于野战炮兵监,总理校务,负使学术进步责任。

第七条　副官掌校中一切庶务。

第八条　教官分担各学术科之授业,兼司调查、研究、试验关于野战炮兵之学术材料。

第九条　教导大队之大队长以下之服务,适用军队内务之定则。

第十条　学生之修学期如下:

甲种学生概为三个月,每年分二回入校。

乙种学生概为二个月,使并于甲种学生修学期中入校。

第十一条　学生人数及入校期日,该时陆军大臣依教育总监之移牒告达之。但炮工学校卒业之后即行入校之学生,教育总监命之。

第十二条　如有分遣学生之告达,师团长使队长选定适于修学者,于入校期前二十日,将其姓名通报野战炮兵射击学校长。

第十三条　学生使住在校外,修学所需之兵器、弹药、马匹、马具、书籍、器具,可贷与之。

第十四条　学生之愿届及其他关于业务诸件,一切属校长管理。

第十五条　学生虽不许以情愿退校,如因疾病或其他事故、无修得学术之望者,校长开具事由,请野战炮兵监认可,使其退校。

第十六条　校长于修学期末集各教官开会议,调查学生修学成绩,请野战炮兵监认可,作修得证明书,签名盖印,经由师团长送交本人所属队长,使学生归队。

第十七条　派往教导大队之下士于现役尚有二年以上之期者之中选拔之,兵卒则于前一年十二月入营者之中选拔之。

第十八条　派往教导大队之下士、兵卒,该所属队当使携带武器、被服、装具，派往之时附加特别徽章。

第十九条　教官可于教育上便宜时机，使执队附勤务。

●●●陆军要塞炮兵射击学校条例明治三十一年（1898年）敕令

第一条　陆军要塞炮兵射击学校，使学生训练要塞炮兵之射击及战术，以图各队教育之进步，且教要塞电灯使用员以电灯使用术，调查研究射击战术，并研究试验要塞炮兵材料。

第二条　学生分为下列三种：

甲种　由各要塞炮兵队分遣之大、中尉学生。

乙种　炮工学校卒业之后入校之中、少尉学生。

丙种　为充要塞电灯使用员，由各要塞炮兵队分遣之下士、兵卒。

第三条　前条之外，有时可召集佐官，使修所需学术。但修学期日，该时陆军大臣依教育总监之移牒告达之。

第四条　本校为供学生之训练并充一切之研究设教导大队，以要塞炮兵队分遣之下士、兵卒编成。

第五条　本校设职员如下：

校长

副官

教官

教导大队长

教导大队副官

教导大队中队长

教导大队附

军医

兽医

副监督

准士官、下士、判任文官

第六条 校长隶于要塞炮兵监，总理校务，负使学术进步责任。

第七条 副官掌理校中一切庶务。

第八条 教官分担学生学术科之授业，兼司调查、研究、试验关于要塞炮兵之学术材料。

第九条 教导大队之大队长以下之服务，适用军队内务之定则。

第十条 学生之修学期如下：

甲种学生概为三个月，每年分二次入校。

乙种学生概为二个月，每年一次入校。

丙种学生概为一年，每年一次入校。但该修学期，可视情形，与陆军大臣教育总监协议之后伸缩之。

第十一条 学生人数及入校期日，丙种学生概四个月，该时陆军大臣依教育总监之移牒告达之，但炮工学校卒业之后即行入校之学生由教育总监命之。

第十二条 如有分遣学生之告达，师团长使队长选定适于修学者，于入校期前二十日，将其姓名通报要塞炮兵射击学校长。但丙种学生，下士由现役尚有二年以上之期者之中选拔，兵卒由前年十二月入营者之中选拔。

第十三条 甲种、乙种学生使住在校外，丙种学生使住在校内，修学所需之兵器、弹药、书籍、器具，可贷与之。

丙种学生之武器、被服、装具，该所属队当使其携带。

第十四条 学生之愿届及其他关于业务诸件，一切属校长管理。

第十五条 学生虽不许以情愿退校，如因疾病或其他事故、无修得学术之望者,校长开具事由,请要塞炮兵监认可,使其退校。

第十六条　校长于学生修学期末集各教官开会议,调查学生成绩,请要塞炮兵监认可,使学生归队。

第十七条　派往教导大队之下士于现役尚有二年以上之期者之中选拔之,兵卒于前一年十二月入营者之中选拔之。

第十八条　派往教导大队之下士、兵卒,其武器、被服、装具,该所属队当使其携带,派往之时附加特别徽章。

第十九条　教官可于教育便宜时机,使执队附勤务。

第四款　防务

●●●**防务条例** 明治三十四年（1901年）敕令

第一条　本条例以永久之目的，关于建设海岸各防御地点之防御，规定陆海军协同作战之分担任务及其计划指挥。

第二条　海岸防御地点之防御，陆海两军协同任之。然可依陆海两军之性质，分担者如下：

甲　陆军之担任

　一　陆地警戒勤务。

　二　陆地防御工事。

　三　各炮台之勤务。

　四　炮垒通信勤务。

乙　海军之担任

　一　海上警戒勤务。

　二　海中防御及属于此之各种勤务。

　三　以船舰行之之勤务。

　四　海上通信勤务。

第三条　平时陆海军相联系之防御计划之要领，参谋总长与海军军令部长协商、裁定之后，移于陆军大臣及海军大臣，陆军大臣或海军大臣令达于当该长官。

第四条　在东京湾吴佐世保舞鹤之防御，则镇守府司令长官及要塞司令官；在由良艺预下关、长崎、函馆对马基隆澎湖岛之防御，则要塞司令官、要港部司令官、对马警备队司令官及海军防御部长，依第二条之规定，各计划该担任事项。

第五条　镇守府司令长官、要塞司令官、要港部司令官、对马警备队司令官及海军防御部长关于协同作战上相联系事项，当互相咨议协商。

第六条　在第四条之各防御地，陆海军司令官之下，互相兼务连系司令部之将校。

第七条　一切策定之防御计划每年三月当如下报告移牒之：
一　要塞司令官及对马警备队司令官调制二通，经由所管师团长报告参谋总长，参谋总长移一通于海军军令部长。
二　镇守府司令长官、要港部司令官及海军防御部长调制二通，报告海军军令部长，海军军令部长移一通于参谋总长。但海军防御部长呈交之报告，当经由所管镇守府司令官。
三　基隆及澎湖岛之防御计划，为经由台湾总督，报告参谋总长或海军军令部长者，参谋总长及海军军令部长互移一通，同前二项。

第八条　第四条各防御地点之战时指挥官，每年三月，陆军大臣与海军大臣协议，经亲裁定之。但陆军大臣当与参谋总长协议，海军大臣当与海军军令部长协议。
　　　　由四月一日起至翌年三月末日止，其间指挥官如须变更，再依前手续定之。

第九条　战时指挥官之幕僚以陆海军将校编成，其任命临时以与选定指挥官同一之手续行之。但以镇守府司令长官、要塞司令官、要港部司令官、对马警备队司令官兼掌前条指挥官之时，无须别行编成幕僚，所需之人员增加于为指挥官之各官之幕僚。

附　　则

第十条　舞鹤军港未设镇守府、澎湖岛未设要港部之时，该港防御上关于海军担任事项，海军首席将校司之。基隆及澎湖岛未设要塞司令部之时，该港防御上关于陆军担任事项，要塞炮兵队长司之。其防御计划之报告移牒，准第七条行之。

第五款　师团司令部

●●●**师团司令部条例**明治二十九年(1896年)敕令

第一条　师团长以陆军中将补之，直隶于天皇，统率部下军队，并管辖师管内联队区司令部，总理属于军事诸件。

第二条　师团长掌属于该主管各部团队之动员计划，统辖师管内征兵事务及召集事务。

除前项外，近卫师团长司守卫宫阙，第七师团长统率屯田兵，掌开垦、耕稼事务。

第三条　师团长于练成部下军队负责任，但骑炮工辎重各兵科专门之事属于当该兵监责任。

第四条　师团长除防务条例所规定外，掌师管内之防御及保护陆军各官廨、各建筑物。

地方长官为维持地方之静谧请求兵力之时，如事势急迫，可应其所请。如该事无暇待地方长官之请求，得以兵力便宜处置之。

如有前项事情，当速即报告陆军大臣参谋总长，在东京当报告东京卫戍总督。

第五条　如有疾疫或其他非常之事，师团长欲暂将其部下军队移动而事又急迫，可于实行后依前条末项报告。

第六条　师团长统监在该师管内之陆军各队及在各官衙之军纪、风纪，管辖军法会议。但近卫师团各队军纪、风纪，近卫师团长统监之。

第七条　师团长关于兵器弹药之事有命令兵器支厂长之权。

第八条　师团长关于军政及人事则受陆军大臣之区处，关于动员计划、作战计划则受参谋总长之区处，关于教育则受都督之区处。

第九条　师团长于骑炮工辎重兵科专门之事如有意见，得告知当该兵监。

第十条　师团长据陆军军队检阅条例行检阅。

第十条之二　师团长随时检阅部下团队及官衙，每年概于军队教育期之末，将检阅实情及意见奏上，且报告陆军大臣、参谋总长及教育总监。

第十条之三　前各条中属于卫戍勤务之事项，在东京不适用于第一师团长。关于师管事项及第四条第二项、第三项，不适用于近卫师团长。

第十一条　师团司令部以下之各部组织之：

一　参谋部

二　副官部

　　合参谋副官二部，特称幕僚。

三　法官部

四　经理部

　　师团经理部之组织权限另以条例定之。

五　军医部

六　兽医部

　　在近卫师团司令部则不设法官部。

第十二条　参谋长统监幕僚之事务，对师团长负整理事务责任。

第十三条　幕僚之各将校受参谋长之监视，掌各自担任事务。其应具申师团长之事,当先请参谋长承认。

第十四条　法官部长、军医部长及兽医部长各于该主任事项负整理事务责任。应由各部长及兵器支厂长具申于师团长之事,当先开陈于参谋长。

第十五条　删

第十六条　删

第十七条　删

第十八条　删

●●● 师团法官部及台湾陆军法官部设陆军警守事件 明治三十五年(1902年)敕令

第一条　师团法官部及台湾陆军法官部设陆军警守。

陆军警守为判任官待遇。

第二条　陆军警守司警卫陆军军法会议法庭,送达书类,并护送、看守被告人。

第三条　陆军警守服其职务之时当佩刀着制服。

第四条　采用陆军警守之规程,陆军大臣定之。

附　则

本令以明治三十五年四月一日施行。

●●● 师团经理部条例 明治三十六年(1903年)敕令

第一条　师团经理部总括师团之会计经理,监督师管内陆军各部、各队之会计事务。

师团经理部掌师管内陆军土地建造物之经营，但关于国防者及关于炮兵工厂、千住制绒所者不在此例。

前二项事务而关于近卫师团者，该师团经理部掌之。

第二条 师团经理部可视情形设派出所。

第三条 师团经理部设职员如下：

部长

部员

技师

下士并判任文官、技手

第四条 部长隶于师团长，掌理部务，但会计事务之监督及陆军土地建造物之经营直隶于陆军大臣。

第五条 部长受陆军省经理局长之区处，分掌所辖内经理部士官以下之人事及教育。

第六条 部长可检查在所辖内陆军各部、各队之会计经理。

第七条 部长可承认所辖内陆军各部、各队之废品处分，但可分任之当该长官。

第八条 部长在必要之时，可使当该长官或主任官吏提出关于会计经理之簿表及报告，或求其辨明。

第九条 部长关于会计经理，如在必要，可使所辖内陆军各部、各队之经理委员或主任官吏会同。

第十条 部长关于所掌事务可直接照会各部、各队、各官厅。

第十一条 部员受部长之命办理部务。

第十二条 技师受部长之命办理陆军土地建造物之经营事务。

附　则

本令以明治三十七年四月一日施行。

●●●旅团司令部条例 明治二十九年(1896年)敕令

第一条　旅团长以少将补之,统率部下联队。

第二条　联队内之训练、风纪军纪、将校之教育、内务经理及动员计划为联队长责任,旅团长统监之。

第三条　旅团长司以旅团行之之训练。

步兵旅团长监督在当该旅管之联队区司令部、冲绳警备队区司令部之征兵事务。

第四条　旅团长当有骚扰变乱、地方长官请求兵力之时,如事急不及请指挥,步兵旅团长可即应其所请,然后报告师团长。

第五条　副官办理司令部一切事务,兼管理会计事务。

第六条　书记听上官指挥,从事记注计算。

附　则

第七条　本条例以明治二十九年四月一日施行。

●●●要塞司令部条例 明治三十六年(1903年)敕令

第一条　要塞司令部设职员如下:

司令官

参谋

副官

部员

副监督

准士官、下士及判任文官

参谋及副监督视要塞地位亦可不设。

第二条　司令官隶于要塞所管之师团长，^{在台湾则台湾总督，以下同}担任要塞之防御计划，统监要塞各部队之动员计划，管理要塞备附之兵器、器具、材料及防御营造物，整备军需品。

第三条　司令官监督当该要塞炮兵队之教育训练，如有意见，则训示队长且报告师团长。关于兵科专门之士，当告知要塞炮兵监。

第四条　司令官得使当该要塞炮兵队长及该地所在之卫戍病院长调查防御计划上必要事项。

第五条　司令官平时当与地方协议，计划临战或合围之时关于军队之宿营、给养及公共之保安，实行必要事项之方法。

第六条　司令官可视情形使郡、市、町、村长调查军需品。

第七条　因演习或试验欲在要塞内行备炮发火之时，司令官有许否之权。

第八条　参谋受司令官之命，从事要塞防御及动员计划之调查。

第九条　副官受司令官之命，办理庶务，保管图书及各帐簿。

第十条　部员中炮兵科将校受司令官之命，从事调查要塞炮兵事业，保管要塞备附之兵器、器具、材料。^{除守城工兵器具材料外}

炮兵科将校关于要塞之备炮工事及要塞所在地军队官衙学校所需兵器之支给交换，则听兵器本厂长指挥。

第十一条　部员中工兵科将校受司令官之命，从事调查要塞之工兵事业，保管防御营造物及守城工兵之器具、材料。

工兵科将校关于防御营造物之新筑、改筑、增筑及国防用土地之管理，则听筑城部本部长之指挥。

第十二条　部员受司令官之命，掌炮台监守之教育。

第十三条　副官受司令官之命，办理事务。

第十四条　准士官、下士及判任文官受上官之命，办理事务。

附　则

本条例以明治三十六年五月一日施行。

●●●对马警备队司令部条例 明治三十六年（1903年）敕令

第一条　对马警备队司令部设职员如下：

司令官

参谋

副官

部员

军医正

主计

准士官、下士及判任文官

第二条　司令官隶于第十二师团长，统率在岛陆军诸队，司警备队区内之警备防御。

第三条　司令官统监各队之军纪风纪、训练教育、内务卫生经理及动员计划。又，教育上要塞炮兵专门之事，当告知当该兵监。

第四条　司令官掌警备队区内之征兵事务及召集事务。

第五条　司令官管理现在警备队区内之在乡陆军军人及在补充兵役者之身上异动，并其他关于愿届一切事项。

第六条　司令官当有骚扰变乱，地方长官前来请命之时，如事急无暇请示,可即应其所请。但在非常火急之时,可不待地方长官之请求,自以兵力酌行处置之。

第七条　司令官担任在岛要塞之防御计划,管理要塞附备之兵器、器具、材料及防御营造物,_{除属于筑城部管理者外}兼整备军需品。

第八条　司令官得使当该要塞炮兵队长及该地所在之卫戍病院长调查防御计划上必要事项。

第九条　司令官平时当与地方官预先协议,计划临战或合围之时关于军队之宿营给养及公共之保安,实行必要事项之方法。

第十条　司令官可视情形使在岛地方官吏调查军需品。

第十一条　因演习或试验欲于在岛要塞行备炮发火之时,司令官有许否之权。

第十二条　参谋受司令官之命,从事调查要塞防御及动员计划。

第十三条　副官受司令官之命,办理庶务,保管图书及各帐簿。

第十四条　部员中炮兵科将校受司令官之命,从事调查在岛要塞之炮兵事业,保管要塞备附之兵器、器具、材料。_{除守城工兵器具材料外}

炮兵科将校关于要塞之备炮工事及在岛军队官衙用兵器之支给、交换,则听兵器支厂长指挥。

第十五条　部员中工兵科将校受司令官之命,从事调查在岛要塞之工兵事业,保管防御营造及守城工兵器具、材料。

工兵科将校关于防御营造物之新筑、增筑、改筑及国防用土地之管理,则听筑城部本部长指挥。

第十六条　部员受司令官之命,掌炮台监守之教育。

第十六条之二　军医正受司令官之命,掌理在岛部队之卫生事务,监督卫生部员之勤务。

第十七条　主计受司令官之命,办理事务。

第十八条　准士官、下士及判任文官受上官之命,办理事务。

附　　则

本条例以明治三十六年五月一日施行。

明治三十六年敕令二百三十九号警备队司令部条,以本令施行之日废去。

●●●冲绳县警备队区司令部条例明治三十一年（1898 年）

敕令

第一条　冲绳县警备队区设司令部,其职员如下：

司令官　　　　　　　少佐或大尉

副官　　　　　　　　大尉或中尉

书记

书记可以在现役、预备役、后备役者充之。

第二条　司令官隶于第六师团长,掌警备队区内征兵事务及召集事务。

但关于征兵事务,仍受在当该旅管之步兵旅团长监督。

第三条　司令官掌现在警备队区内在乡陆军军人及在补充兵役者身上之异动,并其他关于愿届事项。

第四条　副官办理司令部一切事务。

第五条　书记听上官指挥,从事记注计算。

第六条　警备队区司令部之位置,陆军大臣定之。

附　　则

第七条　从前之命令而属于联队区司令官主管事项在冲绳县警备队区可由该司令官处理之。

第八条　本令以明治三十一年四月一日施行。

●●●联队区司令部条例 明治二十九年(1896年)敕令

第一条　各联队区设司令部，其职员如下：

司令官	佐官
副官	大尉或中尉
书记	

书记可以在现役、预备役、后备役者充之。

第二条　司令官隶于师团长，掌联队区内征兵事务及召集事务。

但关于征兵事务，仍受在当该旅管之步兵旅团长监督。

第三条　司令官掌现在联队区内在乡陆军军人及在补充兵役者之身上异动，并其他关于愿届事项。

第四条　副官办司令部一切事务。

第五条　书记听上官指挥，从事记注计算。

第六条　联队区司令部之位置，陆军大臣定之。

第七条　删

第八条　删

第九条　删

第十条　删

第十一条　删

●●●卫戍条例 明治二十八年（1895年）敕令

第一条 陆军军队永久配备驻屯一地者称卫戍。在东京则设东京卫戍总督，在各要塞则以要塞司令官，在其他各地则以屯扎该地之高级团队长为司令官。为卫戍司令官之东京防御总督、要塞司令官及团队长于卫戍勤务上，亦受其所属上官之区处。

第二条 要塞司令部及团队之副官，其司令官及团队长为卫戍司令官时，兼卫戍副官。

第三条 卫戍勤务除特有规定者外，司卫戍地之警备，监视在卫戍地陆军之秩序，军纪、风纪，并保护陆军之建筑物。

第四条 东京卫戍总督卫戍司令官关于卫戍地卫戍勤务，则指挥驻屯该地之军队，定卫兵之部署及其人员，但不得以卫戍勤务妨碍近卫师团之守卫禁阙勤务。

第五条 东京卫戍总督卫戍司令官于警备上认为必要之时，卫戍上虽不属于该管辖之军队，对驻扎该卫地者可请求援助，或使宪兵报告地方情势。如在火急之时，可即行命令之。

第六条 已得前条请求之团队长如无正当理由，不得拒其所请。

第七条 东京卫戍总督驻扎卫戍地之军队虽不属该卫戍司令官管辖，对卫戍司令官所定卫戍一切规则有遵守之义务。

第八条 东京卫戍总督卫戍司令官当有事之日，关于住民公共保安之处置，应与当该地方官协议。

卫戍司令官于卫戍线内有骚扰暴乱，地方官前来请求之时，得以兵力便宜①从事。

第九条 宪兵队除第五条、第六条、第七条外，不干与卫戍勤务。

---

① 便宜，即方便、权宜。

第十条　一切军队虽驻扎卫戍地外，如无妨其任务，可准据本条例行卫戍勤务。

东京卫戍总督部条例 明治三十七年（1904年）敕令

第一条　东京卫戍总督以陆军大将或中将亲补，直隶于天皇，统辖东京卫戍勤务。

第二条　东京卫戍总督关于军政及人事，受陆军大臣之区处。

第三条　东京卫戍总督部设职员如下：

参谋

副官

下士、判任文官

第四条　参谋及副官受总督之命，分掌部务。

第五条　下士、判任文官受上官之命，办理事务。

附　　则

本令以明治三十七年四月一日施行。

卫戍病院条例 明治三十一年（1898年）敕令

第一条　卫戍病院设于卫戍地，收疗所在地陆军部队（并官衙学校在内，以下同）之患者，保管供给卫生材料，并掌卫生部下士以下之教育。

东京卫戍地设卫戍病院二所，各病院可收疗之患者之部队，陆军大臣定之。卫戍病院可视卫戍地情形增设分院，但其设置及位置，陆军大臣定之。

第二条　卫戍病院（除台湾外）区分为五等。

第三条　卫戍病院设职员如下：

病院长

军医

药剂官

主计

下士

前项职员内,五等病院不设药剂官,三等以下病院不设主计。

第四条　卫戍病院所在地部队附属军医及卫生部下士,可使其服病院之勤务。

第五条　病院长隶于所在地之高级团队长,<small>在东京则隶于第一师团长,在习志野则隶于骑兵第二旅团长,在台湾则隶于台湾守备混成旅团长,在各要塞所在地则隶于要塞司令官</small>总理院务,负院内之卫生,治疗,教育,经理及整理卫生材料责任,于卫生勤务则受所管军医部长监督。

第六条　军医以下各职员受病院长之命,分掌院务,依第四条服病院勤务者同。

第七条　关于治疗入院患者之费,由病院支办。但准士官以上及自费服役之一年志愿兵并军属等,其伤痍疾病非由公务起者,及因公务感受传染病已受手当金者,使其纳付定额。

第八条　军人、军属于旅行途上发病,及其他患者收疗后认为必要之时,可不拘第一条之规定,收疗于便宜之卫戍病院。已离现职或现役及已免为候补生诸生徒等,暂时须收疗者同。

前项外在广岛卫戍病院收疗由台湾及驻扎海外各部队航送之患者,其方法陆军大臣定之。

第九条　除居住营外军人、军属之患者须入院外,卫戍病院虽不发给药物疗用品,视地方情形,或行救急处置有所不得已之时,可据军医之处方给之。但其伤痍疾病非因公务起者,使其纳付定额。

第十条　第七条、第九条之定额,陆军大臣定之。

附　　则

第十一条　本条例以明治三十一年四月一日施行。

●●●陆军监狱官制 明治二十六年(1893年)敕令

第一条　陆军监狱设职员如下:

　　陆军监狱长

　　陆军监狱书记

　　陆军监狱看守长

　　陆军监狱看守

第二条　监狱长奏任,监狱书记及监狱看守长判任,监狱看守长为判任官待遇。

第三条　监狱长隶于师团长,(在东京则第一师团)掌理监狱事务。

第四条　监狱长从陆军惩罚令所定,惩戒监狱所属员。

第五条　监狱书记承监狱长之命,从事庶务。

第六条　监狱长有事故,以上席监狱书记代理其事务。

第七条　监狱看守长承监狱长之命,掌监狱之戒护,指挥监督监狱看守。

第八条　监狱看守承监狱看守长之命,服看守护送及卫门等事。

第九条　监狱看守长及监狱看守服该职务时,带刀着制服。

第十条　监狱内之卫生事务使该地所在卫戍病院附属军医及看护长掌管之。

附　则

第十一条　本令未施行以前在陆军监狱奉职之下士、卒，以本令施行之日作为现役满期。

下士之服役年数未满七年者使服预备役，七年以上未满十二年者使服后备役。但明治二十四年敕令第百八十七号未施行以前被任之军吏部下士，其服役未满九年者使服预备役，九年以上未满十二年者使服后备役。

第十二条　本令以明治二十六年十一月十日施行。

本令中关于监狱看守之规程以明治二十七年四月一日施行。

●●●陆军惩治队条例 明治三十五年（1902年）敕令

第一条　陆军惩治队为收容、惩治陆军兵卒屡受禁锢之刑或受惩罚处分尚无悛改之状者之所。

第二条　惩治队设于姬路，第十师团长管辖之，属陆军大臣监督。

第三条　惩治队设职员如下：

队长

队附士官

军医

下士

前项职员可以在预备役、后备役者充之。

第四条　惩治设所需兵卒，作为队之附属。

第五条　队附下士之约半数及兵卒，由各师团选派品行方正、办事精勤、有能胜其任之才干者充之。任期下士年半以内，兵卒一年以内。

第六条　收容于惩治队而惩治者称惩治卒，为原队之定员内。

第七条　队长隶于师团长,掌理队务,使惩治卒悔悟悛改。

第八条　队附士官及军医受队长之命,办理队务。

第九条　下士受队长及队附士官之命,办理队务。

第十条　惩治队酌分为数班,各班配属队附士官以下,使分掌惩治卒之惩治教育等。

第十一条　惩治卒使练习步兵术科。

第十二条　惩治卒不使服卫兵勤务。

第十三条　惩治卒惟演习中必要之时使携带兵器。

第十四条　惩治卒之衣除去袖章。

第十五条　惩治卒于演习时间外使服军部劳役,但依时宜亦可于演习时间内课之。

使就劳役之时,可视其性质特给金钱若干,其金额队长定之,请师团长认可,但其日额不得过惩治卒日给额之半。

第十六条　属于惩治卒之金钱,队长领置之,非得许可不能使用之。

第十七条　惩治卒不许外出。但队长认为必要之时,可以干部引率,令其外出。

第十八条　惩治卒不与休假。但有父母病笃使死亡等不得已事情者,队长可请师团长认可,特给短期休假。

第十九条　联(大)队长于部下兵卒中,如认为有必须在惩治队惩治者,当开具事由,以次上所属师团长。

第二十条　师团长审查前条之上申,如认为至当,则将意见书附于一切书类,禀申陆军大臣。既得陆军大臣编入惩治队之命令,即命队长派适宜监督员,将当该兵卒送致惩治队,同时将禀申陆军大臣书类誊本送附惩治队长。

第二十一条　惩治卒中如有悛改之状昭著,认为毋须置于惩治队者,队长将第二十四条之行状誊本附于可使其复归原队之意见书，经由师团长禀申陆军大臣。既得陆军大臣使其复归之命令，即通报本人所属师团长，且使本人复归原队。

第二十二条 惩治卒中有现役已达期满者，队长即使其归乡，经师团长报告陆军大臣，且通告本人所属之师团长。

第二十三条 遣入惩治队之下士、兵卒，使由所属队携带武器、被服，惩治卒使由所属队携带被服。

第二十四条 惩治队备各惩治卒行状录，详录赏罚及其他情形。

第二十五条 取缔惩治卒细则，队长定之，请师团长认可。

附　　则

本条例施行之期日，陆军大臣定之。

●●●陆军电信教导大队条例 明治三十五年（1902年）敕令

第一条 陆军电信教导大队以电信通信术教育训练学生，兼调查研究关于军事通信之必要事项。

第二条 学生以骑兵、要塞炮兵、工兵士官并要塞炮兵及工兵下士、兵卒允之。

第三条 陆军教导大队设职员如下：

队长

副官

大队附将校

中队长

军医

副监督

准士官、下士

前项之外，可设技师、技手作为教官。

第四条　大队长隶于工兵监，总理队务，负学术进步之责。

第五条　副官受大队长之命，掌队中一切庶务。

第六条　大队附将校以下承大队长之命，办理分担之业务。

第七条　大队长以下之服务，准用军队内务之规定。

第八条　学生修学期，士官一年，下士兵卒年半。但亦可视情形，与陆军大臣教育总监协议之后伸缩之。

第九条　学生入队期每年概在四月。

学生人数及入队期日，该时陆军大臣依教育总监之移牒告达之。

第十条　如有前条之告达，师团长使当该队选定适于修学者，于入队期前二十日，将其姓名送附电信教导大队长。

第十一条　学生下士于现役年限尚有二年以上者之中选拔之，兵卒于前年十二月入营者之中选拔之。

第十二条　学生士官使住于队外，修学所需之兵器、器具及书籍，可贷与或支给之。

第十三条　学生下士、兵卒编入中队，使住于队外，修学所需之兵器、器具、书籍及消耗品，贷与或支给之。

学生下士、兵卒之武器、被服、装具由所属队使其携带。

第十四条　学生之愿届及其他诸件，一切属大队长管理。

第十五条　学生不许以情愿归队。

学生中因疾病或其他事故、无修得学术之望者，队长可开具事由，请工兵监认可，使其归队。

第十六条　队长于修学期末集部下将校开会议，调查学生修学成绩，请工兵监认可，在士官则制修得证明书，在下士兵卒则制考科列序表,经由师团长送付本人所属之队长。下士、兵卒再发给学术修业证书,使其归队。

第十七条 大队附属将校于学生教育上便宜之时机,派往邮便电信学校,使修习学术。

附　　则

本条例施行期日,陆军大臣定之。

明治三十五年学生入学期为十二月一日,修学期限概为十个月。

第十章　海军省所管

第一款　海军省

●●●**海军省官制** 明治三十三年（1900年）敕令

第一条　海军大臣管理海军军政，统率海军军人军属，监督所辖各部。

第二条　海军省设副官。

副官承海军大臣之命，掌大臣官房事务。

第二条之二　海军省设海军文库主管。

海军文库主管承上官之命，掌保管图书事务。

第三条　海军省设编修。

编修承上官之命，办理翻译、编纂事务。

第四条　删

第五条　海军省设军务局、人事局、医务局、经理局、司法局。

第六条　军务局掌管下列事项：

一　关于建制、编制及役务事项。

二　关于军纪、风纪事项。

三　关于戒严及征发事项。

四　关于仪式、礼式、服制及旗章事项。

五　关于水路、望楼及测器事项。

六　关于海上保安及运输通信事项。

七　关于舰政事项。

八　关于教育、演习及检阅事项。

第七条　人事局掌管下列事项：

一　关于高等武官、候补生、准士官及文官之补充服务、进退、任免、补职、命课、增俸事项。

二　关于下士、卒之任用、征募、进级、补充、服役、召集、简阅、点名事项。

三　关于军人军属之叙位、叙勋、记章、褒章、赏与、恩给及其他身上事项。

第八条　医务局掌管下列事项：

一　关于医务卫生恩给诊断军人体格事项。

二　关于病院及治疗品事项。

三　关于军医官及药剂官之教育事项。

海军省定员表

大臣（大中将）	次官（中少将）	参事官		二	编修		二	属	四十五
		大臣官房	秘书官		中少佐		二		
			副官		大佐		二		
			文库主管		中少佐		二		
					少佐		一		
		军务局	长　中少将　一	局员	大佐 中少佐 机关中少监	}	一 五	编修书记	二
		人事局	长　少将　一	局员	大佐 中少佐 机关中少监	}	一 四		
		医务局	长　军医总监　一	局员	军医大监 军医中少监、大军医 药剂监	}	一 三	技手	三
		经理局	长　主计总监　一	局员	主计大监 主计中少监、大主计 技师	}	二 七	录事	二
		司法局	长　主理（敕任）	局员	主理（奏任）		二		
合计九十四人　　内兼务二人

第九条　经理局掌管下列事项：

　　一　关于预算、决算、出纳、给与被服、粮食、通常物品、官有财产、建筑及用度①事项。

　　二　关于监查金银及物品会计事项。

　　三　关于主计官之教育事项。

第十条　司法局掌下列事项：

　　一　关于军事、司法、惩罚、监狱事项。

　　二　关于主事、录事并监狱人员事项。

第十一条　各局设局长及局员。

第十二条　各局长承海军大臣之命，各掌理其主务。

第十三条　各局员承局长之命，办理事务。

第十四条　删

第十五条　海军省设编修书记、技手及录事，各承上官之命，办理事务。

第十六条　司法局职员办理海军高等军法会议事务。

第十七条　海军省定员依别表所定。

附　则

本令以明治三十三年五月二十日施行。

●●●常设海军军法会议设海军警查 明治三十二年（1899年）敕令

第一条　常设海军军法会议设海军警查。

---

①　用度，即费用。

海军警查为判任官待遇。

第二条　海军警查司警卫军法会议及法庭，执行令状，送达书类，护送或看守被告人，且依主理之命从事搜索犯罪。

第三条　海军警查服其职务之时当着制服带刀，但事须急速或有主理之命不在此例。

第四条　海军警查定员，各军法会议为五人以内。

第五条　删

第六条　关于采用海军警查之规程，海军大臣定之。

●●●关于临时海军军法会议及海军合围地军法会议之主理、录事、海军警查事件 明治三十七年（1904年）敕令

第一条　各临时海军军法会议及海军合围地军法会议之主理、录事定员如下：

主理	三人
录事	三人

第二条　各临时海军军法会议及海军合围地军法会议设海军警查，其定员为五人以内。

第三条　前二条职员概以有本职者兼务。

●●●海军将官会议条例 明治二十二年（1889年）敕令

第一条　海军将官会议设于东京，为审议海军重要事件之所。

第二条　海军将官会议以海军大臣为议长，设议员若干人，以海军将官补之。

第三条　海军大臣可视情形命非议员之将官及将官相当官为临时议员，又可使上长官参与议事。

第四条　海军大臣有事故，以上席将官为议长。

第五条　议案由议长发下，议员欲提出议案，当请议长许可。

第六条　海军将官会议之事务，海军大臣官房处理之。

●●●海军舰政本部条例 明治三十三年（1900年）敕令

第一条　海军舰政本部设于东京，掌关于兵器、舰营需品及舰船之船体、机关事务。

第二条　海军舰政本部设第一部、第二部、第三部、第四部及会计课。

第三条　第一部掌管下列事项：

一　关于兵器事项。

二　关于海军工厂之造兵事业、海军造兵厂及下濑火药制造所事项。

三　关于造兵官以下之勤务及教育事项。

第四条　第二部掌管下列事项：

一　关于舰营需品事项。

二　关于炭山及炭库事项。

第五条　第三部掌管下列事项：

一　关于舰船之船体事项。

二　关于海军工厂之造船事业。

三　关于从事造船之造船官以下之勤务及教育事项。

第六条之一　第四部掌管下列事项：

一　关于舰船之机关事项。

二　关于机关官以下之勤务事项。

三　关于海军工厂之造机事业。

四　关于从事造机之造船官以下之勤务及教育事项。

第六条之二　会计课掌管下列事项：

一　关于会计者。

二　关于庶务者。

第七条　海军舰政本部设职员如下：

本部长

第一部长

第二部长

第三部长

第四部长

会计课长

部员

课员

第八条　本部长隶于海军大臣，统理部务。

第九条　海军舰政本部长于其部下职员缺员中或有事故，不能执行职务之时，可使其他部下职员代理其职务。

第十条　海军舰政本部长缺员中或有事故，不能执行职务之时，以部下首席将校代理其职务。

第十一条　删

第十二条　各部长课长承本部长之命，掌理该主务。

第十三条　部员课员受上官之命服务。

第十四条　除第七条所载职员外，设海军兵曹长相当官、准士官、书记、技手，分属各部，使承上官之命，办理事务。

附　　则

本条例以明治三十三年五月二十日施行。

●●●水路部条例明治三十三年（1900年）敕令

第一条　水路部设于东京。

第二条　水路部为掌测量水路、调制水路图志、保安航海测器并水路官之勤务及教育事务之所。

第三条　水路部设部长，隶于海军大臣，总理部务。

第四条　水路部长得以其名发水路告示，与外国水路部直接通信。

第五条　水路部长于其部下职员缺员中或有事故，不能执行职务之时，可使其他部下职员代理其职务。

第六条　水路部长缺员或有事故，不能执行职务之时，以部下首席将校代理其职务。

第七条　水路部设测量科、图志科、测器科、会计课。

第八条　测量科掌关于调制测量原图、水路记事并水路官之勤务及教育事务。

第九条　图志科掌关于水路图志之调制、配备及保管事务。

第十条　测器科掌关于测器之准备、检查及供给事务。

第十一条　会计课掌关于会计给与事务，兼掌理庶务。

第十二条　测量科、图志科、测器科设科长及科员，会计课设课长。
前项之外，图志科设编修。

第十三条　科长、课长承水路部长之命，掌理该科该课事务。

第十四条　科员及编修承上官之命服务。

第十五条　除前各条所载职员外，设书记及海军编修书记、技手，使承上官之命服务。

●●●海军采炭所官制 明治三十三年（1900年）敕令

第一条 海军采炭所设于福岗县糟屋郡。

第二条 海军采炭所管辖海军炭山，掌采掘石炭。

第三条 海军采炭所设职员如下：

所长

主计长

除前项外设技师。

第四条 所长隶于海军舰政本部长，总理所务。

第五条 主计长承所长之命，掌关于会计给与事务，并掌理庶务。

第六条 技师承所长之命，掌理关于技术事务。

第七条 除第三条所载职员外，设书记及技手，使承上官之命服务。

第八条 海军采炭所定员依别表所定。

●●●海军下濑火药制造所条例 明治三十二年（1899年）敕令

第一条 海军下濑火药制造所设于东京，制造下濑火药。

第二条 海军下濑火药制造所设职员如下：

所长

主干

第三条 所长隶于海军舰政本部长，总理所务。

第四条 主干助所长掌理担任之事务。

第五条 本所之医务卫生等事务使东京海军造兵厂军医长掌管之，附以该厂附属看护手及看护。

第六条 制造火药之检查使东京海军造兵厂检查科员行之。

第七条　除第二条所载职员外，设书记、技手，各承上官之命服务。

第八条　删

●●●海军教育本部条例 明治三十三年（1900年）敕令

第一条　海军教育本部设于东京，以图海军军事教育之统一进步，掌关于教育图书事务。

第二条　海军教育本部设第一部及第二部，使分掌其所管事务。

第三条　海军教育本部设职员如下：

本部长

第一部长

第二部长

部员

海军编修

第四条　海军教育本部长隶于海军大臣，总理部务，管辖海军大学校、海军兵学校、海军机关学校、海军炮术练习所、海军水雷术练习所、海军机关术练习所。

第五条　海军教育本部长于其部下职员缺员中或有事故、不能执行职务之时，可使其他部下职员代理其职务。

第六条　海军教育本部长缺员或有事故、不能执行职务之时，以部下首席将校代理其职务。

第七条　删

第八条　部长承本部长之命，掌理部务。

第九条　部员及海军编修承上官之命服务。

第十条　除第三条所载职员外，设书记及海军编修书记，使承上官之命服务。

附　　则

本令以明治三十三年五月二十日施行。

●●●海军大学校条例 明治三十年(1897年)敕令

第一条　海军大学校为以高等学术、教授海军将校及机关官之所。

第二条　海军大学校设职员如下：

校长

副官

教头

教官

主计长

第三条　校长隶于海军教育本部长，总理校务。

第四条　副官承校长之命，掌理庶务。

第五条　教头承校长之命，掌理教务。

第六条　教官承教头之命，担任各学科之教授。

第七条　主计长承校长之命，掌关于会计给与事务。

第八条　海军大学校于第二条所载职员外设判任文官，使承上官之命服务。

第九条　海军大学校教授之海军将校及机关官称海军大学校学生。

第十条　海军大学校学生区别为下之五种：

将校科甲种学生

将校科乙种学生

机关科甲种学生

机关科乙种学生

选科学生

第十一条　将校科甲种学生为充为枢要职员及高级指挥官之素养，教以高等兵学及其他学术。

第十二条　将校科乙种学生教以炮术、水雷术或关于航海术之高等学术。

第十三条　机关科甲种学生教以关于机关计划之高等学术。

第十三条之二　机关科乙种学生为与以将来充要职之素养，教授高等机关学及其他学术。

第十四条　选科学生使修各自选择之学术。

第十五条　将校科甲种学生，就海上勤务二年以上之海军大尉，受所管长官之推荐，合于下列各号者之中，经海军大学校诠衡委员检定后，海军大臣命之：

　　一　身体强壮，实务之成绩优等，有气节且富于判断力，认为将来有充分发达之才学识量者。

　　二　入学试验合格者。

第十六条　将校科乙种学生，海军大臣就海军大尉合于下列各号者之中命之：

　　一　身体强壮，认为适于专修炮术、水雷术或关于航海术之高等学术者。

　　二　入学试验合格者。

第十七条　机关科甲种学生，由海军大臣选拔海军大机关士或中机关士合于下列各号之志愿者命之：

　　一　认为适于专修关于机关计划之高等学术者。

　　二　机关科乙种学生中以良好成绩卒业者。

第十七条之二　机关科乙种学生，由海军大臣选拔海军大机关士或海上勤务一年以上之中机关士而合于下列各号之志愿者命之：
　　一　身体强壮，实务之成绩优等，认为将来有充分发达之才学识量者。
　　二　入学试验合格者。

第十八条　选科学生，由海军大臣选拔海军佐官、机关监或实役停年三年以上之海军大尉、大机关士欲为学生者之志愿者命之。

第十九条　海军大学校学生诠衡委员以海军教育本部长、海军大学校长及海军大臣特命之将官佐官编成，委员长以海军教育本部长充之。

第二十条　入学试验规程，海军教育本部长定之，请海军大臣认可。

第二十一条　学生卒业时发给卒业证书。

第二十二条　将校科甲种学生发给卒业证书时，并与可表彰其卒业之徽章。

第二十三条　校长可为使学生实地研究，请海军教育本部长认可，遣派学生，往海军炮术练习所、海军水雷练习所、水路部、海军工厂、海军造兵厂修学。
依前项遣派之学生，遣派中关于应研究之事项当听该舰长厅长指挥。

第二十四条　学生中校长如有认为不适合者，则禀申海军教育本部长。海军教育本部长如认为至当，则具申海军大臣，海军大臣行退学手续。但将校科甲种学生，当经海军大学校学生诠衡委员检定。

第二十五条　大学校学生在学中进级至高级官等之时，可使其滞学至卒业时止。

第二十六条　海军大臣如遇战争或事变，认为必要之时，可免海军大学校学生。

海军大臣对依前项免其为学生者，可不拘本令之规定，再命其为学生。

第二十六条之二 海军大学校可设临时讲习科，召集有本职之海军佐尉官或机关监、机关士，使行所需之讲习。

第二十七条 现今在学之将校科学生，除通用第二十三条、第二十五条外，一切通用从来之条例，但第三条将校科学生之学年一年半可短缩为一年。

第二十八条 关于军医科教官及学生，明治三十一年三月三十一日以前适用从来之条例。

●●●海军兵学校条例 明治三十一年（1898年）敕令

第一条 海军兵学校为教育为海军将校之生徒之所。

第二条 海军兵学校教授之学科，为炮术、水雷术、运用术、航海术、机关术及普通学。

第三条 海军兵学校设职员如下：

校长

副官

教头

炮术教官

水雷术教官

运用术教官

航海术教官

机关术教官

普通学教官

监事长

监事

军医长

主计长

除前项外,设海军军医及大主计。

第四条　校长隶于海军教育本部长,维持军纪、风纪,总理校务。

第五条　副官承校长之命,掌理庶务。

第六条　教头承校长之命,监督教务。

第七条　教官承教头之命,担任各学科之教授。

第八条　监事长承校长之命,监督生徒,维持纪律,并掌关于体育事项。

第九条　监事承监事长之命服务。

第十条　军医长承校长之命,掌关于医务卫生事项。

第十一条　第三条第二项所载之军医官承军医长之命服务。

第十二条　主计长承校长之命,掌关于会计给与事项。

第十三条　第三条第二项所载之大主计承主计长之命服务。

第十四条　海军兵学校除第三条所载职员外,设海军兵曹长同相当官并准士官、下士、卒及判任文官,使各承上官之命服务。

第十五条　生徒就年龄满十六岁以上、二十岁以下,欲为海军将校志愿者中检查后采用之。

第十六条　犯下列各项之一者不得采用为生徒:

一　有妻者。

二　曾受禁锢以上之刑者或受赌博犯之处分者。

三　未复权之家资分散者、破产者或其相续人[①]。

---

① 相续人,即继承人。

四　受身代限处分、债务尚未清偿者或其相续人。

五　因品行或家庭不良,认为将来不能保其为将校之体面者。

第十七条　生徒之召募及检查格例每年由海军大臣出示。

第十八条　生徒由入校之日编入海军兵籍。

第十九条　生徒学年凡三年,但战争或事变之际可短缩之。

第二十条　卒业试验及第之生徒发给卒业证书。

第二十一条　生徒不得以情愿退校。

第二十二条　生徒犯下列各项之一者令其退校:

一　无为将校之器量者。

二　品行不良或怠惰,虽加训戒,不能悛改者。

三　试验之成绩不良,无卒业之望者。

四　受伤或罹病,认为日后不能役务者。

第二十三条　删

附　　则

第二十四条　本令以明治三十年十月八日施行。

第二十五条　本令施行之际在学三年以上之生徒,以本令施行之日卒业。

●●●海军机关学校条例 明治三十年(1897年)敕令

第一条　海关机关学校为教育为海军机关官之生徒之所。

第二条　海军机关学校教授之学科为机关术、水雷术及普通学。

第三条　海军机关学校设职员如下:

校长

副官

教头

教官

监事长

监事

军医长

主计长

除前项外,设海军中少军医及中少主计。

第四条　校长隶于海军教育本部长,维持军纪、风纪,总理校务。

第五条　副官承校长之命,掌理庶务。

第六条　教头承校长之命,监督教务。

第七条　教官承教头之命,担任各学科之教授。

第八条　监事长承校长之命,监督生徒,维持纪律,又掌关于体育事项。

第九条　监事承监事长之命服务。

第十条　军医长承校长之命,掌关于医务卫生事项。

第十一条　第三条第二项所载之中少军医承军医长之命服务。

第十二条　主计长承校长之命,掌关于会计给与事项。

第十三条　第三条第二项所载之中少主计承主计长之命服务。

第十四条　海军机关学校除第三条所载职员外,设海军机关兵曹长并准士官、下士、卒及判任文官,使各承上官之命服务。

第十五条　生徒就年龄满十六岁以上、二十岁以下,欲为海军机关官之志愿者检查采用之。

第十六条　有犯下列各项之一者不得采用为生徒:

一　有妻者。

二　曾受禁锢以上之刑或受赌博犯之处分者。

三　未复权之家资分散者破产者或其相续人。

　　四　受身代限①处分、债务尚未清偿者或其相续人。

　　五　因品行或家庭不良，认为将来不能保为机关官之体面者。

第十七条　生徒之召募及检查格例每年由海军大臣出示。

第十八条　生徒由入校之日编入海军兵籍。

第十九条　生徒学年凡三年四个月，但战争或事变之时得短缩之。

第二十条　卒业试验及第之生徒发给卒业证书。

第二十一条　生徒不得以情愿退校。

第二十二条　生徒有犯下列各项之一者令其退校：

　　一　无为海军机关官之器量者。

　　二　品行不良或怠惰，虽加训戒、不肯悛改者。

　　三　试验之成绩不良，无卒业之望者。

　　四　因受伤罹病，认为日后不能服役者。

第二十三条　删

第二十四条　本令以明治三十年十月八日施行。

第二十五条　本令施行之际在学三年四个月以上之生徒，即以本令施行之日卒业。

●●●海军军医学校条例 明治三十三年(1900年)敕令

第一条　海军军医学校以高等学术教授海军军医官，兼使新采用之海军军医、海军少军医候补生及海军少药剂士候补生练习为海军军医官及海军药剂官所必需之学科及职务。

海军军医学校行被服、粮食等之卫生试验。

---

　　①　身代限，即可尽以一身所有之财产抵偿债务。

第二条　海军军医学校设职员如下：
　　校长
　　副官
　　监事
　　教官
　　主计长
第三条　校长隶于海军省医务局长，总理校务。
第四条　副官承校长之命，掌理庶务。
第五条　监事承校长之命，监督学生，维持纪律。
第六条　教官承校长之命，担任各学科之教授。
第七条　主计长承校长之命，掌关于会计给与事项。
第八条　海军军医学校除第二条所载职员外设书记及技手，使承上官之命服务。
第九条　海军军医学校教授或使其练习之海军军医官、海军少军医候补生及海军少药剂士候补生，称海军军医学校学生。
第十条　海军军医学校学生分为下之三种：
　　一　军医学生
　　二　选科学生
　　三　练习学生
第十一条　军医学生由海军大臣派海军军医充之。
第十二条　选科学生由海军大臣派海军军医监或实役停年三年以上之海军大军医，欲为学生之志愿者充之。
第十三条　练习学生由海军大臣派新采用之海军军医、海军少军医候补生及海军少药剂士候补生充之。
第十四条　选科学生使修各自选择之学科。

第十五条　军医学生及练习学生卒业时发给卒业证书。

第十六条　学生中校长如有认为不适合者，则禀申海军省医务局长。海军省医务局长如认为至当，则具申海军大臣，海军大臣命其退学。

第十七条　海军军医校学生在学中进级至上级官等者，可使滞学至卒业时止。

第十八条　海军大臣于战争事变之际，如认为必要，可免海军军医学校学生。

海军大臣对依前项免其为学生者，可不拘本令之规定，再免其为学生。

第十九条　海军军医学校可设临时讲习科，召集有本职之海军军医官或药剂官，使行所需之讲习。

●●●海军主计官练习所条例 明治三十二年（1899年）敕令

第一条　海军主计官练习所，使少主计候补生练习为海军主计官必需之职务，兼使笔记厨宰及一、二等主厨并可为笔记之卒练习实务。

除前项外，可视情形，使主计官及上等笔记练习该职务。

第二条　依前条练习之准士官以上及候补生称为学生，下士、卒称为练习生。

第三条　海军主计官练习所设职员如下：
　　所长
　　监事
　　教官

第四条　所长隶于海军省经理局长，总理所务。

第五条　监事承所长之命,监督学生及练习生。

第六条　教官承所长之命,担任各学科之教授。

第七条　海军主计官练习所设准士官、下士及书记,使承上官之命服务。

第八条　练习生区别为下之三种:

　一　甲种练习生

　二　乙种练习生

　三　丙种练习生

第八条之二　甲种练习生于笔记厨宰及一、二等主厨而合于下列各号,欲为练习生之志愿者之中选拔之:

　一　身体强壮、品行方正者。

　二　海军出身以来已满二年者。

　三　卒业后服现役三年以上者或誓约能服役者。

　四　采用试验合格者或有乙种练习生修业证书者。

第八条之三　乙种练习生于笔记厨宰及一、二等主厨而合于下列各号,欲为练习生之志愿者之中选拔之:

　一　身体强壮、品行方正者。

　二　认为有为练习生之学力及技能者。

第八条之四　丙种练习生于一、二等卒而合于下列各号,欲为笔记之志愿者之中选拔之:

　一　身体强壮、品行方正者。

　二　练习中服役虽已期满誓约再行服役者。

　三　采用试验合格者。

第九条　如有甲种练习生卒业后已满四年,欲行复习者,可再依第八条之二选拔之。

第十条　学生卒业时授与卒业证书。

甲种练习生卒业时授与掌记证状。

乙种练习生卒业时授与修业证书。

丙种练习生卒业时授与笔记适任证书。

第十一条　掌记证状视卒业成绩分为二等。

第十二条　授与掌记证状者附与臂章。

第十三条　掌记证状之有效期限凡五年，期满除去臂章。但战争事变之际，可延长有效期限。

第十四条　关于学生及练习生之采用并其他诸规则，海军大臣定之。

附　则

本令未施行以前卒业之练习生，亦可授与掌记证状。

●●●海军炮术练习所条例 明治三十六年（1903年）敕令

第一条　海军炮术练习所设于横须贺军港。

第二条　海军炮术练习所掌教授炮术，且图炮术之改良进步。

第三条　海军炮术练习所设职员如下：

所长

教官

分队长

军医长

主计长

除前项外，设海军中、少尉军医及中、少主计。

第四条　所长隶于海军教育本部长，维持军纪、风纪，总理所务。

第五条　教官承所长之命，担任教务，兼掌关于研究调查炮术事项。

先任教官除前项外,辅佐所长,执行所长之命令,维持所内之定则。

第六条　分队长承所长之命,维持军队之纪律,董督训练之。

第七条　第三条第六项所载之中、少尉依所长之指定,属于教官或分队长,使承命服务。

第八条　军医长承所长之命,掌关于医务卫生事项。

第九条　第三条第二项所载之军医承军医长之命服务。

第十条　主计长承所长之命,掌关于会计给与事项,兼掌理事务。

第十一条　第三条第二项所载之中、少主计承主计长之命服务。

第十二条　海军炮术练习所除第三条所载之职员外,设海军兵曹长准士官、下士、卒及判任文官,使各承上官之命服务。

第十三条　可由海军炮术练习所教授者,为海军佐尉官、造兵技士、兵曹长、上等兵曹、下士、卒及商船学校学生。

前项之准士官以上者称海军炮术练习所学生,下士、卒称海军炮术练习所练习生。

第十四条　海军炮术练习所学生,海军大臣命之。

第十五条　海军炮术练习所练习生区别为下之二种:

一　可为掌炮兵者。

二　可为炮术教员者。

第十六条　可为掌炮兵者于海军三等兵曹以下、二等水兵以上及超过进级停年之三等水兵而合于下列各号者之中选拔之:

一　身体强壮、视力完全、品行方正者。

二　认为有适于为掌炮兵之技能学术者。

三　志愿为掌炮兵,卒业后能服现役四年以上者或誓约能服役者。

第十七条　可为炮术教员者于有一等掌炮证状之海军兵曹而合于下

列各号者之中选拔之：
- 一　身体强壮、视力完全、品行方正者。
- 二　认为适于为炮术教员者。
- 三　由授与掌炮证状之日起服勤务一年以上者。
- 四　卒业后能服现役三年以上者或誓约能服役者。

第十八条　海军炮术练习所学生及商船学校学生卒业时授与卒业证书。

第十九条　可为掌炮兵之练习生卒业时授与掌炮证状。

掌炮证状视卒业成绩分为二等。

第二十条　可为炮术教员之练习生卒业时，视其成绩，授与炮术教员适任证书及一等掌炮证状，或授与一等掌炮证状。

第二十一条　有掌炮证状之下士、卒称掌炮兵。

第二十二条　授与掌炮证状或炮术教员适任证书者附与臂章。

第二十三条　掌炮证状之有效期间五年，炮兵教员适任证书之有效期间三年，期满除去臂章。但战争事变之际，可延长该有效期间。

第二十四条　有二等掌炮证状，经过二年以上，实务之成绩优等者，可行检定试验，授与一等掌炮证状。

在前项之时之掌炮证状有效期间，通前后凡五年。

第二十五条　有炮术教员适任证书或掌炮证状者，如有效期间将满而实务之成绩优等，可行检定试验，再授与炮术教员适任证书及一等掌炮证状，或授与掌炮证状。

第二十六条　海军炮术练习所学生中，所长如有认为不适合者，可禀申海军教育本部长。海军教育本部长如认为至当，则具申海军大臣，海军大臣命其退学。

练习生及商船学校学生中，如有认为不适合者，所长可命其退学。

第二十七条　战争或事变之际,如有必要,可命学生及练习生退学。
第二十八条　有炮术教员适任证书或掌炮证状者,如犯下列各号之一,即褫夺该证书或证状:
　一　怠慢而实务之成绩不良者。
　二　品行不正、无悛改之望者。
　三　受重禁锢以上之刑者。
第二十九条　海军炮术练习所设临时讲习科,使有本职之海军佐尉官、机关监、机关士、造兵技士、兵曹长或舰团队及其他部下之下士、卒行所必需之讲习。

●●●海军水雷术练习所条例 明治三十六年(1903年)敕令

第一条　海军水雷术练习所设于横须贺军港。
第二条　海军水雷术练习所掌教授水雷术及电气的通信,兼图改良进步。
第三条　海军水雷练习设职员如下:
所长
教官
分队长
军医长
主计长
除前项外,设海军中、少尉海军军医及中、少主计。
第四条　所长隶于教育本部长,维持军风纪,总理所务。
第五条　教官承所长之命,担任教授,又掌研究调查水雷术及电气的通信。
先任教官除前项外,辅佐所长,执行所长之命令,维持所内之定则。

第六条　分队长承所长之命，维持队员之纪律，董督训练之。

第七条　第三条第二项所载之中、少尉依所长指定，属于教官或分队长，承命服务。

第八条　军医长承所长之命，掌关于医务卫生事项。

第九条　第三条第二项所载之中、少军医承军医长之命服务。

第十条　主计长承所长之命，掌关于会计给与事项，兼掌理庶务。

第十一条　第三条第二项所载之中，少主计承主计长之命服务。

第十二条　海军水雷术练习所除第三条所载职员外，设海军兵曹长同相当官、准士官、下士、兵卒及判任文官，使各承上官之命服务。

第十三条　可在海军水雷术练习所教授者，为海军佐尉官、机关监、机关士、造兵技士、兵曹长、机关兵曹长、上等机关兵曹及下士、卒。前项之准士官以上称海军水雷术练习所学生，下士、卒称海军水雷术练习所练习生。

第十四条　海军水雷术练习所学生，海军大臣命之。

第十五条　海军水雷术练习所练习生区别为下之三种：

一　可为掌水雷兵者。

二　可为水雷工者。

三　可为水雷术教员者。

第十六条　可为掌水雷兵者，于海军三等兵曹以下、二等水兵以上及超过进级停年之三等水兵而合于下列各号者之中选拔之。可为水雷工者，于海军三等机关兵曹以下、二等机关兵以下、二等机关兵以上及超过进级停年之三等机关兵而合于下列各号者之中选拔之。

一　身体强壮、品行方正者。

二　认为有适于为掌水雷兵或水雷工之技能学力者。

三　志愿为掌水雷兵或水雷工,卒业后能服现役三年以上者或誓约能服役者。

第十七条　可为水雷术教员者,于有一等掌水雷证状之海军兵曹而合于下列各号者之中选拔之:

一　身体强壮、品行方正者。

二　认为适于为水雷术教员者。

三　由授与掌水雷证状之日起服勤务一年以上者。

四　卒业后能服现役三年以上者或誓约能服役者。

第十八条　海军水雷术练习所学生卒业时授与卒业证书。

第十九条　可为掌水雷兵之练习生卒业时授与掌水雷证状,可为水雷工之练习生卒业时授与水雷工证状。

掌水雷兵证状及水雷工证状视卒业成绩各分为二等。

第二十条　删

第二十一条　删

第二十二条　可为水雷术教员之练习生卒业时,视其成绩,授与水雷术教员适任证书及一等掌水雷证状,或授与一等掌水雷证状。

第二十三条　掌水雷证状之有效期间凡五年,水雷术教员适任证书之有效期间凡三年,期满除去臂章。但战争事变之际,可延长有效期间。

第二十四条　有二等掌水雷证状或二等水雷工证状者,如经过二年以上而实务之成绩优等,可行检定试验,授与一等掌水雷证状或一等水雷工证状。

在前项之时之掌水雷证状有效期间,通前后凡五年。

第二十五条　有水雷术教员适任证书或掌水雷证状者,如有效期间将满,实务之成绩优等,可行检定试验,再授与水雷术教员适任证书及一等掌水雷证状，或授与掌水雷证状。

第二十六条　海军水雷练习所学生中，所长如有认为不适合者，可禀申海军教育本部长。海军教育本部长如认为至当，则具申海军大臣，海军大臣命其退学。

练习生中所长如有认为不适合者，可命其退学。

第二十七条　战争或事变之际可命学生及练习生退学。

第二十八条　有水雷术教员适任证书掌水雷证状或水雷工证状者，如犯下列各号之一，即褫夺该证书或证状：

一　怠慢而实务之成绩不良者。

二　品行不正、无悛改之望者。

三　曾受重禁锢以上之刑者。

第二十九条　海军水雷术练习所设临时讲习科，使有本职之海军佐尉官、机关监、机关士、造兵技士、兵曹长、机关兵曹长、上等兵曹、上等机关兵曹或舰团队及其他各部之下士、卒，行所需之讲习。

●●●海军机关术练习所条例 明治三十六年（1903年）敕令

第一条　海军机关术练习所设于横须贺军港。

第二条　海军机关术练习所掌教授机关术，且图关于机关之技术工艺之改良进步。

第三条　海军机关术练习所设职员如下：

所长

教官

分队长

军医长

主计长

除前项外,设海军中、少军医及中、少主计。

第四条　所长隶于教育本部长,维持军纪、风纪,总理所务。

第五条　教官承所长之命,担任教授,又掌调查研究关于机关之技术工艺。

先任教官除前项外,辅佐所长,执行所长命令,维持所内之定则。

第六条　分队长承所长之命,维持队员之纪律,董督训练之。

第七条　军医长承所长之命,掌关于医务卫生事项。

第八条　第三条第二项所载之中、少军医承军医长之命服务。

第九条　主计长承所长之命,掌关于会计给与事项,兼掌理庶务。

第十条　第三条第二项所载之中、少主计承主计长之命服务。

第十一条　海军机关术练习所除第三条所载人员外,设海军机关兵曹长、船匠长、准士官、下士、卒及判任文官,使各承上官之命服务。

第十二条　可在海军机关术练习所教授者,为海军机关士、机关兵曹长、上等机关兵曹、机关兵曹、机关兵、船匠长、船匠师、船匠手、木工。

前项之准士官以上称海军机关术练习所学生,下士、卒称海军机关术练习所练习生。

第十三条　海军机关术练习所学生,海军大臣命之。

第十四条　海军机关术练习所练习生区别为下之五种:

一　可为掌机兵者。

二　可实修机关工术专科者。

三　可为机关术教员者。

四　可为船匠工者。

五　可为船匠术教员者。

第十五条　可为掌机兵者,于海军三等兵曹以下、二等机关兵以上及超过进级停年之三等机关兵而合于下列各号者之中选拔之：
  一　身体强壮、品行方正者。
  二　认为有适于为掌机兵之学术技能者。
  三　志愿为掌机兵，卒业后能服现役四年以上者或誓约能服役者。

第十六条　可实修机关工术专科者，于有一等掌机证状之海军机关兵曹一等机关兵而合于下列各号者之中选拔之：
  一　身体强壮、品行方正者。
  二　认为适于使实修机关工术专科者。
  三　志愿实修机关工术专科，卒业后能现役四年以上者或誓约能服役者。

第十七条　可为机关术教员者，于有机关工术专科证书之海军机关兵曹而合于下列者之中选拔之：
  一　身体强壮、品行方正者。
  二　认为适于为机关术教员者。
  三　卒业后能服现役三年以上者或誓约能服现役者。

第十八条　可为船匠工者，于海军三等船匠手以下、二等木工以上及超过进级停年之三等木工而合于下列各号者之中选拔之：
  一　身体强壮、品行方正者。
  二　认为有适于为船匠工之技能学力者。
  三　志愿为船匠工，卒业后能服现役四年以上者或誓约能服役者。

第十九条　可为船匠术教员者，于有一等船匠工证状之海军船匠手而合于下列各号者之中选拔之：
  一　身体强壮、品行方正者。

二　认为适于为船匠术教员者。

三　由授与船匠工证状之日起服勤务六个月以上者。

四　卒业后能服现役三年以上者或誓约能服役者。

第二十条　机关术练习所学生卒业时授与卒业证书。

第二十一条　可为掌机兵之练习生卒业时授与掌机证状,可为船匠工之练习生卒业时授与船匠工证状。

掌机证状及船匠工证状视其成绩各分为二等。

第二十二条　实修机关工术专科之练习生卒业时授与机关工术专科证书。

第二十三条　可为机关术教员之练习生卒业时授与机关术教员适任证书,可为船匠术教员之练习生卒业时授与船匠术教员适任证书。

第二十四条　有掌机证状之下士、卒称掌机兵,有船匠工证状之下士、卒称船匠工。

第二十五条　有掌机证状、船匠工证状、机关工术专科证书、机关术教员适任证书或船匠术教员适任证书者,附与臂章。

第二十六条　机关术教员适任证书及船匠术教员适任证书之有效期间三年,期满除去臂章。但战争事变之际,可延长该有效期间。

第二十七条　有二等掌机证状或二等船匠工证状者,如经过二年以上,实务之成绩优等,可行检定试验,授与一等证状。

第二十八条　有机关术教员适任证书或船匠术教员适任证书者,如该有效期间将满,实务之成绩优等,可行检定试验,再授与机关术教员适任证书或船匠术教员适任证书。

第二十九条　海军机关术练习所学生中,所长如有认为不适合者,可具申海军教育本部长。海军教育本部长如认为至当,则具申海军大臣,海军大臣命其退学。

练习生中如有认为不适合者,所长可命其退学。

第三十条　战争或事变之际,如认为必要,可命学生及练习生退学。

第三十一条　有机关术教员适任证书、船匠术教员适任证书、机关工术专科证书、掌机证状或船匠工证状者,如犯下列各号之一,即褫夺该证书或证状:

一　怠慢而实务之成绩不良者。

二　品行不正、无悛改之望者。

三　曾受重禁锢以上之刑者。

第三十二条　海军机关术练习所可设临时讲习科,使有本职之海军机关监、机关士、机关兵曹长、船匠长、上等机关兵曹、船匠师或舰团队及其他各部之下士、卒行所需之讲习。

附　　则

本令施行之际之机关工练习生及兵器工练习生作为实修机关工术专科者,从来之机关工及兵器工视为掌机兵,机关工证状及兵器工证状视为机关工术专科证书。

本令未发布以前授与之机关术教员适任证书之有效期间自本令发布之日起凡三年间。

●●●临时海军建筑部条例 明治三十七年(1904年)敕令

第一条　临时海军建筑部设于东京。

第二条　临时海军建筑部属海军大臣监督,掌下列事项:

一　属于应新设之镇守府建筑工事并该计划及监督。

二　购买及装配属于应新设之镇守府各种机械。

三　计划属于已设之镇守府之建筑,监视该工事并审查该契约。

四　非镇守府所属建筑工事并该计划及监督。

第三条　临时海军建筑部设职员如下：

部长

部员

工务监

工务员

第四条　删

第五条　部长隶于海军大臣，总理部务。

第六条　部员承部长之命服务。

第七条　工务监承部长之命，统理建筑工事。

第八条　第三条所载之工务员承部长或工务监之命服务。

第九条　删

第十条　删

第十一条　删

第十二条　除第三条、第四条所载职员外，设海军下士、卒及判任文官，使各承上官之命服务。

第十三条　临时海军建筑部之定员依别表所定。（表略）

第二款　海军军令部

●●●海军军令部条例 明治三十六年（1903年）敕令

第一条　海军军令部掌关于国防用兵事务。

第二条　海军军令部设部长。

　海军军令部长直隶于天皇，参预帷幄之机务，又统理海军军令部部务。

　海军军令部长亲补。

第三条　海军军令部长参划关于国防用兵事务，亲裁之后，移于海军大臣。

第四条　海军军令部设次长，使辅佐海军军令部长，整理部务。

第五条　海军军令部设副官，使掌理庶务。

第六条　海军军令部设参谋，使分掌下列事项：

一　关于出师作战之计划、船舰之配置并其进退役务。

二　关于舰队、军队之编制运动法、运输、通信、演习、检阅等。

三　关于选定军港、要港、防御港及其他军事上必要之地点并防御计划。

四　关于军事牒报翻译及编纂等。

第七条　海军军令部设海军将校同相当官作为出仕，使承海军军令部长服务。

第八条　在外帝国公使馆设海军将校作为公使馆附属，使海军军令部长管之。

第九条 海军军令部除前各条所载职员外，设海军编修、海军船匠长、船匠师、书记、编修书记及技手，使各承上官之命服务。

第三款　镇守府

●●●镇守府条例 明治三十三年（1900年）敕令
第一条　各军港设镇守府。
镇守府冠以其所在地名。
第二条　镇守府为监督出师之准备、防御之计划、海军区之警备并所辖诸部事务之所，但属于要港部所掌之警备区之警备不在此例。
第三条　镇守府设司令长官。
司令长官亲补。
第四条　司令长官直隶于天皇，统率麾下之舰队船舰部团队，监督所属各部，总理府务。
司令长官承海军大臣之命，掌理军务。
第五条　司令长官统监麾下之军纪、风纪及教育训练。
第六条　司令长官得派遣麾下舰队、艇队及舰船至所管海军区及邻区内，又得派遣军队至所管海军区内。
第七条　司令长官得指挥在该军港内他所管之舰船。但他司令长官、司令官在港内时，对该麾下舰船，不在此例。
第八条　地方长官如有因维持地方之安宁、请兵于司令长官之时，如事急可即应所请。如该事无暇待地方官之请求，可便宜使用兵力。如有此等事情，事后当速即报告海军大臣。
第九条　司令长官如遇疾疫或其他紧急之事，认为一时必须使麾下兵员转移,可于处分之后,报告海军大臣。

第十条　司令长官于其麾下杂役船只有须乘员之时,可命其麾下人员临时乘组。

第十一条　司令长官得使其麾下候补生及准士官转乘或转勤于麾下舰船团及其他各部。

第十二条　司令长官得配付麾下之下士、卒于所属舰船团及其他各部。

第十三条　司令长官关于施行要塞地带法及军港要港规则,得指挥所在宪兵。

第十四条　司令长官于其麾下职员缺员中,或有事故不能执行职务之时,可使其他麾下职员代理该职务。

第十五条　司令长官缺员或有事故,不能执行职务之时,麾下首席将校代理该职务。

第十六条　镇守府设下列职员作为幕僚:

参谋长

参谋

副官

机关长

军医长

主计长

除前项外,设机关官及主理。

第十七条　参谋长佐司令长官,统幕僚事务,整理府务。

第十八条　参谋承参谋长之命,办理事务。

第十九条之一　副官承参谋长之命,掌庶务及准士官以上并所属文官之人事。

第十九条之二　机关长、军医长、主计长及主理承司令长官之命服务。

第十九条之三　机关官承机关长之命服务。

第二十条　镇守府设望楼监督官，使承参谋长之命，掌关于海军望楼事务。

第二十一条　镇守府设兵事官，使承参谋长之命，主管兵籍，兼掌关于征兵募兵及舰船团并其他各部之下士、卒定员中之补缺，预备役兵、后备役兵之召集、简阅、点名事务。

第二十二条　删

第二十三条　删

第二十四条　删

第二十五条　删

第二十六条　删

第二十七条　删

第二十八条　删

第二十九条　删

第三十条　删

第三十一条　删

第三十二条　删

第三十三条　删

第三十四条　除前各条所载职员外，设海军兵曹长同相当官并士官、下士及书记，使承各上官之命服务。

附　　则

本令以明治三十三年五月二十日施行。

●●●海军港务部条例明治三十三年(1900年)敕令

第一条 各军港设海军港务部。

港务部冠以所在地名。

第二条 港务部掌军港水域之警卫、舰船之系留、出入渠浚渫船之使用、海标运输、救难防火等事项,并司令长官指定之军港防御之一部。

第三条 港务部设职员如下:

部长

副官

部员

军医长

主计长

除前项外,可视情形设海军军医及主计。

第四条 部长隶于镇守府司令长官,掌理部务。

第五条 部长得使部下职员乘组所属船只。

第六条 部长于部下之职员缺员中,或有事故不能执行职务之时,可使其他部下职员代理该职务。

第七条 部长缺员或有事故,不能执行职务之时,部下首席将校代理该职务。

第八条 副官承部长之命,掌人事及庶务。

第九条 部员承部长之命服务。

第十条 军医长承部长之命,掌关于医务卫生事项。

第十一条 军医承军医长之命服务。

第十二条 主计长承部长之命,掌关于会计给与事项。

第十三条　主计承主计长之命服务。

第十四条　除前各条所载职员外,设海军兵曹长同相当官并准士官、下士、卒,使承各上官之命服务。

附　则

本令以明治三十三年五月二十日施行。

●●●预备舰部条例 明治三十三年(1900年)敕令

第一条　各军港设预备舰部。

预备舰部冠以所在地名。

第二条　预备舰部统辖保管预备舰,又掌就役准备事务。

第三条　预备舰部设职员如下：

部长

部官

部员

机关长

军医长

军医

主计长

主计

第四条　部长隶于镇守府司令长官,掌理部务。

第五条　部长得使部下职员乘组所辖预备舰。

第六条　部长于部下职员缺员中,或有事故不能执行职务之时,可使其他部下职员代理该职务。

第七条　部长缺员中,或有事故不能执行职务之时,以部下首席将校代理该职务。

第八条　副官承部长之命,掌人事及庶务。

第九条　部员承部长之命服务。

第九条之二　机关长承部长之命,掌关于机关船体及兵器事项并机关官以下之勤务。

第十条　军医长承部长之命,掌关于医务卫生事项。

第十一条　军医承军医长之命服务。

第十二条　主计长承部长之命,掌关于会计给与事项。

第十三条　主计承主计长之命服务。

第十四条　除前条所载职员外,设海军兵曹长同相当官并准士官、下士、卒,使各承上官之命服务。

附　则

本令以明治三十三年五月二十日施行。

●●●海军造船工练习所条例 明治三十年(1897年)敕令

第一条　海军造船工练习所属于横须贺海军造船厂,为教育海军造船职工之所。

第二条　海军造船工练习所设职员如下:

所长

教工

第三条　所长隶于造船厂长,维持纪律,总理所务。

第四条　教官承所长之命,担任教授。

第五条　海军造船工练习所除第二条所载职员外,设判任文官,使承各上官之命服务。

第六条　海军造船工练习所教授之职工称练习职工。

第七条　练习职工于有志愿而合于下列各项者之中选拔之：

一　年满二十一岁以上未满三十岁者。

二　为海军造船职工，连续服现业满三年以上者。

三　品行方正，将来有技艺娴熟，能御众职工之望者。

四　身体检查及学术试验合格者。

五　卒业后能从事海军业务十年以上者。

第八条　犯下列各项之一者不得采用为练习职工：

一　曾受禁锢以上之刑者，或曾受赌博犯处分者。

二　未复权之家资分散者、破产者或其相续人。

三　受身代限处分、债务尚未清偿者或其相续人。

第九条　入学试验之规格，海军大臣定之。

第十条　卒业试验及第之练习职工授与卒业证书。

第十一条　有前条之卒业证书者即为有能充海军技手之资格。

第十二条　练习职工不得以情愿退学。

第十三条　练习职工有犯下列各项之一者令其退学：

一　品行不良或怠惰者。

二　试验之成绩不良、无卒业之望者。

三　受伤罹病、无卒业之望者。

第十四条　删

第十五条　本令以明治三十年十月八日施行。

●●●海军造兵厂条例 明治三十年（1897年）敕令①

第一条 东京设海军造兵厂。

海军造兵厂以其所在地名冠称之。

第二条 海军造兵厂掌制造、修理、购买兵器及其他关于造兵事业事项。

第三条 海军造兵厂设厂长，隶于海军舰政本部长，总理厂务。

第三条之二 海军造兵厂设检查官，使承厂长之命，掌检查兵器，兼掌理庶务。

第四条 海军造兵厂设制造部及会计部。

第五条 制造部掌关于兵器之计划、制造及修理事项。

第六条 删

第七条 会计部掌关于会计给与及造兵材料并其他物品之购买、卖却、贮藏、出纳事项。

第八条 制造部设部长、部员及副部员，会计部设课长，材料库设主管。

第九条 部长承厂长之命，掌理该部事务。

第十条 部员、副部员承制造部长服务，材料库主管承会计部长之命服务。

第十一条 海军造兵厂设军医，使承厂长之命，掌关于医务卫生事项。

海军造兵厂除前项外，可应必要设海军军医，使承军医长之命服务。

---

① 据第十五条推知，本令颁行于明治二十九年之后，原书为"明治十年敕令"，系排版之误。推断为明治三十年敕令。

第十二条　除前各条所载职员外，设海军兵曹长同相当官并准士官、下士、卒及判任文官，使各承上官之命服务。

第十三条　删

附　　则

第十四条　本令以发布之日施行。

第十五条　明治二十六年敕令第四十四号海军造兵厂条例及明治二十九年敕令第六十一号假吴兵器制造所条例，以本令施行之日废去。

●●●造船造兵监督官条例 明治三十一年（1898年）敕令

第一条　海军委托外国工场制造舰船、兵器及由外国购入造船、造兵用之材料物品之时，设下列职员，使从事监督制造事业，检查购入物品，整理会计事务：

　　造船监督官

　　造兵监督官

　　造船[①]造兵监督会计官

　　造船监督助手

　　造兵监督助手

　　造船造兵监督书记

除前项外，可应必要设造船造兵监督长。

第二条　造船造兵监督长、造船监督官、造兵监督官及造船造兵监督会计官，以海军将校及同相当官补之。

[①]　原文为"造舰"，应系排版之误。

造船监督官、造兵监督官可视情形,以技师充之。

监督助手以海军准士官、下士或技手充之,监督书记以海军书记充之。

第三条　造船造兵监督长隶于海军舰政本部长,总理所管监督事务。

第四条　造船监督官、造兵监督官及造船造兵会计官承海军舰政本部长指挥。在设造船造兵监督长之时,则承造船造兵监督长指挥,监督助手及监督书记承上官之命,办理事务。

第五条　第一条所载职员不设定额,于预算定额内视事业之程度,设所需人员。

●●●海军测器库条例明治三十三年(1900年)敕令

第一条　各军港设海军测器库。

测器库冠以所在地名。

第二条　测器库掌测器及关于航海之各图书并教育图书之准备、保存、供给,并行观测气象。

第三条　测器库设主管隶于当该海军工厂长,掌理该库事务。

第四条　测器库设书记及技手,使承主管之命服务。

附　　则

本令以明治三十三年五月二十日施行。

●●●海军望楼条例明治三十三年(1900年)敕令

第一条　沿岸各要地设海军望楼。

望楼冠以所在地名。

第二条　望楼掌海上见张[1]及通信，并行观测气象。

第三条　望楼设望楼长，隶于管理该望楼所在海军区镇守府之望楼监督官，掌理该望楼事务。但在对马望楼隶于竹敷要港部参谋长，在台湾及澎湖岛望楼隶于马公要港部参谋长。

第四条　删

第五条　望楼设望楼手，使承望楼长之命服务。

第六条　望楼长有事故，以上席望楼手代理其职务。

附　则

本令以明治三十三年五月二十日施行。

●●●海军病院条例 明治三十年（1897年）敕令

第一条　各军港设海军病院。

海军病院冠以所在地名。

第二条　海军病院属于镇守府，掌治疗并治疗品之准备、供给，被服、粮食、药品等之卫生试验，教育看护手、看护。

第三条　海军病院设职员如下：

院长

副长

除前项外，应必要设军医官、药剂官。

第四条　院长隶于镇守府司令长官，总理院务。

第五条　副长承院长之命，辅佐院长，整理院务。

第六条　第三条第二项所载之军医官、药剂官承院长之命服务。

---

[1]　见张，即看守、监视。

第七条　海军病院设疗品库、试验所及看护术练习所。

第八条　疗品库掌准备、供给治疗品。

第九条　试验所掌被服、粮食、药品等之卫生试验。

第十条　看护术练习所掌教授高等看护术。

第十一条　疗品库试验所及看护术练习所设职员如下：

疗品所
 主管

试验所
 所长
 所员

看护术练习所
 所长
 教官

第十二条　疗品库主管承院长之命，掌关于疗品库事务。

第十三条　试验所长承院长之命，掌理所务。

第十四条　试验所员承所长之命服务。

第十五条　看护术练习所长承院长之命，维持军纪、风纪，掌理所务。

第十六条　看护术练习所教官承所长之命，担任教授。

第十七条　海军病院除第三条、第十一条所载职员外，设海军看护长并准士官、下士、卒及书记，使承上官之命服务。

第十八条　看护术练习所教授之看护手、看护称看护术练习生。

第十九条　看护术练习生区别为下之二种：
 一　乙种看护术练习生
 二　甲种看护术练习生

第二十条　乙种看护练习生，于海军一等看护手以下三等看护手以上，身体强壮、品行方正者之中选拔之。

第二十一条　甲种看护术练习生，于海军一等看护手以下二等看护手以上，适合于下列各号者之中选拔之：

　一　身体强壮、品行方正者。

　二　乙种看护术练习生卒业试验得优等成绩者。

　三　志愿为甲种看护术练习生，卒业后能服现役四年以上者或誓约能服役者。

第二十二条　甲种看护术练习生卒业时授与装创证状。

装创证状视卒业成绩分为二等。

第二十三条　授与装创证状者附与臂章。

第二十四条　装创证状之有效期间五年，期满除去臂章。

但战争事变之际，可延长该有效期间。

第二十五条　有二等装创证状者，如经过二年，实务之成绩优等，可行检定试验，再授与一等装创证状。

在前项之时之装创证状有效期间，通前后凡五年。

第二十六条　有装创证状者，如该有效期间将满，而实务之成绩优等，可行检定试验，再授与装创证状。

第二十七条　看护术练习生中，病院长如有认为不适合者，可命其退学。

第二十八条　战争事变之际可命练习生退学。

第二十九条　有装创证状者如犯下列各号之一，即褫夺其证状：

　一　怠慢而实务之成绩不良者。

　二　品行不正、无悛改之望者。

　三　曾受重禁锢以上之刑者。

●●●海军监狱官制明治二十二年(1889年)敕令①

第一条 各军港设海军监狱。

第二条 海军监狱为拘禁、留置现役海军军人及生徒并其他从事海军而犯轻罪以下之刑者及刑事被告人之所。

第三条 通各海军监狱设职员如下:

海军监狱长	专任四人	奏任
海军监狱书记	专任四人	判任
海军监狱看守长	专任十三人	判任

第四条 监狱长隶于镇守府司令长官,指挥监督部下各官吏,掌理所部事务。

第五条 监狱书记承监狱长之命,从事庶务。

第六条 监狱看守长承监狱长之命,掌戒护监狱,指挥监督部下之监狱看守。

第七条 通各海军监狱设监狱看守四十八人,为判任待遇,承上官之命,服看守、护送及卫门等事务。

第八条 关于海军监狱之医务卫生事项,使该地所在之海军病院附属海军军医掌管之,附以该病院附属之海军看护手及看护。

附　　则

第九条 本令以明治三十二年七月十一日施行。

●●●要港部条例明治三十三年(1900年)敕令

---

① 据第九条,本令明治三十二年施行,原书颁布时间有误,疑为"明治三十二年敕令"。

第一条　各要港设要港部。
要港部冠以所在地名。
第二条　要港部为掌防御要港，警备附近海岸海面，兼管配给军需品之所。
第三条　要港部设司令官。
竹敷要港部司令官亲补。
第四条　司令官直隶于天皇，统率部下各队，总理部务。
司令官承海军大臣之命，掌理军政。
第五条　司令官统监麾下之军纪、风纪及教育、训练。
第六条　司令官关于舰政兵事受管理该要港海军区镇守府司令长官之区处。
第七条　要港部所需之兵员之配付及需品、器具、材料并其他诸物品之供给，管理该要港所在海军区之镇守府掌之。
第八条　司令官得指挥在要港内属于他人所管之舰船。但他司令长官司令官现在港内对其麾下舰船，不在此例。
第九条之一　司令官于地方长官因维持地方之安宁、请求兵力之时，如事急，当即允其所请。如有无暇待地方长官请求之事，可便宜使用兵力。但如有此等事情，事后当速即报告海军大臣。
第九条之二　司法官方疾疫或其他紧急之时，如认为一时须使部下兵员移转，可于处分之后报告海军大臣。
第九条之三　司令官于部下杂役船只需乘员之时，可命其部下人员临时乘组。
第九条之四　司令官可使其部下准士官转乘转勤于部下各部。
第十条　司令官关于施行要塞地带法及军港要港规则，得指挥所在宪兵。

第十一条　司令官可应必要配置部下机关官、军医或主计于水雷敷设队、水雷艇队，或使乘组水雷艇。

第十二条　司令官于其部下职员缺员中或有事故，不能执行职务之时，可使其他职员代理该职务。

第十三条　司令官缺员中或有事故，不能执行职务之时，以部下首席将校代理该职务。

第十三条之二　要港部设下列职员作为幕僚：

参谋长

参谋

副官

机关长

军医长

主计长

要港部除前项外，设知港事，又可应必要设海军机关士、军医及主计。

第十四条　参谋长佐司令官统幕僚事务，并整理总务。

第十五条　参谋承参谋长之命服务。

第十六条　副官承参谋长之命，掌人事及庶务。

第十七条　知港事承司令官之命，统辖所属各船，掌要港之警卫，并掌关于海运、海标、救难、防火等事。

第十八条　机关长承司令官之命，掌关于机关、船体及兵器事项，机关官以下之勤务。

第十九条　删

第二十条　机关士承机关长之命服务，但属于水雷敷设队、水雷艇队者承该司令官之命服务，乘组水雷艇者承该艇长之命服务。

第二十一条　军医长承司令官之命,掌关于医务卫生事项。

第二十二条　军医承军医长之命服务,但属于水雷敷设队、水雷艇队者,承该司令官之命服务。乘组水雷艇者,承该艇长之命服务。

第二十三条　主计长承司令官之命,掌关于会计给与及配给军需品事项。

第二十四条　主计承主计长之命服务,但属于水雷敷设队、水雷艇队者承该司令官之命服务,乘组水雷艇者承该艇长之命服务。

第二十五条　要港部设水雷敷设队及水雷艇队。

第二十六条　关于水雷敷设队、水雷艇队之任务、职员及职务,适用水雷团条例之规定。

第二十七条　要港部于第三条、第二十六条所载职员外,设海军兵曹长同相当官并准士官、下士、卒,使承各上官之命服务。

第二十八条　非军港要港之各港湾如有需水雷防御之处,视其情形,由附近要港部分设水雷敷设队、水雷艇队,冠以所在地名。

前项之水雷敷设队、水雷艇队平时可设于所辖要港部中。

在前二项之时,该港湾之防御,要港部司令官掌之。

马公要港部司令官关于要港之防御及海岸海面之警备受台湾总督之区处。

本令以明治三十三年五月二十日施行。

●●● 海军修理工场条例 明治三十五年(1902年)敕令

第一条　各要港及陆奥国大凑设海军修理工场。

海军修理工场冠以该地名。

第二条　海军修理工场在要港者属于该要港部,在大凑者属于大凑水雷团,为舰船兵器小修理之所。

第三条　海军修理工场设主管。
　　主管在要港则承该要港部司令官之命服务,在大凑则承大凑水雷团长之命服务。
第四条　海军修理工场设下士、卒及书记、技手,使承主管之命服务。

●●●舰队条例 明治三十年(1897年)敕令

第一条　舰队以军舰二艘以上编制之。
　　舰队视编制若任务之目的,冠以差遣之海洋或地方之名,称某舰队。
第二条　舰队视其情形,附以水雷艇、水雷艇队、水雷敷设队、运送船、病院船、工作船。
第三条　舰队之巡航区域视帝国周海。
第四条　舰队设司令长官及司令官,但视舰队之编制若任务亦可另设司令官,司令长官亲补。
第四条之二　司令长官直隶于天皇,统率麾下舰船,总理队务。
　　司令长官关于军政听海军大臣指挥。
第五条　司令长官统监麾下之军纪、风纪及教育、训练。
第六条　司令长官得派遣其麾下舰船至巡航区域内。
第七条　司令长官于紧急之时,如不及请指令,可不待指令,差遣其麾下舰队或其一部,往巡航区域外。此等事情,事后当报告海军大臣。
第八条　司令长官分遣麾下船舰之时,可使司令官或分遣之舰船之先任舰长掌指挥事务,以自己职权之内事务委任之。
第八条之二　司令长官于与本邦岛屿等隔绝地方如有紧急事变,必须用兵力镇定,可与地方官合议,便宜从事。此等事情,事后当速即报告海军大臣。

第九条　司令长官引率舰船航行之时，当指定航路，对安全则自负责任。

司令官或先任舰长引率舰船时同。

第十条　司令长官在非军港要港之港湾，如为所在海军先任将校之时，有指挥在同港内之他管船舰之权。但他之司令长官司令官现在之时，对其麾下舰船，不在此例。

前项之规定，通用于司令官。

第十一条　司令长官遇有疾疫或其他紧急情事，必须将其麾下兵员暂行转移，又无暇请海军指挥，可便宜处分之，然后报告海军大臣。

第十二条　司令长官可使麾下候补生及准士官以下转勤于麾下各舰船队之间。

第十三条　司令长官于其麾下职员缺员中或有事故之时，得使其他职员代理该职务。

第十三条之二　司令长官缺员中或有事故，不能执行职务之时，以麾下首席将校代理该职务。

第十四条　司令官承司令长官之命，指挥舰队之一部。

第十四条之二　未设司令长官之舰队之首席司令官直隶于天皇，于其职权，准用关于司令长官之规定。

第十五条　司令长官或司令官所乘之军舰称旗舰。

第十六条　舰队设下列职员作为司令长官幕僚：

参谋长

参谋

副官

机关长

本条职员，视舰队之编制若任务，可不设其一部。

第十六条之二　舰队设参谋，作为司令官幕僚。

第十六条之三　除前两条外，可应必要设将校同相当官主理及海军通译官，作为海军附属。

第十七条　参谋长承司令长官之命，参划机务，整理队务。

第十八条　为司令长官幕僚之参谋承参谋长之命服务。

第十九条　为司令官幕僚之参谋承司令官之命服务。

第二十条　删

第二十一条　机关长承司令长官之命，掌理关于舰队之机关、船体及兵器事项，监视各船舰及各队机关长之职务。

第二十二条　删

第二十三条　删

第二十四条　副官承参谋长之命，掌人事及庶务。

第二十五条　删

第二十六条　司令长官旗舰中之航海长、军医长、主计长承司令长官之命，参与队务。司令长官之幕僚，如不设机关长，该旗舰之机关长同。

第二十七条　司令官旗舰，或分遣舰队先任舰长、舰之航海长、机关长、军医长、主计长，承司令官及先任舰长之命，参与队务。

第二十七条之二　司令长官、司令官或先任舰长特命舰队附属将校或同相当官参与队务之时，不适用前二条。

第二十七条之三　舰队附属将校同相当官承司令长官或司令官之命服务。

第二十八条　主理承司令长官或司令官之命，掌关于军事、司法及惩法事务。

第二十九条　海军通译官承司令长官之命服务。

第三十条　将二只以上之驱逐舰编入舰队之时，可特行编制驱逐队，设驱逐队司令。

前项驱逐队如在二队以上，则冠以第一、第二等字以区别之。

第三十一条　驱逐队司令承司令长官之命，指挥驱逐队，董督训练部下，监理兵备，掌理队务。

●●●海军舰船条例 明治二十九年（1896年）敕令

第一条　舰船以镇守府为本籍。

第二条　舰船编入舰队或附属于其他之时，虽各属于该长官不变本籍，至解役、解队或免所属之时不别用命令，复归本籍。

第三条　舰船分为下之四种：

第一种军舰

第二种军舰

水雷艇

杂役船舟

第一种军舰谓能胜战斗役务之军舰。

第二种军舰谓虽不胜战斗之役务，能带常务航行之军舰。

水雷艇谓依使用鱼形水雷之宗旨，有特别构造、能胜战斗役务之艇。

杂役船舟谓除军舰、水雷艇及装置于此之小蒸汽船舢板外一切之船舶舟艇。

第四条　军舰编入舰队或服警备练习测量及其他特别役务之时称在役舰，其他称预备舰，尚在制造中者称未成舰。

第五条　在役舰设职员如下：

舰长

副长

航海长

炮术长

水雷长

机关长

分队长

军医长

主计长

除前项外,设海军中尉、少尉、中机关士、少机关士、军医监及主计。本条职员,可视军舰之构造及兵备,不设其一部。

服练习测量及其他特别役务之军舰,于本条职员外,可设役务必需之职员。

第六条　舰长隶于所管长官,统率训练部下,维持军纪、风纪,监理兵备,任舰之保安,总理舰务。

第七条　舰长于其部下职员有事故或缺员中,可使其他职员代理该职务。

第八条　舰长如在所在驱逐队司令之上席,而为所在诸舰舰长之首席,有指挥该驱逐队及诸舰之权。但司令长官司令官现在时,不在此例。

第九条　舰长于未设炮术长、水雷长或二者之一之舰,可使将校分队长或水雷长或炮术长执该职务。

第十条　舰长得以临时职务命第三十一条所载各员。

第十一条　副长辅佐舰长,执行舰长之命令,维持舰内之定则。

第十二条　航海长承舰长之命,掌关于航路及水路向导事项,整顿主管之器具物品,监掌舱内贮积之方法。

第十三条　炮术长承舰长之命,整理主管之兵备,监掌教授炮术。

第十四条　水雷长承舰长之命,整顿主管之兵备,监掌教授水雷术。

第十五条　将校分队长承舰长之命,为各部署之长,维持队员之纪律,整顿分担之兵器及要具,又掌关于教育训练事项。

第十六条　航海长、炮术长、水雷长及将校分队长服交番[①]当直之勤务,于此之时,称当直将校,承舰长之命,处理舰务。但依时宜,舰长亦可使副长服当直之勤务。

第十七条　中尉、少尉依舰长指定,属于副长、航海长、炮术长、水雷长或将校分队长,承命服务。

第十八条　中尉、少尉服交番当直之勤务,于此之时,称副直将校,承当直将校之命服务。但依时宜,舰长亦可使其服当直将校之勤务。

第十九条　机关长承舰长之命,维持部下之纪律,又任教育训练,掌关于机关舰体及兵器事项。

第二十条　机关官分队长依舰长指定,承机关长之命,为各部署之长,维持队员之纪律,整顿分担之一切机械,又掌关于教育训练事项。

第二十一条　机关官分队长服交番当直之勤务,于此之时,称当直机关官,承机关长之命服务。但依时宜,舰长得使机关长服当直之勤务。

第二十二条　中机关士及少机关士依舰长指定,属于机关长或机关官分队长,承命服务。

第二十三条　中机关士及少机关士服交番当直之勤务,于此之时,称

---

① 交番,即交替、轮换。

副直机关官，承当直机关官之命服务。但依时宜，舰长亦可使其服当直机关官之勤务。

第二十四条 军医长承舰长之命，掌关于医务卫生事项。

第二十五条 第五条第二项所载之军医官承军医长之命服务。

第二十六条 主计长承舰长之命，掌关于会计给与事项，并掌理庶务。

第二十七条 第五条第二项所载之主计，承主计长之命服务。

第二十八条 舰长缺员中或有事故，副长代理其职务。

在前项之时，如副长缺员，或未设有定员，或有事故，依其他将校席次之顺序代理舰长职务。前二项之规定在特设有代理者之时，不适用之。

第二十九条 副长缺员中或有事故，依非舰长之其他将校席次之顺序，代理该职务。但有特设代理者之时，不在此例。

在未设副长之舰，则依非舰长之其他将校席次之顺序执行该职务。

第三十条 在役舰除第五条所载职员外，设海军兵曹长同相当官准士官、下士、卒，使承各上官之命服务。

第三十一条 在役舰除前各条所载职员外，可为练习及实地研究，使海军士官、准士官、下士、卒乘组。

第三十二条 前条各员于依第十条之规定所命之职务，当负责任。

第三十三条 预备舰系留于通常军港，可酌设第五条、第三十条、第三十一条所载各员。

未成舰可应必要，酌设第五条、第三十条所载各员。

如有前二项情事，在未设舰长之舰，准第二十八条之规定，副长或其他将校执行该职务。

第三十三条之二 在未设军医官之军舰，直属府部队等长官可指定部下相当职员使行该职务。又，认为必要之时，可使部下相当职员乘组。

第三十四条　水雷艇服役务时称在役艇，其他称预备艇，但尚在制造者称未成艇。

第三十五条　在役艇设水雷团水雷艇队职员中之艇长以下职员，关于该职务，适用水雷团条例。但在未编入水雷艇队之水雷艇，该水雷艇队司令之职权，直属长官行之。

第三十六条　预备艇系留于通常军港或要港，使属于水雷团或要港部，酌设第三十五条所载各员。

未成艇可视情形，酌设第三十五条所载各员。

第三十七条　在附属于舰团部等之舰船，乘组先任将校掌舰船之一切命令，任舰之保安，其他乘员承先任将校之命服务。

附　则

第三十八条　本令以明治二十二年四月一日施行。

第三十九条　明治二十二年敕令第九十九号军舰条例以本令施行之日废去。

●●●海兵团条例 明治二十九年（1896 年）敕令

第一条　各军港设海兵团。

海兵团冠以所在地名。

第二条　海兵团属于镇守府，掌海军下士、卒之教育训练及军港之守卫，并统辖补缺员。

第三条　已免舰船团及其他各部之勤务或练习之海军下士、卒，使入海兵团，以补舰船团及其他各部定员之缺，称补缺员。

补缺员可使服临时业务。

第四条　海兵团设职员如下：

团长

副长

机关长

分队长

军医长

主计长

除前项外，可应必要设海军中尉、少尉、中机关士、少机关士、军医及主计。

第五条　团长隶于镇守府司令长官，统率训练部下，维持军纪、风纪，总理团务。

第六条　团长于其部下职员有事故之时，可使其他职员为之代理。

第七条　副长辅佐团长，执行团长之命令，维持团内之定则，团长有事故时代理其职务。

第七条之二　副长有事故，先任将校代理其职务。

第八条　删

第九条　将校分队长承团长之命，为各部署长，维持队员之纪律，整顿分担之兵器及要具，并掌关于教育、训练事项。

第十条　将校分队长服交番当直之勤务，于此之时，称当直将校，承团长之命，掌理团务。

第十一条　中尉及少尉依团长指定，属于将校分队长，承命服务。

第十二条　中尉及少尉服交番当直之勤务，于此之时，称副直将校，承当直将校之命服务。

第十三条　机关长承团长之命，维持部下之纪律，又任教育、训练，掌关于机关事项。

第十四条　机关官分队长依团长指定，承机关长之命，为各部署长，维持队员之纪律，整顿分担之诸机器，并掌关于教育、训练事项。

第十五条　少机关士依团长指定，属于机关长或机关官分队长，承命服务。

第十六条　军医长承团长之命，掌关于医务卫生事项。

第十七条　军医承军医长之命服务。

第十八条　主计长承团长之命，掌关于会计给与事项，并掌理庶务。

第十九条　主计承主计长之命服务。

第二十条　除第四条所载职员外，设海军兵曹长同相当官并准士官、下士等，使承各上官之命服务。

附　　则

第二十一条　本令以明治二十九年四月一日施行。

●●●水雷团条例明治二十九年（1896年）敕令

第一条　各军港及陆奥国大凑设水雷团。

水雷团冠以所在地名。

第二条　水雷团在军港者属于该镇守府，在大凑者属于横须贺镇守府，掌水雷防御事务。

第三条　水雷团设职员如下：

团长

副长

机关长

军医长

主计长

除前项外，可应必要设海军机关士、军医及主计。

第四条之一　团长隶于镇守府司令长官，统率训练部下，维持军纪、风纪，监理兵备，总理团务。

第四条之二　团长可应必要配置第三条之机关官、军医或主计于水雷敷设队、水雷艇队，或使乘组水雷艇。

第五条之一　团长于其部下之职员有事故时，可使其他职员代理该职务。

第五条之二　团长缺员中或有事故之时，依所在部下将校席次之顺序代理该职务，但特设代理者之时不在此例。

第六条　副官承团长之命，掌理团务。

第七条　机关长承团长之命，掌关于机关、船体及兵器事项。

第八条　第三条第二项所载之机关士承机关长之命服务，但属于水雷敷设队、水雷艇队之时承该司令之命服务，乘组水雷艇之时承该艇长之命服务。

第九条　军医长承团长之命，掌关于医务卫生事项。

第十条　第三条第二项所载之军医承军医长之命服务，但属于水雷敷设队水雷艇队之时承该司令之命服务，乘组水雷艇之时承该艇长之命服务。

第十一条　主计长承团长之命，掌关于会计给与事项。

第十二条　第三条第二项所载之主计承主计长之命服务，但属于水雷敷设队水雷艇队之时承该司令之命服务，乘组水雷艇之时承该艇长之命服务。

第十三条　水雷团设水雷敷设队及水雷艇队。

第十四条　水雷敷设队掌水雷固定防御事务。

第十五条　水雷艇队掌水雷移动防御事务。

第十六条　水雷敷设队及水雷艇队设职员如下：

水雷敷设队

　司令

　分队长

水雷艇队

　司令

　艇长

水雷艇队除前项外，设海军尉官。

第十七条之一　水雷敷设队司令承团长之命，指挥水雷敷设队，董督训练部下，维持军纪、风纪，监理兵备，掌理队务。

第十七条之二　水雷敷设队司令缺员中或有事故，依部下将校席次之顺序代理其职务，但特设代理者之时不在此例。

第十八条　分队长承司令之命，为各部署之长，维持部署员之纪律，整顿分担之防备，并掌关于教育、训练事项。

第十九条之一　水雷艇队司令承团长之命，指挥水雷艇队，董督训练部下，维持军纪、风纪，监理兵备，熟知近海水路状况，掌理队务。

第十九条之二　水雷艇队司令缺员中或有事故，依部下将校席次之顺序代理其职务，但特设代理者之时不在此例。

第十九条之三　水雷艇队司令所乘之水雷艇称司令艇。

第二十条　艇长承司令之命，维持乘员之纪律，且诱掖训练之，整顿兵备，任艇之保安，掌理艇务。

第二十一条　第十六条第二项所载之尉官依司令指定，承艇长之命服务，艇长有事故则代理该职务。

第二十二条　删

第二十三条 水雷团于第三条及第十六条所载职员外,设海军兵曹长及同相当官、准士官、下士、卒,使承各上官之命服务。

第二十四条 非军港、要港之港湾而需水雷防御之处,可视其情形,由附近水雷团分设水雷敷设队、水雷艇队,冠以所在地名。

前项之水雷敷设队、水雷艇队平时可设于其所辖水雷团中。

第二十五条 前条之水雷敷设队、水雷艇队于第十六条所载职员外,可视其情形,设机关士、军医及主计,使承司令之命服务。

第二十六条 使水雷敷设队、水雷艇队附属于舰队或其他之时,关于该队之任务并职员及职员之职务适用本令。但水雷团长之职权,直属长官行之。

附　则

第二十七条 本令以明治二十九年四月一日施行。

第二十八条 明治二十二年敕令第四十七号水雷队条例以本令施行之日废去。

第十一章　司法省所管

●●●司法省官制 明治二十六年（1893年）敕令

第一条　司法大臣监督裁判所及检事局，指挥检察事务，管理关于民事、刑事、非讼事件、户籍、监狱及保护出狱人事项，并其他一切司法行政事务。

第二条　总务局于通则所载者外掌下列事务：

一　关于裁判所之设立、废去及管辖区域并其变更事项。

二　关于裁判所附属吏员及辩护士之身分事项。

第三条　司法省以专任参事官三人、专任书记官三人为定员。

第四条　司法省设下之二局：

民刑局

监狱局

第五条　民刑局掌下列事务：

一　关于民事、刑事及非讼事件之事项。

二　关于裁判及检察事务之事项。

三　关于户籍之事项。

第六条　监狱局掌下列事务：

一　关于监狱之事项。

二　关于恩赦、复权、假出狱①、免幽闭监视、假免保护出狱人及执行死刑之事项。

第七条　司法省设专任监狱事务官二人，奏任，属于监狱局，掌监狱事务。

第八条　司法省属以三百人为定员。

第九条　司法省设专任技师二人、专任技手六人。

●●●监狱官制 明治三十六年（1903年）敕令

第一条　监狱属司法大臣管理。

第二条　司法大臣得应需要设置分监。

第三条　通各监狱设职员如下：

典狱	五十六人	奏任
看守长	专任七百三十四人	判任
技手	专任二十二人	
通译	专任十四人	判任

第四条　典狱为监狱之长，承司法大臣指挥监督，掌理监狱事务，指挥监督所部职员。

典狱判任待遇，专行职员之命免。

第五条　典狱有事故，则上席看守长代理该职务。

第六条　分监之长以监守长充之。

第七条　看守长听上官指挥，从事戒护及庶务，指挥监督看守及女监取缔②。

---

① 假出狱，即假释。此处的"假"意为"暂时"。
② 取缔，即管制、管理，此处指管制人。

为分监之长之看守长承典狱指挥监督，掌理分监事务，指挥监督部下职员。

第八条　技手听上官指挥，从事关于技术事务。

第九条　通译听上官指挥，从事翻译通辩。

第十条　监狱除第十条所定职员外，设监狱医、教诲师、教师、药剂师、看守及女监取缔，其定员并关于职务及惩戒规程，司法大臣定之。

监狱医及教诲师为奏任待遇或判任待遇，教师、药剂师、看守及女监取缔为判任待遇。

第十一条　事务之分课并处务规程，司法大臣定之。

第十二条　监狱之名称及位置依别表所定。

附　　则

本令以明治三十六年四月一日施行。

集治监、假留监官制及明治二十九年敕令第三百六十二号废去。

第十二章　文部省所管

第一款　文部省

●●●**文部省官制** 明治三十一年(1898年)敕令

第一条　文部大臣管理关于教育学艺事务。

第二条　大臣官房除通则所载者外掌下列事务：

一　删

二　关于公立学校职员事项。

三　删

四　关于图书事项。

五　关于建筑营善事项。

六　关于高等教育会议事项。

七　关于学校卫生事项。

八　关于博览会事项。

九　关于褒赏事项。

第三条　文部省以专任参事官三人、专任书记官二人为定员。

第四条　文部省设下之三局：

专门学务局

普通学务局

实业学务局

第五条　专门学务局掌下列事务：

  一　关于帝国大学及高等学校事项。

  二　关于专门学校事项。

  三　关于可以准以上之学校之各种学校事项。

  四　关于海外留学生及教员之派往海外事项。

  五　关于图书馆及博物馆事项。

  六　关于天文台、气象台及测候所事项。

  七　关于学术技艺之奖励及调查事项。

  八　关于测地学委员会及震灾预防调查会事项。

  九　关于学士会院事项。

  十　关于学术会事项。

  十一　关于学位及类此之称号事项。

  十二　关于医术开业试验及药剂师试验事项。

第六条　普通学务局掌下列事务：

  一　关于师范教育事项。

  二　关于中学校事项。

  三　关于小学校及幼稚园[①]事项。

  四　关于高等女学校事项。

  五　关于盲哑学校事项。

  六　关于可以准以上之学校之各种学校事项。

  七　关于教育博物馆事项。

  八　关于通俗教育及教育会事项。

  九　关于学龄儿童就学事项。

第六条之二　实业学务局掌下列事项：

[①]　幼稚园，即幼儿园。

一　关于工业学校事项。

二　关于农业学校事项。

三　关于商业学校事项。

四　关于公立、私立商船学校事项。

五　关于徒弟学校及实业补习学校事项。

六　关于可以准以上之学校之各种学校事项。

七　关于实业教育费国库补助事项。

八　关于养成实业学校教员事项。

第七条　文部省设专任视学官五人，奏任，掌视察学事，或属于各局，各掌该事务。

第八条　文部省设专任图书审查官二人，奏任，掌审查图书。

第八条之二　文部省设专任编修四人，奏任，掌编修教科用图书。

第九条　文部省设专任技师三人，掌关于建筑事务。

文部省设专任技手十人，助技师办理事务。

第十条　删

第十一条　文部省属以五十三人为定员。

附　则

第十二条　本令以明治三十一年十一月一日施行。

●●●理学文书目录委员会官制 明治三十三年(1900年)敕令

第一条　理学文书目录委员会属文部大臣监督，掌关于万国理学文书目录事务。

第二条　理学文书目录委员会以下列职员组织之：

一　会长　　　　　　　一人

一　干事　　　　　　　　一人
　一　委员

第三条　会长干事及委员，内阁依文部大臣奏请命之。

干事以文部省高等官充之。

第四条　如有临时之必要，理学文书目录委员会可设临时委员。

临时委员，内阁依文部大臣奏请命之。

第五条　会长总理一切事务，对万国理学文书目录委员会代表本会。

第六条　干事听会长指挥，掌理庶务。

第七条　委员及临时委员听会长指挥，掌关于理学文书目录事务。

第八条　会长干事及委员年给二百元以内手当金，临时委员视事之轻重给以相当手当金。

第九条　理学文书目录委员会设书记二人，以文部省判任官充之。

书记听会长及干事指挥，从事庶务。

书记年给五十元以内手当金。

附　　则

本令以明治三十四年一月一日施行。

第二款　帝国大学

●●●东京帝国大学官制明治三十年（1897年）敕令

第一条　东京帝国大学设职员如下：

总长

书记官

学生监

书记

第二条　总长一人，敕任，承文部大臣监督，依帝国大学令之规定，掌东京帝国大学一切事务，统督所属职员。

总长关于高等官之进退须具状文部大臣，关于判任官则专行之。

第三条　书记官专任一人，奏任，承总长之命，掌理庶务会计。

第四条　学生监奏任，以分科大学教授、助教授或书记官兼任。

学生监承总长之命，掌关于取缔学生事项。

第五条　书记判任，承上官之命，从事庶务会计。

东京帝国大学及分科大学书记通计以专任五十二人为定员。

第六条　各分科大学设职员如下：

教授

助教授

助手

书记

第七条　教授专任百十一人，奏任或敕任，担任各分科大学所设之讲座，教授学生，兼指导其研究。

教授而补分科大学长及医科大学附属医院长者，不担任讲座。

第八条　助教授专任四十八人，奏任，助教授从事授业及实验。

担任讲座之助教授不在前项定员之内，但分担讲座之助教授不在此例。

第九条　助手专任百十五人，判任，听教授助教授指挥，服关于学术技艺之职务。

第十条　各分科大学除第六条职员外，设学长一人，由文部大臣以分科大学教授补之。

分科大学长依帝国大学令之规定，于总长监督之下，各掌该分科大学事务。

第十一条　医科大学附属医院设医院长，由文部大臣以医科大学教授补之，医院长于总长监督之下，掌理医院事务。

第十二条　理科大学附属东京天文台设天文台长，由文部大臣以理科大学教授补之。

天文台长于总长监督之下，掌理东京天文台事务。

第十三条　理科大学附属临海实验所设临海实验所长，由文部大臣以理科大学教授或助教授补之。

临海实验所长于总长监督之下，掌理临海实验所事务。

第十四条　理科大学附属植物园设植物园长，由文部大臣以理科大学教授或助教授补之。

植物园长于总长监督之下，掌理植物园事务。

第十五条　农科大学附属演习林设演习林长，由文部大臣以农科大学教授或助教授补之。

演习林长于总长监督之下，掌理演习林事务。

第十六条　东京帝国大学附属图书馆设图书馆长，由文部大臣以教授或助教授补之。

图书馆长于总长监督之下，掌理图书馆事务。

●●●京都帝国大学官制 明治三十年（1897年）敕令

第一条　京都帝国大学设职员如下：

总长

书记官

学生监

书记

第二条　总长一人，敕任，承文部大臣监督，依帝国大学令之规定，掌京都帝国大学一切事务，统督所属职务。

总长关于高等官之进退当具状文部大臣，关于判任官可专行之。

总长可将属于该职权之事务之一部委任福冈医科大学长。

第三条　书记官专任二人，奏任，承总长之命，掌理会计庶务。

第四条　学生监奏任，使分科大学教授、助教授或书记官兼任。

学生监承总长之命，掌关于取缔学生事项。

第五条　书记判任，承上官之命，从事庶务会计。

京都帝国大学及分科大学书记通计以专任二十三人为定员。

第六条　分科大学设职员如下：

教授

助教授

助手

书记

第七条　教授专任六十九人，奏任或敕任，担任各分科大学所设讲座，教授学生，指导研究。

教授而补分科大学长及医科大学附属医院长者，不担任讲座。

第八条　助教授专任三十八人，奏任，助教授从事授业及实验。

第九条　助手专任九十一人，判任，听教授及助教授指挥，服关于学术技艺之职务。

第十条　各分科大学除第六条职员外，设学长一人，由文部大臣以分科大学教授补之。

分科大学长依帝国大学令之规定，于总长监督之下各掌该分科大学事务。

第十一条　医科大学附属医院设医院长，由文部大臣以医科大学教授补之。

医院长于总长监督之下掌理医院事务，监督所属职员。

第十二条　京都帝国大学附属图书馆设馆长，由文部大臣以教授或助教授补之。

馆长于总长监督之下掌理图书馆事务。

第三款　文部省直辖诸学校

●●●**文部省直辖诸学校官制**明治二十六年(1893年)敕令

第一条　文部省直辖诸学校如下：
东京高等师范学校
广岛高等师范学校
女子高等师范学校
札幌农学校
盛冈高等麓林学校
东京高等商业学校
神户高等商业学校
第一高等学校
第二高等学校
第三高等学校
第四高等学校
第五高等学校
第六高等学校
第七高等学校造士馆
山口高等学校
千叶医学专门学校
仙台医学专门学校

冈山医学专门学校

金泽专门医学校

长崎医学专门学校

东京高等工业学校

大阪高等工业学校

京都高等工业学校

东京外国语学校

东京美术学校

东京音乐学校

东京盲哑学校

第二条　高等师范学校设附属寻常中学校及附属小学校,东京教育博物馆附设于东京高等师范学校。

第三条　女子高等师范学校设附属高等女学校、附属小学校及附属幼稚园。

第四条　商业教员养成所附设于东京高等商业学校。

第五条　东京工业学校设附属职工徒弟学校。

工业教员养成所设附属工业补习学校。

第六条　文部省直辖诸学校设职员如下:

校长

教授

助教授

书记

第七条　校长敕任或奏任,承文部大臣之命,掌理校务,监督所属职员。

第八条　教授敕任或奏任,掌教授生徒。

助教授判任，补助教授之职务。

第九条 书记判任，承上官之命，从事庶务会计。

第十条 女子高等师范学校设学生监。其他学校必须设学生监之时，使教官兼之。

学生监奏任，听校长指挥，掌关于取缔生徒事项。

第十一条 高等师范学校及女子高等师范学校于第五条、第十条职员外设职员如下：

教谕

助教谕

训导

第十二条 教谕奏任，教授附属寻常中学校、附属高等女学校生徒，兼监督师范生徒之实地授业。

助教谕判任，补助教谕之职务。

第十三条 训导判任，掌附属小学校生徒之授业，兼监督师范生徒之实地授业。

第十四条 高等师范学校设助手，判任，听教授指挥，从事授业及实验之补助。

第十五条 女子高等师范学校设保姆，判任，掌保育附属幼稚园之幼儿。

第十六条 东京盲哑学校不设教授、助教授，设教谕、训导。教谕奏任，训导判任。

教谕掌盲哑教员志望者之授业，训导掌生徒之授业。

第十七条 专任教官中如难觅能担任该学校所设之某学科者，可设兼任教官，或由学校长请文部大臣特许，临时嘱托讲师，使担任某学科之授业。

第十八条 文部大臣可于高等师范学校、女子高等师范学校、东京高等商业学校、高等中学校及东京工业学校教官中，命各该附属学校主事、教员养成所主事、东京教育博物馆主事、附属幼稚园主事、专门学部主事，使掌理该事务。

第十八条之二 札幌农学校设农事部长、植物园长及博物馆长，文部大臣由该学校教官中命之。

第十九条 文部大臣可依校务之必要设商议委员会于学校，该委员文部大臣命之。

附　　则

第二十条 本令以明治二十六年九月十一日施行。

第四款　师范学校

●●●寻常师范学校官制 明治二十四年(1891年)敕令

第一条　寻常师范学校设职员如下：

　　学校长

　　教谕

　　助教谕

　　舍监

　　训导

　　书记

第二条　教谕、助教谕、舍监、训导、书记受与判任文官同一之待遇。但教谕三名以内，特受与奏任文官同一之待遇。

第三条　学校长承府县知事之命，掌理校务，统督所属职员，兼视察该府县内属于小学教育之学事。

第四条　教谕掌教育生徒。

第五条　助教谕补助教谕之职掌。

第六条　舍监以教谕或助教谕兼任之。

　　舍监承学校长之命，掌关于寄宿舍事项。

第七条　训导掌附属小学校儿童之教育。

第八条　书记承学校长之命，从事庶务会计。

第九条　教谕、助教谕、舍监、训导、书记之员数及俸额，文部大臣定之。

第十条　府县知事可于教谕之中命附属小学校主事,使掌理校务。

附　　则

第十一条　本令以明治二十五年四月一日施行。

第五款　帝国图书馆

●●●帝国图书馆官制 明治三十年（1897年）敕令

第一条　帝国图书馆属文部大臣管理，掌搜集、保存内外古今之图书记录，以供众庶阅览参考之用。

第二条　帝国图书馆设职员如下：

馆长	一人	奏任
司书官	一人	奏任
司书	九人	判任
书记	三人	判任

第三条　馆长承文部大臣之命，掌理馆务，监督所属职员。

第四条　司书官承馆长之命，掌关于图书记录及阅览事项。

第五条　司书承上官之命，从事关于整理、保存图书记录及阅览事务。

第六条　书记承馆长之命，从事庶务会计。

第七条　关于图书记录之选定或分类等，如有必要，馆长可请文部大臣许可，临时设嘱托委员。

第八条　文部大臣可依馆务上之必要设商议委员会于帝国图书馆，其委员文部大臣命之。

附　　则

第九条　明治二十四年敕令第百三十八号东京图书馆官制以本令施行之日废去。

第六款　中央气象台

●●●中央气象台官制 明治三十一年(1898年)敕令

第一条　中央气象台属文部大臣管理,考究关于气象之事项,统辖气象事业。

第二条　中央气象台掌下列事务:

　一　全国气象之调查及报告。

　二　暴风警报。

　三　天气预报。

　四　气象通报。

　五　检定气象器械。

　六　气象、地磁气、空中电气、地震等之观测。

第三条　中央气象台设职员如下:

　台长

　技师

　技手

　书记

第四条　台长以技师充之,承文部大臣指挥监督,管理台务,统督所属职员。

第五条　技师专任四人,奏任,听台长指挥,分掌台务。

第六条　技手专任十五人,判任,听上官指挥,从事中央气象台及附属测候所事务。

第七条 书记专任四人,判任,听上官指挥,从事庶务。

第八条 事务之分课,文部大臣定之。

第九条 中央气象台设附属测候所,其位置为鹿儿岛县下大岛、冲绳县下石垣岛。

第十条 附属测候所设所长,以中央气象台技手充之。

所长于台长监督之下掌理测候所事务。

第七款　临时纬度观测所

●●●**临时纬度观测所官制**明治三十二年(1899年)敕令

第一条　临时纬度观测所属文部大臣管理,依帝国政府与万国[①]测地学协会之条约,掌观测纬度变化事务。

第二条　临时纬度观测所设于岩手县胆泽郡水泽村。

第三条　临时纬度观测所设职员如下:

所长	一人	奏任
技师	专任二人	
技手	专任二人	
书记	专任一人	判任

第五条　技师听所长指挥,掌观测事务。

第六条　技手听上官指挥,从事观测。

第七条　书记听上官指挥,办理庶务。

●●●**为临时观测气象中央气象台设临时观测技手事件**明治三十七年(1904年)敕令

第一条　为临时观测气象,中央气象台设临时观测所,其位置文部大

---

① 万国,即国际。

臣定之。

第二条　中央气象台设临时观测技手十五人。

临时观测技手听上官指挥，从事临时观测所事务。

第三条　各临时观测所设所长，以临时观测技手充之。

第四条　临时观测技手给月额六十五元以内手当金。

第五条　关于给与手当细则，文部大臣定之。

第八款　临时教员养成所

●●●临时教员养成所官制 明治三十五年(1902年)敕令

第一条　临时教员养成所为养成师范学校、中学校及高等女学校教员之所。

第二条　临时教员养成所设于文部大臣指定之帝国大学及直辖各学校内。

第三条　临时教员养成所使当该帝国大学总长及直辖各学校长管理之。

第四条　临时教员养成所设教员及书记。

教授奏任，通各所以专任九人为定员，掌教授生徒。

书记判任，通各所以专任四人为定员，承上官之命，办理庶务。

临时教员养成所管理者可嘱托教师，担任授业。

第五条　临时教员养成所之名称，文部大臣定之。

附　　则

本令以明治三十五年四月一日施行。

●●●临时教员养成所规程 明治三十五年(1902年)敕令

第一条　临时教员养成所设国语汉文科、英语科、数学科、博物科、物理化学科之一学科或数学科。

第二条　前条各科之修业年限二年。

第三条　国语汉文科之学科目为伦理、教育、国语、汉文、英语、历史。

第四条　英语科之学科目为伦理、教育、英语、国语及汉文。

第五条　数学科之学科目为伦理、教育、数学、英语、物理、簿记。

第六条　博物科之学科目为伦理、教育、生理、动物、植物、矿物、英语、地文、地质、人类、天文。

第七条　物理化学科之学科目为伦理、教育、物理、化学、英语、数学。

第八条　各学科各学年之每周教授时数，依第一号表至第五号表。

第九条　如有特别事情，管理者可请文部大臣认可，加除学科目，增减教授时数。

第十条　学年由四月一日始，至翌年三月三十一日终。一学年分为三学期，第一学期自四月一日至八月三十一日，第二学期自九月一日至十二月三十一日，第三学期自翌年一月一日至三月三十一日。关于休业日之规定，管理者定之。

第十一条　入学试验依中学校卒业程度行之，但中学校及师范学校卒业者可依便不行试验。

第十二条　认为各学年课程已修了或全学科已卒业，则考查平素之学业及试验成绩定之。但可依管理之望，不行某学科目之试验。

第十三条　管理者认为全学科已卒业者，当授与卒业证书。
管理者对前项之卒业者，可申请文部大臣授与教员免许状。

第十四条　管理者认为无成业之望者及性行不良者，命其退学。

第十五条　生徒不得依自己之便退学，但因不得已事情已请管理者许可者不在此例。

第十六条　管理者认为教育上必要之时可加生徒以惩戒。

第十七条 临时教员养成所不征收授业料。

第十八条 临时教员养成所得征收入学试验料。

第一号表　国语汉文科

学科目	第一学年	第二学年	
		第一、二学期	第三学期
伦理	二		
教育		三	六
国语	九	九	一〇
汉文	一〇	一〇	一一
英语	三	三	三
历史	四	三	
合计	二八	二八	三〇

第二号表　英语科

学科目	第一学年	第二学年	
		第一、二学期	第三学期
伦理	一	一	
教育	二	四	六
英语	二二	二二	二六
国语及汉文	四	四	
合计	二九	二九	三二

第三号表　数学科

学科目	第一学年	第二学年	
		第一、二学期	第三学期
伦理	一	一	
教育	二	四	八
数学	一七	一六	一六
英语	三	三	三
物理	三	（实验一回）三	（同上）三
簿记	二	一	
合计	二八	（实验一回）二八	（同上）三〇

备考　实验一回凡二时

第四号表　博物科

学科目	第一学年	第二学年		
		第一学期	第二学期	第三学期
伦理	一	一	一	一
教育	一	一		
动物	（实验二回）二	（同上）二	（同上）二	（同上）二
生理	二			
植物	（实验二回）二	（同上）二	（同上）二	（同上）二
矿物	（连实验）三	（同上）二	（同上）二	（同上）二
英语	三	三	三	三
地文	二	二		
地质			二	二
人类			一	一
天文			二	
合计	（实验四回）一六	（同上）一四	（同上）一六	（同上）一四

备考　实验一回凡二时

第五号表　物理化学科

学科目	第一学年	第二学年	
		第一、二学期	第三学期
伦理	一	一	
教育	二	四	八
物理	（实验二回）　五	（同上）　七	（同上）　六
化学	（实验二回）　五	（同上）　七	（同上）　五
英语	三	三	三
数学	五		
合计	（实验四回）　二一	（同上）　二二	（同上）　二二

备考　实验一回凡二时

第九款　国语调查委员会

●●●国语调查委员会官制 明治三十五年（1902年）敕令

第一条　国语调查委员会属文部大臣监督，调查关于国语事项。

第二条　国语调查委员会以会长一人、会员十五人以内组织之。

临时如有必要事情，可于前项定员外设临时委员。

第三条　委员长、委员、临时委员，内阁依文部大臣奏请命之。

第四条　委员长处理事务，为委员会议长，调查之结果当具申文部大臣，委员长有事故，文部大臣指命之委员代理其事务。

第五条　国语调查委员会设主查委员若干人，由委员长派委员充之。

第六条　国语调查委员会设主事一人，由文部大臣派委员充之。

主事听委员长指挥，整理事务。

第七条　国语调查委员会设书记若干人，由委员长命之。

书记听上司指挥，从事庶务。

附　则

本令以明治三十五年四月一日施行。

第十款 教员检定委员会

●●●**教员检定委员会规制**明治三十三年（1900年）敕令

第一条　教员检定委员会属文部大臣监督，掌关于检定教员事务。

第二条　教员检定委员会以下之职员组织之：

- 一　会长　　　　　　　　一人
- 一　常任委员
- 一　主事　　　　　　　　一人
- 一　临时委员

第三条　会长、常任委员、主事及临时委员，内阁依文部大臣奏请命之。

主事以文部省高等官充之。

临时委员，施行试验时命之。

第四条　会长总理一切会务，将检定成绩报告文部大臣。

会长有事故，文部大臣指命之委员代理其事务。

第五条　常任委员听会长指挥，掌关于检定教员事务。

第六条　主事听会长指挥，掌关于检定教员之庶务。

第七条　临时委员听会长指挥，掌试验检定事务。

第八条　会长、常任委员、主事及临时委员年给百元以内手当金。

第九条　教员检定委员会设书记三人，以文部省判任官充之。

书记听会长及主事指挥，从事庶务。

书记年给五十元以内手当金。

附　　则

本令以明治三十三年四月一日施行。

第十一款　高等教育会议

●●●**高等教育会议规则**明治三十一年(1898年)敕令
第一条　高等教育会议属文部大臣监督。
第二条　高等教育会议应文部大臣之咨询,审议下列事项之要领:
　　一　关于帝国大学及文部省直辖各学校图书馆之设置、废止事项。
　　二　关于文部省直辖各学校、公立、私立学校之教育之目的,并其学科课程设备及管理事项。
　　三　关于学龄儿童之就学义务及小学授业料事项。
　　四　关于学务监督事项。
　　五　关于教科用图书事项。
　　六　关于文部省直辖各学校并公立、私立学校职员之资格事项。
　　七　文部大臣认为必要事项。
第三条　高等教育会议关于教育事项得建议于各省大臣。
第四条　高等教育会议以下列职员组织之:
　　一　学习院长、华族女学校长、帝国博物馆总长。
　　二　内务省地方局长。
　　三　陆军及海军教育主任将校各一人。
　　四　帝国大学总长。
　　五　文部省各局长及视学官二人。

六　农商务省农务局长及工商局长。

七　帝国大学总长、法科大学长一人、医科大学长一人、工科大学长、文科大学长、理科大学长、农科大学长。

八　高等师范学校长、女子高等师范学校长、高等商业学校长、高等工业学校长、高等学校长一人、医学专门学校长一人、东京外国语学校长、东京美术学校长、东京音乐学校长。

九　帝国图书馆长。

十　高等师范学校附属中学校主事、女子高等师范学校附属高等女学校主事。

十一　商船学校长。

十二　道厅府县视学官二人。

十三　师范学校长二人。

十四　公立中学校长二人。

十五　公立高等女学校长一人。

十六　高等实业学校长一人。

十七　私立学校长四人。

十八　东京学士会院会长。

十九　文部省学校卫生顾问会议议长。

二十　有学识者或教育事业有阅历者,七人以内。

此外可应临时之必要设临时委员若干人。

除职务当然为议员者外,所有议员及临时议员,内阁依文部大臣奏请命之。但第一项第十二至第十四之议员,使当该各学校长互选二倍之数,内阁依文部大臣奏请命之。

第五条　文部大臣可依必要,于前条外,使部下高等官临时出席于高等教育会议,但不加于可否之数。

第六条　高等教育会议设议长及副议长,就议员中依文部大臣奏请敕命之。

议长、副议长如皆有事故,由议长指定一议员,使代理事务。

第七条　议员任期以三年为一期,但职务上当然为议员者不在此例。

有任期议员之补缺议员,其前任者之残任期间在任。

第八条　议长依规则整理议事,将会议之决议开申于文部大臣。

第九条　高等教育会议为整理会务,可议定规则,请文部大臣认可。

第十条　高等教育会议每年开会一次,但可依必要开临时会议。

高等教育会议之开会及开期,文部大臣定之。

第十一条　议员年给五百元以内手当金,临时议员视其事项给相当手当金,但合于第四条第一项第一至第十五者不给。

第十二条　高等教育会议设干事一人,以文部省高等官充之。设书记二人,以文部属充之。

干事听议长指挥,整理庶务。书记听议长及干事指挥,从事庶务。

干事年给二百元以内手当金,书记年给百元以内手当金。

附　则

第十三条　除职务上当然为议员者及第四条第一项第十二至第十五之议员外,现任议员自本令施行之日起,作为已解任者。

第四条第一项第十二之现任议员,在任至同条同项第十三及十四之现任议员任期完满之日止。

●●●高等教育会议议员互选规则 明治二十一年(1888年)文部省令

第一条　师范学校长、公立寻常中学校长及公立高等女学校长可依此规则，行高等教育会议规则中第四条第三项之互选。

第二条　选举期日，文部大臣定之，须于前三十日出示。

第三条　选举文部大臣所命之文部省高等官管理之。

第四条　选举以投票行之。

第五条　投票用纸及封皮于第二条之告示后五日以内，配付于各当该学校长。

第六条　投票书式如下。

高等教育会议议员投票用纸	
	被选者官职氏名
	被选者官职氏名
	被选者官职氏名
	被选者官职氏名
上选举高等教育会议议员	
年　　月　　日	
	选举者官职氏名　官印

第七条　师范学校长、公立寻常中学校长、公立高等女学校长互选人名依第二条告示之日现有之数确定之，于五日之内告示。

第八条　投票当严封，算定能于开票前一时到达，由邮便寄与管理选举者，过时到达者无效。

第九条　投票由管理选举者将投票到达日期记于帐簿，即行收入投票函，严加保管至选举之日止。

第十条　投票之开票检点，以选举期日午前十时，高等教育会议干事立会之后，管理选举者行之。

第十一条　下列之投票无效：

一　不用成规之投票用纸者。

二　与投票书式相反者。

三　因污染涂抹损坏,不能认识记载之选举者若被选者之姓名者。

第十二条　记载于投票之被选者姓名如多于定员,即将超过于定员之姓名由末尾除却。如少于定员,只算现载者。

第十三条　得投票总数之多数者为当选者。

如投票同数,则以当该官职任命之日在先者为当选者。如同日,则以抽签定之。

第十四条　高等教育会议规则第四条第一项第十至第十二之议员缺员时,据此规则行补缺选举。

第十二款　震灾预防调查会

●●●震灾预防调查会规则 明治二十五年（1892 年）敕令

第一条　震灾预防调查会属文部大臣监督，考究关于预防震灾事项，审议其施行方法。

第二条　震灾预防调查会得设整理事务必要之规则。

第三条　震灾预防调查会以下之职员组织之：
— 会长　　　　　　一人
— 干事　　　　　　一人
— 委员　　　　　　二十五人

第四条　会长以敕任官充之，委员内阁依文部大臣奏请，命理学及工学专门家充之。

干事内阁依文部大臣奏请，命委员充之。

第五条　调查上必要之时，震灾预防调查会可设临时委员。

临时委员，内阁依文部大臣奏请命之。

第六条　会长总理关于震灾预防调查一切事务。

第七条　干事听会长指挥，掌理庶务。

第八条　震灾预防调查会职员年给三百元以内手当金。

但担任特别之调查、勤劳显著者，可给以本条制限以外之手当金。

第九条　震灾预防调查会设书记，听上官指挥，从事议事之笔记及庶务。

书记定额三人,以文部属充之。

第十条　调查上必要之时,会长可使用临时雇员。

第十三款　测地学委员会

●●●**测地学委员会官制**明治三十一年(1898年)敕令

第一条　测地学委员会属文部大臣监督,掌理关于万国测地学协会事务,考究关于测地学事项。

第二条　测地学委员会关于测地学应主任各省大臣之咨询,开申意见,又得建议于主任各省大臣。

第三条　测地学委员会可设整理事务必要之规则。

第四条　测地学委员会以委员长一人、干事一人、委员十五人以内组织之。

第五条　委员长及委员,内阁依文部大臣奏请,命与测地学有关系官厅之高等官充之,干事命委员充之。

第六条　临时如有必要,测地学委员会可设临时委员。

临时委员,内阁依文部大臣奏请命之。

第七条　委员长总理测地学委员会一切事务,对万国测地学协会代表帝国委员。

第八条　干事听委员长指挥,掌理庶务。

第九条　委员年给三百元以内手当金,临时委员视事之轻重给相当手当金。

第十条　测地学委员会设书记听上官指挥,从事议事之笔记及庶务。书记定额二人,以文部属充之。

第十一条　书记年给百元以内手当金。

第十二条　临时如有必要事情，委员长可使用临时佣员。

第十四款　东京学士会院

●●●**东京学士会院规程**明治二十三年(1890年)敕令

第一条　东京学士会院为高学艺之品位,以图教化之裨补而设者,属文部大臣管辖。

第二条　东京学士会院以由耆德硕学中选出之会员组织之,其选出之方法及人数如下:

一　依帝室特选之会员十五人。

一　依会员推选之会员二十五人。

依会员推选者须请文部大臣认可。

会员以终身为任期。

第三条　东京学士会院会员就各自专攻之学科著为论说,又报告关于学艺及教化事项。

第四条　东京学士会院关于学艺及教化事项,文部大臣有所咨问,则审议申复。如会员各有意见,则在会院审议,开陈于文部大臣。

第五条　东京学士会院会员以满六十岁以上者十名以内为限,各特赐年金三百元。

第六条　东京学士会院设会长一人、干事一人。

会长干事由会员互选,请文部大臣认可定之,任期各一年,但得再被选。

第七条　会长受文部大臣监督,统理院务,有议事则当议长之任。会长有事故,指定干事一人代理职务。

干事补助会长,掌理院务。

第八条 删

第九条 东京学士会院设书记二人,以文部属兼补之,属于会长及干事,从事庶务。

第十条 东京学士会院可请文部大臣许可,设立会则。

●●●东京学士会院规程补则 明治二十八年(1895年)敕令

外国之耆德硕学、于帝国特有功劳者,可依会员推选,请文部大臣认可,作为客员。

第十五款　博士会

●●●**博士会规则** 明治三十一年（1898年）敕令

第一条　博士会属文部大臣监督，审查关于明治三十一年敕令第三百四十四号学位令第二条及一项第二号及第三条规定之授与、褫夺学位事项。

第二条　博士会为法学博士会、医学博士会、药学博士会、工学博士会、文学博士会、理学博士会、农学博士会、林学博士会、兽医学博士会九种，以当该学士组织之。

第三条　文部大臣认为必要之时，或由会长具申之时，文部大臣可召集博士会。

博士会非会员之过半数出席，不得议决。

第四条　授与学位之议事依出席会员三分之二以上之多数决之，褫夺学位之议事依出席会员四分之三以上之多数决之。

前项之议决以无记名投票行之。

第五条　博士会会长由委员中互选，请文部大臣认可。

会长总管会务，整理议事，将其决议具申文部大臣。

第六条　通各博士会设干事一人，文部大臣就文部省高等官中命之。

干事听各会长之指挥，整理庶务。

第七条　通各博士会设书记一人，以文部属充之。

书记受各会长及干事之命，从事议事之笔记及庶务。

第八条　博士会会员不给旅费日用等。

第九条　博士会之议事规则，各博士会定之，请文部大臣认可。

附　　则

第十条　同种博士如不满七名，该博士会职务由东京帝国大学评议会行之。

第十六款　学校职员恩给审查

●●●学校职员恩给审查规程明治二十九年（1896年）敕令

要　目

第一章　公立学校职员恩给审查委员
第二章　市町村立小学校教员恩给审查委员

第一章　公立学校职员恩给审查委员

第一条　文部省设公立学校职员恩给审查委员，以委员长一人及委员四人以内组织之。

公立学校职员恩给审查委员，审查市町村立小学校及[①]公立实业补习学校之公立学校之学校长及教员应受退隐料及遗族扶助料之资格权利。

第二条　公立学校职员恩给审查委员长管理关于审查事项，将审查之结果具申文部大臣。

第三条　公立学校职员恩给审查委员长及委员，文部大臣就文部省

---

①　原文为"非"，应系排版之误。

高等官中命之。

第四条 文部省设恩给顾问医三人,以一人为常务顾问医。

恩给顾问医应公立学校职员恩给审查委员长之咨询,审查关于退隐料及遗族扶助料之医术上事项。但委员长认为无须征总顾问医之意见者,则常务顾问医审查之。

第五条 审查上须特殊专门家之时可加临时顾问医。

第六条 恩给顾问医,文部大臣命之。

第七条 常务顾问医年给五百元以内手当金,其他顾问医视其事之轻重难易,每件给三元以上十元以下之手当金。

第八条 关于公立学校职员恩给审查委员事务,设书记,以文部属充之。

第二章　市町村立小学校教员恩给审查委员

第九条 北海道厅府县设市町村立小学校教员恩给审查委员,以委员长一人及委员四人以内组织之。

市町村立小学校教员恩给审查委员,审查市町村立小学校教员及公立实业补习学校之学校长及教员能受退隐料及遗族扶助料之资格权利。

第十条 市町村立小学校教员恩给审查委员长管理关于审查之事务,将审查之结果具申北海道厅长官府县知事。

第十一条 市町村立小学校教员恩给审查委员长,府县知事就该厅高等官中命之。委员,就该厅官吏中命之。

第十二条 北海道厅府县设恩给顾问医三人以内。

恩给顾问医应市町村立小学校教员恩给审查委员长之咨询,审查关于退隐料及遗族扶助料之医术上事项。

第十三条　审查上须特殊他专门家之时可加临时顾问医。

第十四条　恩给顾问医，北海道厅长官府县知事命之。

第十五条　顾问医给相当手当金，其费用在北海道厅及冲绳县为属于地方经济之费用之负担，在其他府县为府县之负担。

第十六条　关于市町村立小学校教员恩给审查委员事务，设书记，以北海道厅府县属充之。

第十三章　农商务省所管

第一款　农商务省

●●●**农商务省官制**明治三十年(1897年)敕令

第一条　农商务大臣管理关于农、商、工、水产、林野、矿山及地质事务。

第二条　大臣官房除通则所载者外，掌关于内外博览会事务。

第三条　农商务省以专任参事官四人、专任书记官四人为定员。

第四条　农商务省设下列局所：

农务局

商工局

山林局

矿山局

水产局

地质调查所

第五条　农务局掌关于农事、蚕茶、畜产、家畜、卫生及狩猎事务。

第六条　商工局掌关于商事、工业及度量衡事务。

商工局设商品陈列馆，搜集陈列内外之商品见本[①]及参考物品，以供众庶之观览参考。

---

① 见本，即样品、货样。

商工局设中央度量衡器检定所，使掌关于度量衡器之甲种检定及调查事项。

中央度量衡器检定所设支所于大阪。

中央度量衡器检定所长及支所长以农商务技师充之。

第七条　山林局掌关于森林、原野事务。

第八条　矿山局掌关于矿业事务。

第九条　删

第十条　水产局掌关于水产之事务。

第十一条　地质调查所掌关于地质、土性、地形、油田及分析[①]事务。

所长以农商务省高等官兼之。

第十一条之二　商工局设保险事务官专任一人。

保险事务官奏任，掌关于保险事务。

第十二条　删

第十三条　商品陈列馆设技师一人。

第十四条　农商务省设专任技师三十五人、专任技手五十一人。

第十五条　农商务属以八十九人为定员。

附　则

第十六条　本令以明治三十一年十一月一日施行。

●●●关于临时林野下戾[②]处分调查之职员事件

明治三十二年（1899年）敕令

[①] 分析，即化验。
[②] 下戾，即退回、发回。

第一条 农商务省为临时调查林野下戾处分,设下列职员,使属于山林局:

山林局事务官	奏任
山林局鉴定官	奏任
山林局属	判任
山林局技手	

第二条 山林局事务官专任五人,山林局鉴定官专任一人,山林局属及技手概以专任九十五人为定员。

第三条 山林局鉴定官之官等为高等官六等以下,年俸为千元以下。

第四条 农商务大臣可依事务之必要,使第一条之职员在大林区署勤务。

第二款　林区署

●●●林区署官制 明治三十六年（1903年）敕令

第一条　大林区署属农商务大臣管理，掌关于国有林野及部分林事务。

第二条　通各林区署设职员如下：

大林区署长			
事务官			
技师	专任	十人	奏任
林务官	专任	十六人	奏任
候补林务官	专任	二百九十四人	判任
林务属			
林务技手	专任	百六十九人	判任
森林主事	专任	千三百二十三人	判任

第三条　大林区署长以事务官或技师充之，承农商务大臣指挥监督，掌理署中全般事务。

第四条　林务官分属于大林区署，分掌署务。

第五条　候补林务官听上官指挥，从事署务。

第六条　林务属听上官指挥，从事庶务。

第七条　林务技手听上官指挥，从事林业。

第八条　森林主事听上官指挥，从事营林及保护林野事务。

第九条　大林区署可为分掌事务,于该管内紧要地方设小林区署。
　　小林区署长以林务官或候补林务官充之,听大林区署长指挥,掌理署务。
第十条　大林区署之名称、位置及其管辖区域依别表所定。
第十一条　小林区署之名称、位置及其管辖区域,农商务大臣定之。

附　　则

本令以明治三十六年十二月三十一日施行。

●●●林区署事务章程 明治三十六年(1903年)农商务省训令

要　　目

第一章　大林区署
第二章　小林区署

第一章　大林区署

第一条　大林区署长依官制及本令所定,于执行法律命令及整理主管事务负责任。
第二条　关于国有林野及部分事件,除属于小林区署长之专决处分者外,为大林区署长主管。
第三条　大林区署设林务课、林业课、主计课及庶务员。
　　大林区署欲行特别分课之时,当请农商务大臣认可。
第四条　林务课掌下列事务:

一　关于国有林野及产物之保管、委托、贷付及处分事项。

但除关于要存置国有林野之产物处分之事项外。

二　关于部分林及其产物事项。

三　关于国有林野之编入及组换[①]事项。

四　关于国有林野之存废、区分事项。

五　关于不要存置国有林野之处分调查事项。

六　关于小林区署及保护区之存废并其名称、位置及区域事项。

七　关于国有林野之被害事项。

八　关于国有林野及部分林之台帐事项。

九　关于国有林野及立木竹之下戾事项。

第五条　林业课掌下列事务：

一　关于每年度事业预定案事项。

二　关于测量国有林野及查定境界事项。

三　关于国有林野之施业案事项。

四　关于调查保安林事项。

五　关于造林及伐木事业事项。

六　关于处分要存置国有林野之产物事项。

七　关于民有土地、森林、原野及产物之买上并交换事项。

八　关于林产物品事项。

九　关于讲习林业事项。

十　关于试验林业事项。

第六条　主计课掌下列事务：

一　关于大林区署所属岁入、岁出之预算、决算、出纳及其他会

---

① 组换，即改编、改排。

计事项。

二 关于用地建物及物品事项。

三 关于取缔厅舍及给仕小使事项。

第七条 庶务员掌下列事务：

一 关于保管署长印、署印事项。

二 关于机密事项。

三 关于署员事项。

四 关于公文书类之接受、发送、誊清、编纂及保管事项。

五 关于统计事项。

六 关于刊行保管图书事项。

七 关于当宿直事项。

八 关于点查各课文书事项。

九 不属于各课主管事项。

第八条 大林区署长于署员之下记各号事项得专决之：

一 旅行管内或命部下署员旅行管内。

二 临时有紧急事情、出张管外或命部下署员出张管外。

三 许可部下署员归省、看护、扫墓或转地疗养及命其除服出仕。

四 月俸不出十五元或日给不出五十钱之雇员之采用及解职。

五 课系长系员之分担命免。

六 命免非林务官之小林区署长及命小林区署员之在勤。

第九条 大林区署长除有特别规程者及下记各号事项外，于其主管事项得专决之：

一 每年度事业预定案之确定及变更。

但下列事情，不在此例：

一　造林事业预定案第一部^{在特别经营造林事业预算案则除第二项砂防工外}及第三部之类别各项内事业之变更。

二　关于特别经营造林事业预定案第一部第二项之砂防工及造林事业预定案第二部类别各项内之事业，不背当初计划之变更。

三　以由造林或官行实行事业之结果而生之剩余金施行各该事业者。

二　国有林野之存废、区分。

三　要存置国有林野之卖拂及在下列之时之不要存置国有林野之卖拂，但因公共供墓地、火葬场、污秽物埋却场及马牛放弃场用、面积不出一町步者，不在此例。

一　为公共或公益事业出愿之时。

二　在不要存置国有林野卖拂规则第三条之二或第十条之事情，则出愿竞合之时。

三　特卖出愿者之资格或特卖之事由不明白之时。

四　认寺社上地林、卖拂与该寺社以外之人为不稳当之时。

四　已定事业预定案以外之主产物之处分，但下列事情不在此例：

一　不出见积价格金一千元之公用或关于公益事业之主产物。

二　关于前年度预定案不实行之主产物。

三　不出价格金二百元之主产物。

四　竹及部分木。

五　烧木、枯木、损木、转倒木、危险木、障碍木、盗伐木、误伐木、根株末木、枝条林产物品及弃捐木。

六　造林事业施行上须斫伐之立木。

七　因试验或调查林况须斫伐之立木。

八　因检证须斫伐之立木。

九　因调查或测量境界须斫伐之立木。

十　因将国有林野组换或让与其他之官有地须斫伐之立木。

十一　因林业附带须斫伐之立木。

十二　因防御水火灾及为军事用须斫伐之立木。

十三　让与受托者或使保管者采取、不出见积①价格金一千元之国有林野之主产物。

五　国有林野之交换让与或组换于其他之官有地，或将官有地编入国有林野。但行组换于道路、川河、堤塘、沟渠及溜池之敷地时，不在此例。

六　买上民有土地、森林、原野或立竹木。

七　寺社委管林或市町村委托林之设定及解除。

八　有卖拂预约面积过三十町步之国有林野之事业方法之变更延期，及成功地之卖拂。

九　部分林之设定及解除。

十　国有林野无料②贷付，但继年期及供公用或公益事业用而面积不出五町步者，不在此例。

十一　国有林野面积过十町步者之年期贷付或过十年之年期贷付。但继年期及面积不出十町步之公用或公益事业用或植树用或房屋敷地用者，不在此例。

---

① 见积，即估计、估量。
② 无料，即免费。

十二　主产物之年期卖拂。但立竹木年期不出五年者,不在此例。

十三　小林区署及保护区之废置、变更,并小林区署名称或位置之变更。但在同一市町村内之位置变更,不在此例。

十四　改定已决定之国有林野之境界。

十五　提起诉讼。但公诉附带之私诉,或因公诉之判决确定而生之民事及关于未纳金之诉讼,并其他紧急事情之诉讼,不在此例。

十六　雇入谢金①过二百元之辩护士。

十七　卖拂一个金额过百元之不用物件。

十八　须金额过五十元之手当或谢金之事务之嘱托。

十九　赏与、死亡赐金、退官赐金、疗治费及死伤手当之发给。

二十　因契约条件,特行经伺而缔结之契约之变更及解除。

第十条　大林区署长于下列之时,每次当速即报告:

一　依第八条第二号出张管外或命出张管外之时。

二　依第八条第五号命免课长、依第六号命免小林区署长之时。

三　变更依第二条第十三号之小林区署之位置及变更保护区之名称或保护区官舍之位置之时。

四　制定或改正处务规程之时。

五　国有林野产物被害,公估价格过五千元之时。

六　造林施业面积十町步以上之植栽,对该面积或数量而有四割②以上之枯损,或其他之被害之时。

---

① 谢金,即酬金。

② 四割,即四成。

七　造林各种事业因天灾或其他原因不能达当初目的之时。

八　有其他重大事件之时。

第二章　小林区署

第十一条　小林区署长依官制及本令所定,于法律命令之执行及主掌事务之整理负责任。小林区署长,即属于大林区署长主管事件,亦负执行责任。

第十二条　小林区署长于临时紧急事情,可于报告大林区署长之后出张部外,或命署员出张部外。但出张大林区署管外或命出张管外之时,当请大林区长追认。

第十三条　小林区长关于署员之勤惰及其身上当报告大林区署长。

第十四条　小林区署长听大林区署长指挥,编制事业预定案且执行之。

第十五条　小林区署长除有特别规程者外,合于下列各号者得专决之,但第一号至第十号之竹木,而公估价格出三百元之卖拂,不在此例。

一　为防御水火灾或军事用斫伐、卖拂竹木。

二　为测量及查定境界斫伐、卖拂支障竹木。

三　斫伐、卖拂对道路、电线、房屋、耕地等之支障竹木或危险竹木。

四　为检证试验及调查林况斫伐、卖拂竹木。

五　斫伐、卖拂道路及铁路新设敷地上之竹木。

六　卖拂烧竹木、枯竹木、转倒竹木、盗伐竹木、误伐竹木、伐倒竹木、挫折竹木、根株末木、枝条及捐弃竹木。

七　将可以预定案内之主产物或间伐木供给之自家用薪炭材,

特卖与从来有惯行之地元[①]人民。

八　为供给国有林野之事业请负人,或国有林野之产物买受人,该事业必要之用材或薪炭材,特卖预定案内之主产物或间伐木。

九　特卖部分林之竹木与该造林者。

十　斫伐、卖拂造林事业施行上须斫伐之竹木。

十一　卖拂不为土地资质之副产物。

十二　林产物搬出之延期。

十三　变更使用特卖林产物之目的。

十四　本公特卖契约之违约处分。

十五　认可公卖林产之转卖让与。

十六　拂受人借地人更换名义之认可。

十七　国有林野之一时贷付。

十八　国有林野不出五年之继年期贷付。

十九　放牧牛马于从来有惯行之原野之许可。

二十　采伐官地民林木之认可。

二十一　部分林之手入之认可。

二十二　部分林台帐誊本及抄本之交付。

二十三　许可测量国有林野。

二十四　依人夫直接雇佣、实行预定案内之植载个所及天然更新个所之手入事业。

二十五　依人夫直接雇佣、实行预定案内之苗圃事业。

二十六　征收本确定判决之违约金、办偿金。

前项各号之处分毕,五日之内,当报告大林区署长。

---

① 地元,即本地、当地。

第十六条　除有特别规程者外，一切愿书、届书等由小林区署长受理，除属于专决处分者外，当附意见进达大林区署长。

附　　则

本令以明治三十六年十二月三十一日施行。

●●●大林区署长处理森林监督事务心得[①] 明治三十一年（1898年）农商务省训令

第一条　大林区署长于认为须施行森林法第三条、第七条、第二十一条、第二十三条、第五十五条者，或见有违背第四条、第五条、第二十三条、第二十四条之指定者之时，当将其旨通知府县知事。

第二条　大林区署长于认为必须编入、解除保安林之时，须依森林法施行细则第二条、第三条，将其旨通知府县知事。

第三条　大林区署长对下列事项如有意见，当禀申农商务大臣：

一　对保安林之营林保护之指定、使用、收益之限制。

二　与保安国土有关系之林野之开垦。

三　公有林、寺社林、私有林之营林方法。

第四条　大林区署长于保安国土上，认为必须采买民有地作为保安林之时，当通知府县知事。

●●●小林区署监督规程 明治三十六年（1903年）农商务省训令

第一条　大林区署长可依本规程为该管内小林区署长之监督。

---

① 心得，即规则。

第二条　大林区署长可以林务官为监督员,于下记各号事项使分掌该监督:
　一　法律命令施行之状况。
　二　林务及会计事务之适否。
　三　林野之保护及司法警察事务之举否。
　四　林野之施业及利用设施之适否并其成绩之良否。
　五　署员服务规律之整否。
　六　官有地方建物及物品保管之适否。
　七　文书簿册类之整否。
　八　前各号外特需监督之事项。
大林区署长可以候补林务官,为监督员心得,使行监督员事务。
大林区署长可使监督员及监督员心得以外之职员为监督行下记各号事务:
　一　调查关于会计事务及其他轻易之监督事项。
　二　小林区署长事务之引继及公卖林产物之立会。
　三　实行造林事业及伐木事业之监督。
　四　前各号外特认为必要事项之调查。
第三条　大林区署长关于特别经营事业之小林区署业务,可特以候补山林监督官或营林技师为监督员,与前条之监督员及监督员心得同行该监督事务。
第四条　小林区署业务之监督分为定期监督及临时监督二种。
定期监督每年行二次,临时监督视情形随时行之。
第五条　监督员及监督员心得于二条第一项各号事项中认为重要者,当差出①复命书于大林区署长。

---

① 差出,即提出。

在前项之时，如认为必要，监督员及监督员心得可由主任官吏征始末书，附于复命书。

第六条　监督员及监督员心得可检阅小林区署署员之森林手簿，加盖认印。

第七条　大林区署长当定关于监督小林区署业务之细则。

第八条　第二条及第三条之监督员及监督员心得之命免及第七条之细则制定改废，当每次报告。

第三款　矿山监督署

●●●**矿山监督署官制**明治二十九年(1896年)敕令

第一条　矿山监督署属农商务大臣管理，掌关于监督矿山事务。

第二条　矿山监督署设职员如下：

矿山监督官

候补矿山监督官

书记

第三条　矿山监督署长每署一人，以监督官充之，承农商务大臣指挥监督，掌理署中一切事务。

第四条　矿山监督官奏任，通各矿山监督署以专任二十四人为定员，分属于矿山监督署，从事庶务。

第五条　候补矿山监督官判任，通各矿山监督署以专任百三十人为定员，听上官指挥，从事署务。

第六条　书记判任，通各矿山监督署以专任二十一人为定员，听上官指挥，从事庶务。

第七条　矿山监督署之名称、位置及其管辖区域依别表所定。（表略）

●●●矿山监督署长权限 明治二十五年(1892年)农商务省训令

第一条　矿山监督署长依官制所定，于法律命令之执行及主管事务之整理，一切负责任。

第二条　矿山监督署长得巡视管内，或命部下官吏在管内巡回出张。

第三条　矿山监督署长得许可部下官吏之归省、看护、扫墓、转地疗养之请，及命其除服出仕。

第四条　矿山监督署长于采用及解免月俸十五元或日给五十钱以下之佣员，可专行之。

第五条　矿山监督署长有事故，可命其部下官吏为之代理，或委任以该主管事务之几分，使以自己之名义处办之。

第六条　须经伺农商务大臣之事项概经由矿山局长。

第四款　制铁所

●●●制铁所官制 明治三十二年（1899年）敕令

第一条　制铁所属农商务大臣管理，掌制造钢铁事务。

第二条　制铁所设职员如下：

长官	一人	敕任
书记官	专任二人	奏任
事务官	专任二人	奏任
技师	专任二十八人	内一人可为敕任
书记	专任四十六人	判任
技手	专任七十人	

第三条　长官承农商务大臣指挥监督，总理所中一切事务，指挥监督部下职员。

长官于奏任官之进退则具状于农商务大臣，判任官以下得专行之。

第四条　事务官承长官之命，掌理所务。

第五条　技师承上官之命，掌关于技术事务。

第六条　书记承上官指挥，从事庶务。

第七条　技手承上官指挥，从事关于技术事务。

第八条　制铁所设下之四部：

工务部

铣铁部

钢材部

经理部

各部分掌事务,农商务大臣定之。

第九条 农商务大臣得设课于所中。

第十条 制铁所设技术长以技师充之。

技术长承长官之命,指挥监督技术官,掌理关于技术事务。

第十一条 各部设部长,在工务部、铣铁部、钢材部则以技师充之,在经理部则以事务官充之。部长承上官之命,监督部下官吏,掌理所部事务。

第十一条之二 农商务大臣可因事业上之必要设商议委员于制铁所。

第十二条 农商务大臣得于制铁所预算定额内设制铁所出张所。

出张所所管事务,农商务大臣定之。

第五款　工业试验所

●●●**工业试验所官制**明治三十三年(1900年)敕令

第一条　工业试验所属农商务大臣管理，掌关于工业之试验、分析、鉴定事务。

第二条　工业试验所设职员如下：

所长	一人	
技师	专任四人	
技手	专任八人	
书记	专任三人	判任

第三条　所长以技师充之，承农商务大臣指挥监督，掌理所中一切事务。

第四条　技师听上官指挥，分掌所务。

第五条　技手听上官指挥，从事所务。

第六条　书记听上官指挥，从事庶务。

第六款　农事试验场

●●●**农事试验场官制**明治二十六年（1893年）敕令

第一条　农事试验场属农商务大臣管理，掌下列事务：
　　一　关于增殖改良农产之试验。
　　二　分析鉴定调查土壤、肥料、农产物、农产制造品及其他与农业上有关系之物料。
　　三　配布种苗。
　　四　讲话。

第二条　农事试验场设职员如下：
　　场长
　　技师
　　技手
　　书记

第三条　场长以技师充之，承农商务大臣指挥监督，掌理场中一切事务。

第四条　技师听上官指挥，掌理场务。专任技师以三十人为定员。

第五条　技手听上官指挥，从事场务。专任技手以四十二人为定员。

第六条　书记判任，听上官之指挥，从事庶务。专任书记以八人为定员。

第七条　农商务大臣得于认为必要地方设农事试验支场，派农事试验场职员，使分掌本场事务。

第八条　农事试验场及支场之名称、位置，农商务大臣定之。

附　则

明治三十一年三月三十一日以前，临时农事试验场除第四条及第五条所载定员外，设技师二人、技手三人，使从事关于调查肥料矿物事务。

●●●农事试验场处务规程_{明治三十七年(1904年)农商务省训令}

第一条　农事试验场设部课如下：

种艺部

农艺化学部

昆虫部

病理部

烟草部

园艺部

养畜部

报告课

庶务课[①]

第二条　农艺化学部、烟草部、园艺部、报告课及庶务课设于农事试验场本场，种艺部设于农事试验场几内支场，病理部及昆虫部设于农事试验场九州支场，养畜部设于农事试验场陆羽支场。

[①]　原书此处为"报告部、庶务部"，据第二、十、十一条推知为报告课、庶务课。系排版之误。

第三条 种艺部掌下列事务：
一 关于选择农作物种类事项。
二 关于农作物之人工交种等育种事项。
三 关于农作之生理事项。
四 关于农作物与气候、土质、肥料之关系事项。
五 关于土地对适应作物之试验及调查事项。
六 关于试验调查肥料、矿物事项。
七 关于土性与生产力之关系事项。
八 关于检查肥料及分析鉴定与农业有关系之物料事项。

第五条 昆虫部掌下列事务：
一 关于驱除预防害虫及有害动物并应用益虫事项。
二 关于研究鉴定驱除用药品、机械事项。
三 关于害虫及益虫之种类、发生、经过并地理上分布事务。

第六条 病理部掌下列事项：
一 关于研究有害菌类及有害细菌并由细菌而生之病害之经过、预防及治疗事项。
二 关于研究有益菌类并有益细菌及其应用事项。
三 关于研究、鉴定、防预及治疗用药品、机械事项。

第七条 烟草部掌下列事务：
一 关于选择烟草种类及栽培事项。
二 关于烟草之品质与气候、土质及肥料之关系事项。
三 研究烟草之干燥、酦醇、贮藏及制造事项。

第八条 园艺部掌下列事务：
一 关于选择果树、蔬菜之种类及栽培、繁殖事项。
二 关于果树、蔬菜之人工交种等育种事项。

三　关于果树、蔬菜之采收、贮藏及其制造物事项。

四　关于果树、蔬菜之种苗配布事项。

第九条　养畜部掌下列事务：

一　关于天然饲料、人工饲料之保护、栽培、收获及贮藏事项。

二　关于家畜、家禽之饲养及其管理事项。

三　关于家畜制造物事项。

四　关于饲料植物之种苗配布事项。

第十条　报告课掌下列事务：

一　关于编纂、刊行试验调查成绩事项。

二　关于保管图书及报告书类事项。

第十一条　庶务课掌下列事务：

一　关于保管场长之官印及场印事项。

二　关于职员事项。

三　关于公文书之接受、发送、编纂及保管事项。

四　关于会计事项。

五　关于场内之取缔事项。

六　关于来观者事项。

七　关于不属各部及他课主掌事项。

第十二条　下列事项由各该主管处理之，但在无主管部之本场或支场，则场长或支场长酌行处理之：

一　关于依托试验事项。

二　关于质问应答事项。

三　关于讲话事项。

四　关于调查事项。

第十三条　农事试验支场除该主部事务外处理下列事项：

一　关于检查肥料事项。
二　关于依赖之分析鉴定事项。
第十四条　农事试验场长从官制所定于该主管事务之处理负责任。
第十五条　场长认为必要之时可使本场或支场分掌各部课事务之一部。
第十六条　农事试验场支场长受场长指挥监督,处理支场一切事务。
第十七条　场长或支场长有事故,上席技师为之代理。
场长及支场长可将事务之一部委任部下官吏。
第十八条　场长及支场长得许可部下官吏之归省、看护、扫墓、转地疗养愿及命其除服出仕。
第十九条　场长可为处理事务,经伺之后,设场中处务细则。
第二十条　场长当将试验调查之成绩审查编纂报告农商务大臣。
第二十一条　场长及支场长于该主管事务,得照会往复各官厅。
第二十二条　关于农业上,如有负担旅费、请场员出张巡回者,在本场则场长许否之,在支场则支场长许否之。支场长许否之时,当将其旨报告场长。
在前项之时,场长或支场长如需不出十日之出张,当将其旨报告农商务大臣。如需过十日之出张,当请农商务大臣认可。
第二十三条　场长因场务欲命高等官出张巡回之时,当请农商务大臣许可。但在至急无暇经伺之时,当将其旨报告农商务大臣。
第二十四条　分析试验或鉴定之通知书,场长或支场长当与该担任者一同签名。
第二十五条　场长及支场长得使见习生入场。
见习生之费用自备。
关于见习生之规程及其人数,场长定之。

第二十六条 须经伺或报告农商务大臣之事项概当经由农务局长。

第七款　种马牧场及种马所

●●●**种马牧场及种马所官制**明治二十九年（1896年）敕令

第一条　种马牧场属农商务大臣管理，掌下列事务：
　　一　关于马匹之改良、蕃殖、育成及试验事项。
　　二　关于种马之补充及配布事项。
第二条　各种马牧场设职员如下：
场长
技师
技手
书记
第三条　场长以技师充之，承农商务大臣指挥监督，掌理场中一切事务。
第四条　技师听上官指挥，掌理场务。
第五条　技手听上官指挥，从事场务。
第六条　书记判任，听上官指挥，从事庶务。
第七条　种马所属农商务大臣管理，掌下列事务：
　　一　关于种马之饲养、管理事项。
　　二　关于牝牡马配合事项。
　　三　关于民有种马之监督事项。
　　四　关于种付牝马之产驹成绩事项。

第八条　各种马所设职员如下①。

第九条　所长以技师充之，承农商务大臣指挥监督，掌理所中全般事务。

第十条　技师听上官指挥，掌理所务。

第十一条　技手听上官指挥，从事庶务。

第十二条　书记判任，听上官指挥，从事庶务。

第十三条　通各种马牧场以专任技师十一人、专任技手二十八人、书任专记十二人为定员。

第十四条　种马牧场为二所以内，种马所为十六所以内。

第十五条　种马牧场及种马所之名称、位置并种马所之管辖区域依农商务大臣所定。

●●●种马牧场及种马所处务规程 明治二十九年（1896年）农商务省训令

第一条　种马牧场长及种马所长依官制所定，于该主管事务之整理负责任。

第二条　种马牧场长及种马所长如有事故，可命其部下官吏为之代理，或委任以该主管事务之几分，使以自己之名义处办之。

第三条　种马牧场长及种马所长可为整理事务，于经伺之后，设处务细则。

第四条　种马牧场长及种马所长得许可判任官以下归省、看护、扫墓、转地疗养之请，命其除服出仕。

第五条　种马牧场长及种马所长当定该主管业务之顺序方法及其分

---

① 原书遗漏具体所指。推知为："所长、技师、技手、书记"。

任担当，请农务局长承认。

第六条　种马牧场长及种马所长于采用、解免月俸不出十五元或日给不出五十钱之佣员，得专行之。

第七条　种马牧场长及种马所长于该主管事务，得照会往复各官厅。

第八条　如有因马匹共进会、品评会等支办旅费、申请种马场员或马所员出张巡回者，种马牧场长或种马所长得许否之。

须种马牧场长或种马所长出张之时，日数如在十日以内，当请农务局长承认，归任后将其旨报告农商务大臣。如过十日，当请农商务大臣认可。

第九条　除前条之时外，因种马牧场或种马业务须场员或所员出张巡回之时，种马牧场长及种马所长当请农商务大臣认可。

第十条　种马牧场长及种马所长每年四月，当将由前年四月一日至翌年三月三十一日之场员所员之出张巡回日数、场所及理由，报告农商务大臣。

第十一条　种马牧场长及种马所长每年二月，当将由前年一月一日至十二月三十一日之主管业务之成绩，审查编纂，报告农商务大臣。

第十二条　须经伺或报告农商务大臣之事项概当经由农务局长。

第八款　种牛牧场

●●●种牛牧场官制 明治三十三年（1900年）敕令

第一条　种牛牧场属农商务大臣管理，掌下列事务：
一　关于牛种之改良、蕃殖、育成及其试验事项。
二　关于种牛之配合及普及事项。
三　关于配布种牛之监督事项。
四　关于种付牝牛之产犊成绩事项。

第二条　种牛牧场设职员如下：
场长
技师
技手
书记

第三条　场长以技师充之，承农商务大臣指挥监督，掌理场中一切事务。
第四条　技师听上官指挥，掌理场务。
第五条　技手听上官指挥，从事庶务。
第六条　删
第七条　种牛牧场之名称、位置，农商务大臣定之。

附　则

本令以明治三十三年四月一日施行。

●●●种牛牧场处务规程 明治三十三年（1900年）农商务省训令

第一条　种牛牧场长依官制所定，于主管事务之整理负责任。

第二条　种牛牧场长有事故，得命部下官吏为之代理，或委任以该主管事务之几分，使以自己之名义处办之。

第三条　种牛牧场长得为整理事务，于经伺之后，设处务细则。

第四条　种牛牧场长得许可判任官以下之归省、看护、扫墓、转地疗养之请，及命其除服出仕。

第五条　种牛牧场长当定该主管事业之顺序方法及分任担当，请农商务长承认。

第六条　种牛牧场长于采用、解免月俸不过十五元或日给不过五十钱之佣员，得专行之。

第七条　种牛牧场长于该主管事务，得照会往复各官厅。

第八条　如有因畜产共进会、品评会等供给旅费，请种牛牧场员出张巡回者，种牛牧场长得许否之。

须种牛牧场长自行出张之时，其日数如在十日以内，当请经农商务局长承认，归任后将其旨报告农商务大臣。如须过十日，当请农商务大臣认可。

第九条　种牛牧场长每年四月，当将由前年四月一日起至次年三月三十一日止所有场员出张巡回之日数、次数、地方及其理由，报告农商务大臣。

第十条　种牛牧场长当审查编纂该主管事务之成绩，每年报告农商务大臣一次。

第十一条　须经伺或报告农商务大臣之事项概当经由农务局长。

第九款　生丝检查所

●●●**生丝检查所官制** 明治二十八年(1895年)敕令

第一条　生丝检查所设职员如下：

所长

技手　专任四人

技师　专任十七人

书记　专任七人

第二条　所长一人，奏任，以技师兼之，承商务大臣指挥监督，掌理所中一切事务。

第三条　技师听上官指挥，掌理所务。

第四条　技手听上官指挥，从事所务。

第五条　书记判任，听上官指挥，从事庶务。

第六条　删

●●●**生丝检查所处务规程** 明治二十九年(1896年)农商务省训令

第一条　各生丝检查所长依官制所定，于法律命令之执行及主管事务之整理负责任[①]。

[①] 原文为"责负任"，应系排版之误。

第二条　各生丝检查所长有事故,得命部下官吏为之代理,或委任以该主管事务之几分,使以自己之名义处办之。

第三条　各生丝检查所长可为整理事务,于经伺之后,设所中处务细则。

第四条　各生丝检查所长得许可判任官以下之归省、看护、扫墓、转地疗养之请,及命其除服出仕。

第五条　各生丝检查所长于采用、解免月俸不过十二元或日给不过五十钱之佣员,得专行之。

第六条　各生丝检查所长于该主管事务,得照会往复各官厅。

第七条　关于制丝事业,如有支办旅费、申请所员出张巡回者,所长许否之。如需所长巡回,日数不出十日,当将其旨报告农商务大臣。如在十日以外,当请认可。

第八条　生丝检查所长因所务命所员出张巡回之时,当请农商务大臣认可。但至急无暇经伺之事,可由所长命之,将其旨报告农商务大臣。

第九条　生丝检查所长每年当将检查成绩报告农商务大臣一次。但临时认为必要之检查成绩,当时时报告。

●●●生丝检查所临时商议员规程 明治二十九年（1896年）敕令

第一条　生丝检查所得置十名以内之临时议员。
　临时商议员,内阁依农商务大臣奏请,由横滨或神户现从事生丝贸易之有经验者之中命之。

第二条　临时商议员应农商务大臣之咨询,审议检查生丝及施行必要之事项。

第十款　蚕业讲习所

●●●**蚕业讲习所官制**明治三十二年（1899年）敕令

第一条　蚕业讲习所共两处，属农商务大臣管理，掌下列事务：

一　关于蚕业之讲习。

二　关于蚕业之试验及调查。

三　巡回讲话。

四　配布蚕种。

五　质问应答。

第二条　蚕业讲习所设职员如下：

所长

技师

舍监

技手

书记

第三条　所长一人，以技师充之，承农商务大臣指挥监督，掌理所中一切事务。

第四条　技师听上官指挥，掌理所务。

第五条　舍监二人，以技师技手或书记充之，承上官之命，掌讲习生之取缔。

第六条　技手承上官之命，从事所务。

第七条　书记判任，承上官之命，从事庶务。

第八条　通蚕业讲习所以专任技师七人、专任技手十二人、专任书记六人为定员。

第九条　蚕业讲习所之位置及名称，农商务大臣定之。

附　则

本令以明治三十二年四月一日施行。

●●●蚕业讲习所处务规程 明治三十二年（1899年）农商务省训令

第一条　蚕业讲习所当据下之项目，图蚕业之改良及增殖：

一　关于蚕业之讲习。

关于蚕业之学理。

关于蚕业之实地。

一　关于蚕业之试验及调查。

桑树之种类、栽培及病虫之害。

蚕种、养蚕及蚕病。

杀蛹、贮茧及缫丝。

蚕具及制丝器械。

一　关于蚕业之巡回讲话。

一　蚕种之配布。

一　关于蚕业质问之应答。

第二条　蚕业讲习所长依官制所定，于该主管事务负责任。

第三条　蚕业讲习所长有事故，得命部下官吏为之代理，或委任以该主管事务之几分，使以自己之名义处办之。

第四条　蚕业讲习所长得许可部下官吏之归省、看护、扫墓、转地疗养之请，及命其除服出仕。

第五条　蚕业讲习所长于采用、解免月俸不过十五元日给不过五十钱之佣员，得专行之。

第六条　蚕业讲习所长可为处理事务，于经伺之后，设所中处务细则及讲习规程。

第七条　蚕业讲习所长当定授业担任者，报告农商务大臣。

第八条　蚕业讲习所长当定募集传习生人数，请农商务大臣承认。

第九条　蚕业讲习所长当定试验项目及其担任者，报告农商务大臣。

第十条　试验之成绩，各担任者当于试验了结之日起两月以内报告蚕业讲习所长。

第十一条　蚕业讲习所长当审查编纂试验之成绩，每年报告农商务大臣一次。

但临时认为必要之试验成绩，则随时报告。

第十二条　蚕业讲习所长每年当定配布蚕种之枚数，行配布手续。

第十三条　蚕业讲习所长当签名于发给卒业生徒之证书。

第十四条　蚕业讲习所长于该主管事务，得照会往复各官厅。

第十五条　有因巡回讲话或讲习会、品评会等供给旅费、请所员出张巡回者，所长许否之。如需所长出张巡回，日数在十日以内，当将其旨报告务商务大臣。如在十日以外，当请认可。

第十六条　蚕业讲习所长因所务命所员出张巡回之时，当请农商务大臣认可。

但至急无暇经伺之事，可由所长命之，报告农商务大臣。

第十七条　须经伺或报告农商务大臣之事项概当经由农务局长。

第十一款　水产讲习所

●●●水产讲习所官制 明治三十年（1897年）敕令

第一条　水产讲习所属农商务大臣管理，掌关于水产之传习及试验事务。

第二条　水产讲习所设职员如下：

所长　　一人

技师　　专任五人

教授　　专任三人

技手　　专任九人

助教　　专任四人

书记　　专任五人

第三条　所长以技师或教师充之，承农商务大臣指挥监督，掌理所中一切事务。

第四条　删

第五条　技师听上官指挥，分掌庶务。

第六条　教授奏任，听上官指挥，掌理教授。

第七条　技手听上官指挥，从事所务。

第八条　助教判任，听上官指挥，补助教授之职务。

第九条　书记判任，听上官指挥，从事庶务。

第十条　农商务大臣可依讲习上之必要设商议委员于水产讲习所。

第十一条　删

●●●水产讲习所处务规程明治三十七年(1904年)农商务省训令

第一条　水产讲习所长从官制所定，于该主管事务之处理负责任。

第二条　水产讲习所长有事故，命其部下官吏为之代理，或委任以该主管事务之几分，令其处办之。

第三条　水产讲习所长可为处理事务，经伺之后，设所中处务细则及关于讲习试验之规程。

第四条　水产讲习所长当定募集讲习生人数，请农商务大臣承认。

第五条　水产讲习所长当将讲习及试验之成绩调查编纂每年报告农商务大臣一次。

但临时认为必要者，当每次报告。

第六条　水产讲习所长当签名于发给卒业生徒之证书。

第七条　水产讲习所长于该主管事务，得照会往复各官厅。

第八条　须经伺或报告农商务大臣之事项概当经由水产局长。

●●●水产讲习所商议委员规程明治三十年(1897年)农商务省训令

第一条　水产讲习所依水产讲习所官制第十条设商议委员。

第二条　商议委员以下列人员充之：

农商务省高等官	一名
海军省、文部省、递信省或其所属高等官	四名以内
于水产有经历者	五名以内

第三条　可付商议委员会议者为关于讲习科目及讲习之重要诸规则

及其他所长所认为必要之事项。

第四条　农商务大臣如有所咨询,商议委员当陈述意见。

第五条　商议委员会由所长开之,提出议案。

但商议委员如有意见,可作为议案。

第六条　关于商议委员会议事之规程,得由委员会定之。

第七条　商议委员会之议决当由所长报告农商务大臣。

●●●水产讲习所传习规则_{明治三十三年(1900年)农商务省告示}

第一条　本所传习关于水产之学理及技术。

第二条　本所设本科及现业科。

第三条　本科修业年限三年,使并习学理及技术。现业科修业年限一年以内,使专习技术。

第四条　为本科卒业生尚欲再行研究学理及技术者设研究科,修业年限为三年以内。

第四条之二　为养成从事远洋渔业者设远洋渔业练习科,修业年限三年。

远洋渔业练习科生徒,以依明治三十一年五月告示第十二号采用之远洋渔业练习生充之。

第五条　本科分为渔捞、制造、养殖三科,使专修其一科。

第六条　本科学科课程如下。

一　渔捞科　教构成渔具、构造渔船及渔捞方法,并渔捞必需之学科,兼教制造及养殖之大要。

二　制造科　教制造水产物及制盐法,并其他制造必需之学科,兼教渔捞及养殖之大要。

三　养殖科　教淡咸水动植物之养殖及其蕃殖保护法,并其他养殖必需之学科,兼教渔捞及制造之大要。

第七条　现业科课程分为渔捞、制造、养殖三科,各于其范围内限种目教之。其种目,水产讲习所长定之。

第七条之二　远洋渔业练习科之学科课程,教航海学及其他远洋渔业必需之学科,兼教造船学之大要。

第八条　本所不征收授业料[①]。

第九条　学年以九月十一日始,翌年七月十日终。

第十条　休业日如下:

一　日曜日

一　大祭祝日

一　冬季休业 自十二月二十五日至一月七日

一　夏季休业 自七月十一日至九月十日

但实习虽在休业中,亦可视情形施行。

第十一条　募集生徒,本科在每年六月,研究科九月,现业科为四月十月两期。

第十二条　本科生及现业科生之入学人数于募集时定之,研究科生视教授上情形许否之。

第十三条　入学志愿者须有下列资格:

一　本科须年十七岁以上,于中学校已卒业或有与此相当之学力,品行方正,身体强健,在学中无家事之累者。

二　现业科须年二十岁以上、三十五岁以下,从事水产之业二年以上者或其子弟,品行方正,身体强健,在学中无家事之累

---

① 原书为"授业科",系排版之误。

者。

第十四条　本科生及现业科生之进级及卒业施学科及技术之试验决之，本科则授与卒业证书，现业科则授与修业证书，研究科生研究完毕时授与属于专攻之证明书。

第十五条　本科生徒中学术优等、品行方正，足为生徒模范者，作为特科生补给学资。

第十六条　有违背本所之规则告示及其他命令或紊乱风仪等行为者，视其情状加以戒饬，或命停学放所。

第十七条　学业不进、品行不良、无成业之望者，除名。

第十八条　关于施行本规则之规程，水产讲习所长定之。

附　　则

第十九条　本规则以明治三十三年四月一日施行，明治三十一年一月告示第三号水产讲习所传习生规程以本规则施行之日废去。

第十二款　林野整理审查会

●●●林野整理审查会规则 明治三十二年（1899 年）敕令

第一条　林野整理审查会属农商务大臣监督，掌关于国有林野特别经营之重要事项，应农商务大臣之咨询，开申其意见。

第二条　林野整理审查会以会长一人、委员十一人组织之。

委员以农商务省高等官四人，内务省高等官二人，陆军省、海军省、大藏省、文部省、递信省高等官各一人充之。

第三条　临时如有必要事情，可于前条定员外命五人以内之临时委员。

第四条　会长以敕任官充之。

会长、委员及临时委员，内阁依农商务大臣奏请命之。

第五条　会长依议事规则整理议事，将会议之决议具申于农商务大臣。

第六条　会长有事故，以委员中上席高等官代理其职务。

第七条　林野整理审查会设干事二人，以农商务省高等官充之。

干事听会长指挥，整理庶务。

第八条　林野整理审查会设书记，听会长干事指挥，从事庶务。

书记以林野整理局判任官充之。

第九条　关于林野整理审查会之议事及整理会务之规则，农商务大臣定之。

第十三款　临时博览会

●●●临时博览会事务局官制 明治三十六年（1903年）敕令

第一条　临时博览会事务局属于农商务大臣，管理关于明治三十七年北米利加圣路易市之万国博览会赛会一切事务。

第二条　临时博览会设事务局如下：

总裁　　　　一人

副总裁　　　一人

事务官长　　一人

事务官

鉴查官

书记

第三条　总裁以农商务大臣充之。

总裁受其本官之待遇。

副总裁、事务官长、事务官及鉴查官以官吏或有学识经验者充之。

副总裁及事务官长受敕任官待遇，事务官及鉴定官受奏任官待遇。但敕任官或受敕任官之待遇而为事务官、鉴查官者，受敕任官之待遇。

书记以判任官或非官吏者充之。

书记受判任之待遇。

第四条　选定有学识或有经验者为评议员，使审议调查重要事项。

第五条　副总裁、事务官长、事务官、鉴查官及评议员,内阁依农商务大臣奏请命之。书记,总裁命之。

第六条　总裁统督所部职员,总判局务。

第七条　总裁得定一切规则,指令或训令地方长官。

第八条　副总裁辅佐总裁,总裁有事故则代理其职务。

第九条　事务官长承总裁或副总裁之命,掌理事务。

第十条　事务官承总裁、副总裁或事务官长之命,分掌事务。

第十一条　鉴查官承总裁、副总裁或事务官长之命,分掌鉴查出品事务。

第十二条　书记听上官指挥,从事庶务。

第十四章 递信省所管

第一款 递信省

●●●递信省官制明治三十一年(1898年)敕令

第一条 递信大臣管理官设铁道、邮便、小包邮便、邮便为替[①]、邮便贮金、电信、电话及航路标识,监督关于北海道官设铁道、私设铁道、电气[电线、德律风、②电气铁道之总称]造船及水陆运输事业,并航路、船舶、海员等。

第二条 递信省以专任参事官三人、专任书记官七人为定员。

第三条 递信省设局所如下:

铁道局

通信局

管船局

经理局

电信灯台用品制造所

第四条 铁道局掌下列事务:

一 关于监督铁道事项。

二 关于私设铁道免许[③]事项。

[①] 为替,即汇兑、汇款。

[②] 德律风,即电话。

[③] 免许,即批准、许可。

三　关于铁道补助金事项。

第五条　通信局掌下列事务：

一　关于邮便、小包邮便、邮便为替、邮便贮金、电信、电话事项。

二　关于监督陆运及电气事业事项。

第六条　管船局掌下列事务：

一　关于航路标识事项。

二　关于监督航路、船舶、海员、水运及保护海事会社事项。

第六条之二　经理局掌下列事务：

一　关于本省所管之经费及诸收入之预算、决算并会计事项。

二　关于会计之监查事项。

三　关于本省所管之官有财产及物品事项。

第七条　电信灯台用品制造所掌关于电信灯台用品之作业事务。

所长以递信省高等官兼之。

第七条之二　递信省设铁道事务官专任一人及铁道书记专任二人，使属于铁道局。

铁道事务官奏任，掌监视铁道营业事务。

铁道书记判任，听上官指挥，从事监视铁道营业事务。

第八条　递信省设专任技师三十二人，但三人以内敕任。

第九条　递信省属以二百二十一人为定员。

第十条　递信省设专任技手七十五人。

附　则

第十一条　本令以明治三十一年十一月一日施行。

第二款　铁道作业局

●●●铁道作业局官制 明治三十年（1897年）敕令

第一条　铁道作业局属递信大臣管理，掌官设铁道之建设、保存及运输之业务。

第二条　铁道作业局设职员如下：

长官

部长

铁道事务官

候补铁道事务官

铁道技师

铁道书记

铁道技手

候补铁道书记

第三条　长官一人，敕任，承递信大臣之命，掌理局中一切事务。

第四条　删

第五条　部长定员五人，奏任，承长官之命，分掌各部事务。

第六条　专任铁道事务官十九人，奏任，分属各部，掌理部务。

第六条之二　候补专任铁道事务官十四人，奏任，分属各部，掌理部务。

第七条　专任铁道技师以八十六人为定员，内三人敕任。

第八条　铁道书记千三十人，判任，听上官指挥，从事庶务。

第九条　铁道技手以三百八十一人为定员。

第十条　候补铁道书记五百五十九人，判任，听上官指挥，补助书记之事务。

第十一条　铁道作业局设下之五部：

建设部

工务部

汽车部

运输部

计理部

各部分掌之事务，递信大臣定之。

第十二条　建设部长、工务部长、汽车部长、运输部长以铁道技师兼之。

第十三条　递信大臣可视情形设课于局中，或设取扱铁道业务之部所于地方，使分掌各部事务。

课设课长，部所设部所长，以高等官或判任官充之。

附　　则

第十四条　明治二十九年敕令第八十五号以本令施行之日废去。

第三款　通信署

●●●**通信署官制** 明治三十六年（1903年）敕令

第一条　通信署属递信大臣管理，掌关于邮便、邮便为替、邮便贮金、电信及电话事务。

第二条　通信官署为邮便为替贮金管理所、邮便局、电信局及电话局。

邮便局于邮便为替及邮便贮金事务外得兼掌电信及电话事务，电信局于电信事务外得兼掌电话事务。

邮便为替贮金管理所可设支所，邮便局、电信局及电话局可设支局。

第三条　邮便局分为一等、二等、三等。

第四条　邮便为替贮金[①]管理所管理邮便为替资金，又掌关于邮便为替、邮便贮金之检查计算事务。

第五条　一等邮便局兼掌该管辖区域内之邮便、邮便为替、邮便贮金、电信、电话之管理事务，及局舍营缮事务之一部，并电信、电话之建筑事务。

第六条　递信大臣可使二等邮便局于该管辖区域内分掌该管理事务之一部。

---

① 原文缺"贮"字，应系排版之误。

第七条　一等邮便局之名称、位置及其管辖区域依别表所定。

关于铁道邮便之管辖区域，递信大臣定之。

第八条　电信局、电话局、二等邮便局及三等邮便局之名称及位置，递信大臣定之。

第九条　递信大臣得设邮便局于必要之在外各地。

第十条　递信大臣得指定在外邮便局，划定区域，使管理邮便、邮便为替、邮便贮金、电信及电话事务。

第十一条　递信大臣得设邮便、邮便为替、邮便贮金、电信及电话之取扱所于必要地方。

第十二条　通信官署设职员如下：

邮便为替贮金管理所长

一等邮便局长

通信事务官

候补通信事务官

通信技师

在外邮便局长

电信局长

电话局长

二等邮便局长

邮便为替贮金管理支所长

邮便支局长

电信支局长

电话支局长

通信属

通信技手

通信手

三等邮便局长

第十三条　邮便为替贮金管理所长奏任,承递信大臣之命,掌理所务。

第十四条　一等邮便局长奏任,承递信大臣之命,掌理局务。

第十五条　通信事务官及候补通信事务官奏任,承上官之命,掌理事务。

第十六条　通信技师承上官之命,掌关于技术事务。

第十七条　在外邮便局长、电信局长、二等邮便局长、邮便为替贮金管理支所长、邮便支局长及电信支局长,以通信事务官、候补通信事务官或通信属充之,承上官之命,掌理局务所务。电话局长及电话支局长,以通信技师或通信技手充之,承上官之命,掌理局务。

第十八条　通信属及通信手判任,听上官指挥,从事事务。

第十九条　通信技手听上官指挥,从事关于技术事务。

第二十条　三等邮便局长判任,承上官之命,掌理局务。

附　则

本令以明治三十六年四月一日施行。
邮便及电信局官制在外邮便电信局、邮便局官制及电话交换局官制废去。

●●●在外国邮便及电信局官吏赐假规则明治三十四年（1901年）敕令

第一条　在外国邮便及电信局官吏在勤满三年以上者,除往返日数外，依下之割合[①]，许可赐假归朝：
　　一　在勤满三年以上者，三个月以内。
　　二　满三年以上，每增一年，加一个月，但通算不得过六个月。
第二条　赐假归朝者依外国旅费规则发给往返任所东京间旅费，但滞留于本邦之时不给旅费。

在前项之时，如已得许可与其妻同行，惟船舶料、汽车料或舟车马费发给二倍。

第三条　赐假归朝中给俸给全额。

如过赐假期限不能出发，由其期限之次日起，据高等官官等俸给令第十八条之例给之。

附　　则

本令不适用于在外公馆职员兼任在外国邮便及电信局官吏者。

---

① 割合，即比例。

第四款　航路标识管理所

●●●航路标识管理所官制 明治二十六年（1893年）敕令

第一条　航路标识管理所属递信大臣管理，掌关于航路标识工事及其保守事务。

第二条　航路标识管理所设职员如下：

所长

技师

书记

技手

看守

第三条　所长一人，奏任，承递信大臣之命，掌理所中一切事务。

第四条　技师以六人为定员，听所长指挥，分掌所中事务。

第五条　书记判任，以十九人为定员，听所长指挥，从事庶务。

第六条　技手以三十二人为定员，听所长指挥，从事关于航路标识之技术。

第七条　看守判任，听上官指挥，从事看守航路标识，其定员如下：

一等灯台
二等灯台　　各三人

三等灯台 ⎫
四等灯台 ｜
五等灯台 ⎬ 各二人
六等灯台 ｜
等外灯台 ⎭
灯船　　　　二人
雾警号　　　二人

递信大臣认为必要之时,可于前项定员外,设十五人以内之航路标识看守预备员。

附　　则

第八条　本令以明治二十六年十一月十日施行。

第五款　海事局

●●●**海事局官制** 明治三十二年（1899年）敕令

第一条　海事局属递信大臣管理，掌试验船舶职员及水先人，测度检查船舶，并其他依法律所定，掌管海官厅事务。

第二条　海事局之名称、位置及管辖区域依别表所定。

第三条　海事局管辖区域内必要地方设海务署或出张所，使分掌局务。其名称、位置及管辖区域，递信大臣定之。

第四条　海事局设职员如下：

局长	奏任	四人
海事官	奏任	专任四十四人
书记	判任	专任三十五人
技手	专任	二十九人

第五条　局长承递信大臣之命，掌理局务。

第六条　海事官除为海务署长外，分属于海事局或海务署，听上官指挥，分掌事务。

第七条　书记听上官指挥，从事庶务。

第八条　海事官承临时之命，助理递信省管船局事务。

第九条　海务署设署长，以海事官充之。

附 则

第十条 本令以明治三十二年六月十六日施行。

船舶司检所官制及明治三十年敕令第二百二十号,以本令施行之日废去。

第十一条 本令施行之际,不另行交付辞令书,船舶司检所司检官在船舶司检所之职者作为海事局长,船舶司检所司检官及候补船舶司检所司检官作为海事官,船舶司检所书记作为海事局书记,船舶司检所技手作为海事局技手。

第六款　海员审判所

●●●海员审判所职员定员及任用令 明治三十年（1897年）

敕令

第一条　高等海员审判所职员之定员如下：

所长	一人
审判官	八人
理事官	二人
书记	四人

第二条　地方海员审判所职员定员通各所如下：

所长	四人
审判官	二十八人
理事官	专任四人
书记	十六人

第三条　高等海员审判所长敕任，以递信省高等官兼之。

高等海员审判所审判官奏任，内十名以递信省高等官兼之。

高等海员审判所理事官奏任，内一名以递信部内高等官兼之。

高等海员审判所书记判任，内三名以递信省属及船舶司检所书记兼之。

第四条　地方海员审判所长奏任，以船舶司检所司检官兼之。

地方海员审判所审判官奏任，内二十二名以递信部内高等官兼之。

地方海员审判所理事官奏任。

地方海员审判所书记判任，内十二名以船舶司检所书记兼之。

第五条　高等海员审判所审判官、理事官及地方海员审判所审判官、理事官，就合于文官任用令第二条者，或在海军高等武官、主理、判事、检事之职者，及曾在该职者，或递信省部内高等官中任用之。

●●●海员审判所事务章程明治三十年（1897年）敕令

第一条　审判所长总理海员审判所事务。

审判所长有事故，审判官中官等最高者为之代理。

如官等相同，则视任官之先后，以先任官者为之代理。

第二条　审判所长可自为审判长，或命审判官为审判长。

第三条　各审判事件之挂审判官依审判所长指定。

第四条　如预料须接连四日以上之审判，审判所长可命补充审判官一人，使其立会。此补充审判官于该审判中某审判官因疾病或其他事故，不能接连参与之时，有代其完结审判之权。

第五条　审判官或理事官有事故，而该审判所之审判官及理事官中无能行该职务者之时，递信大臣如认该事件为紧要，可命其他审判所之审判官或理事官为之代理。

第六条　欲行停止公开审判之决定，当于使众人退去以前言渡[①]之。

于此之时言渡裁决，当再使众人入廷。

第七条　审判定数之审判官评议言渡之。

评议由审判长开之，且为之整理。凡评议之颠末并各审判官之意见及多少之数，当严守秘密。

---

① 言渡，即宣告、命令。

评议之际,各审判官陈述意见之次序,以官等最低者为始,渐至审判长止。如官等相同,则视任官之先后,以在后者为始。受命事件,则以受命审判官为始。

第八条 审判官于应行审判之问题不得拒其表明自己之意见。

第九条 裁决及裁定依过半数之意见。其意见如分为三说以上,皆不至过半数,则以不利于被判人之意见,顺次合算于利益之意见,以求过半数。

第十条 既言渡裁决,审判所长即当将裁决之誊本差出于递信大臣。

第十一条 理事官认知有应付审判之事,取调之后,如以为无须审判,当开具理由,经审判所长报告递信大臣。

第十二条 审判所于某事件既决定不开始或不继续审判,审判所长当报告递信大臣。

第十三条 审判所长当请递信大臣认可,设关于取扱事务之规定。

第十四条 关于执行事务,递信大臣监督各审判所长,高等海员审判所长监督各地方海员审判所长。

关于执行职务,高等海员审判所理事官从递信大臣之命令,地方海员审判所理事官从递信大臣及高等海员审判所理事官之命令。

第七款　商船学校

●●●商船学校官制 明治二十九年（1896年）敕令

第一条　商船学校属递信大臣管理，为教授关于航海运用机关之学术及技艺之所。

第二条　商船学校设职员如下：

校长

干事

教授

学生监

教谕

助教

书记

第三条　校长敕任或奏任，承递信大臣之命，掌理校务，统督所属职员。

第四条　干事一人，以教授兼任，掌理庶务会计，如校长有事故则代理其事务。

第五条　专任教授奏任，以十一人为定员，掌教授学生。

第六条　专任学生监奏任，以一人为定员，掌关于取缔学生事务。

第七条　专任教谕奏任，以十人为定员，教授技业，或监督实地练习。

第八条　专任助教判任，以八人为定员，佐教授及教谕之职掌。

第九条　专任书记判任，以八人为定员，承上官之命，从事庶务会计。

第十条　删

第十一条　递信大臣可依校务上之必要设商议委员会，该委员递信大臣命之。

附　　则

第十二条　本令以明治二十九年四月一日施行。

第八款　东京邮便电信学校

●●●**东京邮便电信学校官制**明治二十四年(1891年)敕令

第一条　东京邮便电信学校属递信大臣管辖,为教授邮便、电信事业上需要之学术技艺之所。

第二条　东京邮便电信学校设职员如下:

校长

干事

教授

助教

书记

第三条　校长一人,奏任,承递信大臣之命,掌理校务。

第四条　干事一人,教授兼任之,承校长监督,掌理庶务会计,校长有事故则代理其职务。

第五条　专任教授奏任,以九人为定员,承校长监督,掌教授生徒。

第六条　专任助教判任,以十人为定员,承校长监督,补助教授之职掌。

第七条　书记判任,以十人为定员,听上官指挥,从事庶务会计。

附　　则

第八条　本令以明治二十四年八月十六日施行。

第九款　铁道会议

●●●铁道会议规则 明治二十七年（1894年）敕令

第一条　铁道会议属递信大臣监督，审议铁道敷设法第十五条所载事项。关于铁道事项，则应递信大臣之咨询，具陈意见。

第二条　铁道会议关于铁道事项得建议于各省大臣。

第三条　铁道会议可为整理事务，议定规则，请递信大臣认可。

第四条　铁道会议以议长一人、议员二十一人以内组织之。

递信省高等官四人，陆军省及参谋本部高等官二人，海军省及海军军令部高等官二人，内务省、大藏省、农商务省高等官各一人，可加于议员中。

第五条　如因审议特别事件有临时之必要，可于前条定员外派临时议员。

第六条　议长以敕任官充之。

应由高等官中委派之议员，内阁依所属大臣奏请派之，其他议员及临时议员依递信大臣奏请派之。

第七条　议长依议事规则整理议事，将会议之决议具申递信大臣及主任各省大臣。

第八条　议长有事故，使指名议员代理事务。

第九条　铁道会议设干事一人，以递信省高等官充之。

干事听议长指挥，整理庶务。

第十条 议长、议员及干事年给五百元以内手当金。

临时议员视事之轻重,每次给相当之手当金。

第十一条 铁道会议设书记,承议长及干事指挥,从事庶务。

书记以递信属充之。

第十二条 书记年给二百元以内手当金。

附 则

第十三条 从前之议长、议员及临时议员不别用辞令书,由本令施行之日起作为已解任者。

第十五章 会计检查院

●●●会计检查院法 明治二十二年(1889年)法律

要 目

第一章 组织
第二章 职权
第三章 附则

第一章 组织

第一条 会计检查院直隶于天皇,对国务大臣有特立之地位。

第二条 会计检查院设院长一员、部长三员、检查官十二员作为会计检查官,另设书记官二员、候补检查官二十员、属若干员。

第三条 院长敕任,部长敕任或奏任,检查官、书记官及候补检查官奏任,属判任。

第四条 院长总理院务,部长掌理部务。院长有事故,可使上席部长为之代理。

第五条 会计检查院设三部,各部以部长一员、检查官四员分掌检查事务。

第六条　会计检查官以有敕令所定之资格者任之。

会计检查官非依刑事裁判及惩戒裁判不得反其意见，命以退官、转官或非职。

关于会计检查官之惩戒条规，依另定者。

第七条　父子、兄弟不得同时为会计检查官。

第八条　会计检查官不得兼他官职或为帝国议会及地方议会议员。

第九条　会计检查院之议事以总会议及部会议决之。总会议以院长为议长，部会议以部长为议长。

议事以多数决之。如可否同数，则依议长所决。

第十条　下列之时以总会议议决之：

一　依第十五条上奏及奉答天皇之下问。

二　依第十四条确定报告书。

三　依第十七条陈述意见。

四　定检查事务之规程、计算证明之式样及提出之期限或改正之。

五　其他院长认为必须付总会议者。

第十一条　计算检查之判决概于会议行之。至应在总会议行之与在部会议行之，则依会议检查院长所定。

第二章　职权

第十二条　会计检查院检查确定关于官金之收支及官有物及国债之计算，监督会计。

第十三条　会计检查院应行检查者如下：

一　总决算。

二　关于各官厅及官立诸营造之收支并官有物之决算。

　　　三　关于政府给以补助金或特约保证之团体及公立、私立诸营造之收支之决算。

　　　四　依法律敕令特属于会计检查院检查之决算。

第十四条　会计检查院当依宪法第七十二条，与应检查确定决算同时，为下列诸项造报告书：

　　　一　总决算及各省决算报告书金额与各出纳官吏提出计算书之金额符合否。

　　　二　岁入之赋课征收、岁出之使用、官有物之得有、沽卖、让与以及利用有违背该预算规程及法律敕令否。

　　　三　预算超过或预算外之支出有未得议会承诺者否。

第十五条　如会计检查院将历年检查会计之成绩上奏，于该成绩认为有法律上或行政上必须改正事项，当并其意见上奏。

第十六条　会计检查院可将属于各官厅一部计算之检查及责任之解除委托该厅，但该检查成绩当使报告会计检查院。

　　会计检查院不拘前项之委托，可依时宜，使所管官厅送付计算书，施行检查。

　　第十三条第三项之团体及公立、私立诸营造之决算亦适用本条。

第十七条　金库之出纳及关于簿记上之各省命令，会计检查院如于未发布以前已承其通知，有意见则陈述之。

　　会计检查院于各省定关于收入及支出之规则及改正已定之规则之命令，于未发布以前受其通知。

第十八条　会计检查院应定计算书及计算证明之样式，并对该提出及推问之答辩期限。

第十九条　会计检查院得使各官厅提出检查上必要之簿书及报告，

并得求主任官吏之辩明书。

会计检查院长认为检查上必要之时，可派主任官吏使行实地检查。于此之时，当预行通知该本属长官，该长官得使主任官吏立会检查。

第二十条　会计检查院检查出纳官吏之计算书及证凭书类，如判决为正当，对该官吏发给认可状，解除其责任。如在必要之时，可推问之，或使其行辩明或正误。倘仍判决为不正当，则移牒该本属长官，使行处分。

第二十一条　据会计检查院之判决负办偿①之责者，除由天皇恩赦外，该本属长官不得为之减免。

第二十二条　出纳官吏如不提出计算书及证凭书或不遵样式，会计检查院可移牒该本属长官，要求其行惩戒处分。

第二十三条　关于政府机密费之计算，不在由会计检查院检查之例。

第二十四条　会计检查院虽已付与认可状后，由付与之日起五年以内，如有出纳官吏之请求，或发见②该计算中脱误重复，得行再审。但发见诈伪之证凭，虽五年后，亦可再审。

出纳官吏对会计检查院再审之判决，不得请求再审判。

第三章　附则

第二十五条　会计检查院之事务章程另以敕令定之。

---

① 办偿，即赔偿。
② 发见，即发现。

●●●会计检查院事务章程 明治三十二年（1899年）敕令

第一条 会计检查院设第一部、第二部、第三部。各部设课，使分掌检查事务。

第二条 会计检查院设院长官房。

第三条 会计检查院之会议以会计检查官组织之。

总会议，院长开之。部会议，部长开之。

第四条 总会议非有会计检查官现员三分之二以上出席，部会议非有该部会计检查官现员之半数以上出席，不得议决。

出席会计检查官如不满前项之数，总会议可以候补检查官三名，部会议可以候补检查官一名补充之。

第五条 总会议及部会议可以会计检查官委员或候补检查官提出之文书为议案。

第六条 会计检查官于须总会议或部会议议决之事件欲提出议案之时，当具案附以理由，须总会议议决者则提出于院长，须部会议议决者则提出于部长。

在已设委员之时，由该委员提出之议案同。

第七条 会计检查官不得检查其父子、兄弟提出之计算书，或干与该检定及判决。

第八条 院长统督所部职员，奏任官之进退经内阁总理大臣上奏行之，判任官以下得专行之。

第九条 院长经内阁总理大臣上奏所部职员之叙位、叙勋，或行增俸、赏与。

第十条 院长得为处理关于会计检查院一切事务或临时事务设委员，该委员由会计检查院高等官中选之。

第十一条 下列事项属于院长之职权：

一　定各部之分课。

二　定各部课主管事务及职员之配置。

三　处分由各部提出文书、无须总会议或部会议议决者。

四　命候补检查官出席于总会议。

五　命所部职员出张。

六　定议事细则。

七　定部会议能议决之事项。

八　定行务监督规程及其他关于行政事务诸规程。

第十二条　院长于各部提出之文书,可以主任部长及检查官之同意变更其主意。如不同意,可付之总会议。

虽经总会议或部会议议决之文书,院长可为之订正文字,惟不得变更其主意。

第十三条　院长如认总会议之议决为不当,即停止其执行。由议决之日起十四日之内,当付之再议。

对再议之决议不得停止其执行。

院长如认部会议之议决为不当,即停止其执行。由受议决书之日起十四日以内,当付之总会议。

第十四条　院长于各部提出之文书,无须总会议或部会议议决者,可使其再行调查。

第十五条　下列事项属于部长之职权:

一　以其名发审理书。

二　命候补检查官出席于部会议。

三　使部员于该部主管事务暂时互相帮助。

四　监督部员之行务,报告院长。

第十六条　部长审查各课提出之文书,其无须总会议或部会议议决者，或无须提出于院长者，可即行处分之。

其须付部会议者，概当提出于院长。

第十七条　部长于各课提出之文书，得以主任检查官之同意变更其主意。如意见不同，则付之部会议，或提出于总会议。

虽经总会议决之文书，部长亦可订正其文字，惟不得变更其主意。

第十八条　部长如认会议之议决为不当，可停止其执行。由议决之日起七日以内，提出于总会议。

第十九条　部长于各课提出之文书，无须总会议或部会议议决者，可使其再行调查。

第二十条　检查官为各课之长，掌理课务。

第二十一条　检查官执行检查，因执行检查调制关于检定、判决、审理等文书，提出于部长。

第二十二条　候补检查官分属于各课，辅助课长，或分属于院长官房若各部，掌审议立案。

第二十三条　候补检查官关于检查事项如有意见，欲提出议案于总会议或部会议，当请院长或该部长承认。

第二十四条　书记官属于院长官房，掌理庶务。

第二十五条　属听上官指挥，从事检查事务或从事庶务。

速记技手听上官指挥，从事速记事务。

第二十六条　会计检查院定行务年度，执行检查事务。

第二十七条　会计检查院于检查事项，对该官吏则发审理书，对国务大臣则发质问书及注意书。

第二十八条　会计检查院关于出纳官吏之计算，如判决为正当，当经其本属长官交付认可状。如判决为不当，则对该属长官发处分要求书。

会计检查院于出纳官吏办偿负担之缺损金完毕时,当经由该本属长官交付认可状。

第二十九条　会计检查院关于国之代表者,对出纳官吏提起之公诉附带之私诉事项,可依对之之通常或特别裁判所执行判决之结果行检查判决。

第三十条　会计检查院如认对第二十八条处分要求书之属长官之处分为不当,当将其事由载于检查成绩书上奏。

第三十一条　会计检查院对出纳官吏行再审之时,当移于前此不担当检查该件之部,使其审查之。

第三十二条　会计检查院因出纳官吏之请行再审之时,当将其旨通知该本属长官。

会计检查院以其职权行再审之时,当将其旨经由该本属长官,通知该出纳官吏。

第三十三条　会计检查院于下列事情得使该本属长官即行报告:
一　出纳官吏亡失其保管之现金。
二　各省大臣命出纳官吏赔偿。
三　对出纳官吏之公诉而附带于国之代表者提起之私诉。

第三十四条　会计检查院得使各地方官厅临时或定期报告该地方物价。

第十六章　行政裁判所

●●●行政裁判所处务规程 明治二十三年（1890年）敕令

第一条　如行政裁判所部长有事故,该部评定官依行政裁判法第七条第二项之顺序为之代理。

行政裁判所评定官有事故,其代理之顺序,行政裁判所长官定之。

第二条　部长每一事件可因准备审判指命该部评定官中之一名或二名为专理员。

专理员于合议之际当先就该事实证凭及其争端说明之。

第三条　判决当于审问了结之日及由该日起十四日之内言渡之。

第四条　裁判长于行政裁判法第三十八条第二项之事情如已言渡科罚,当使书记记于诉讼之记录。

第五条　每年由七月十一日起至九月十日之间,除行政裁判所认为紧急事项外,中止已着手之诉讼,并不着手新诉讼。

第六条　行政裁判所之总会议非有评定官总数三分之二以上列席,不得决议。

第七条　总会议之议事,长官整理之。如长官有事故,则评定官中官等最高者为之代理。

第七条之二　如因解释法规欲变更其判例,或有必须定法规之解释之长官,则付总会议议之。

第八条　行政裁判所得用使丁[①]或邮政送达呼出状及其他书类，或嘱托通常裁判所送达之。

第九条　行政裁判所于法律命令之范围内，得为属于其职权之事件颁发告示。

第十条　行政裁判所长官得于法律命令之范围内，设关于取扱事务之顺序方法之规定。

关于书记职务之规程，行政裁判所定之。

●●●行政裁判所评定官员数并书记员数职务之件

明治二十三年（1890年）敕令

第一条　专任行政裁判所评定官以十一人为定员。

行政裁判所书记以十五人为定员。

第二条　行政裁判所书记取扱行政裁判法及其他法律敕令特定之事务。

第三条　行政裁判所书记从事往复会计记录及其他庶务。

第四条　行政裁判所书记从行政裁判所长官之命令。

关于审判，从裁判长命令。

[①] 使丁，即听差、勤杂工。

第十七章　贵族院事务局

●●●**贵族院事务局官制**明治二十三年（1890年）敕令

第一条　贵族院事务局设职员如下：

书记官长	一人
专任书记官	四人
属	十二人
速记技手	二十三人
守卫长	一人
守卫番长	三人

第二条　书记官长听议长指挥，监督局中一切事务。

局中之分课及职员之分派，书记官长定之。

第三条　书记官承书记官长指挥监督，分掌关于议事之记录、笔记、印刷、庶务、会计等事务。

第四条　书记官长有事故，以上席书记官代理其职务。

第五条　属及速记技手判任，依书记官长所定，办理事务。

第六条　守卫长判任，部署守卫番长以下，司取缔院中事务。

第七条　守卫番长判任，助守卫长指挥守卫，守卫长有事故则代理其职务。

第十八章　众议院事务局

●●● **众议院事务局官制** 明治二十三年（1890年）敕令

第一条　众议院事务局设职员如下：

书记官长	一人
专任书记官	四人
属	十二人
速记技手	二十三人
守卫长	一人
守卫番长	三人

第二条　书记官长听议长指挥，监督局中一切事务。

局中之分课及职员之分派，书记官长定之。

第三条　书记官承书记官长指挥监督，分掌关于议事记录、笔记、印刷、庶务、会计等事务。

第四条　书记官长有事故，以上席书记官代理其职务。

第五条　属及速记技手判任，依书记官长所定，办理事务。

第六条　守卫长判任，部署守卫番长以下，司取缔院中事务。

第七条　守卫番长判任，助守卫长指挥守卫，守卫长遇有事故则代理其职务。

第十九章　台湾总督府

●●●台湾总督府官制明治三十年(1897年)敕令

第一条　台湾总督府设台湾总督。

总督管辖台湾及澎湖列岛。

第二条　总督亲任，以陆海军大将或中将充之。

第三条　总督于委任之范围内统率海陆军，承内务大臣监督，统理一切政务。

第四条　总督关于军政及海陆军人、军属之人事则承陆军大臣或海军大臣之区处，于防御作战并动员计划则承参谋总长或海军军令部长之区处，于陆军军队教育则承教育总监之区处。

第五条　总督得依其职权及特别之委任发总督府令，附以禁锢一年以下或罚金二百元以内之罚则。

第六条　总督掌该管辖区域内之防备事务。

第七条　总督为保持该管辖区域内之安静秩序认为必要之时，得使用兵力。

如有前项事情，即当报告内务大臣、陆军大臣、海军大臣、参谋总长、海军军令部长。

第八条　请明治二十九年法律第六十三号第二条或第四条之敕裁，当经由内务大臣。

第九条　总督于认为必要之地域内，得使该地守备长或驻守之武官兼掌民政事务。

第十条　总督如认厅长之命令或处分为违背成规，或有害公益，或侵犯权限，得停止或取消该命令或处分。

第十一条　总督统督所部官吏，奏任文官之进退则由内务大臣经内阁总理大臣上奏，判任官以下得专行之。

第十二条　总督由内务大臣经内阁总理大臣上奏所部文官之叙位、叙勋。

第十三条　总督惩戒所部文官，其敕任官并奏任官之任免由内务大臣经内阁总理大臣上奏，其他可专行之。

第十四条　总督府内设总督官房。

总督官房设副官二人及专任秘书官二人，掌关于机密事务。

副官以陆军之佐尉官各一人充之。

秘书官奏任。

第十五条　总督府设民政部、陆军幕僚、海军幕僚。

陆海军幕僚条例别定之。

第十六条　民政部掌关于行政司法一切事务。

第十七条　民政部设警察本署及下列五局：

总务局

财务局

通信局

殖产局

土木局

测候所及灯台附属于通信局。　以三十四年敕令第二百一号改正

第十八条　总督官房警察本署及各局，事务之分掌并其分课，总督定之。

第十九条　总督府设职员如下：

民政长官	一人	敕任
参事长官	一人	敕任
警视总长	一人	敕任或奏任
局长	四人	敕任或奏任
专任参事官	四人	奏任
专任事务官	十二人	奏任
专任警视	三人	奏任
专任税务官	三人	奏任
专任技师	十六人	奏任 内二人为敕任者
专任翻译官	五人	奏任
专任海事官	四人	奏任
专任属 专任警部 专任技手 专任通译	三百二十人	判任

通各测候所设技师一人、技手二十二人。通各灯台设看守三十七人。测候所技师奏任，测候所技手及灯台看守判任。

第二十条　民政长官辅佐总督，总理部务，监督各局署事务。

第二十一条　参事官长辅佐总督及民政长官，为总务局长，管理关于审议立案事务。

第二十二条　警视总长为警察本署长，承总督及民政长官之命，掌理该主务。在事急之时，于该主管事务得指挥厅长以下。

第二十三条　局长承总督及民政长官之命，掌理该主务，并指挥监督局中各课事务。

第二十四条　参事官承上官之命，掌审议立案。参事官承上官之命，助理总督官署或各局署事务。

第二十五条　事务官承上官之命，掌总督官房或各局署事务。

第二十六条　警视属于警察本署，承上官之命，掌理事务。

第二十七条　技师承上官之命，掌关于技术事务。

技师承上官之命，助理各局事务。

第二十七条之二　海事官属通信局，承上官之命，掌关于海事之事务。

第二十七条之三　测候所技师承上官之命，掌关于气象事务。测候所技手承上官之命，从事关于气象事务。灯台看守听上官指挥，从事看守航路。

第二十八条　翻译官承上官之命，掌通译事务。

第二十九条　总督官房及局署中各课设课长一人，以奏任官或判任官充之。

课长承上官之命，掌理课务。

第三十条　属、技手及通译承上官之命，从事庶务、技术、通译。

第三十条　警一部，属于警察本署，听上官指挥，从事事务。

第三十一条之二　测候所及灯台之名称、位置，总督定之。

●●●台湾总督府陆军幕僚条例 明治三十年（1897年）敕令

第一条　台湾总督府陆军幕僚掌关于台湾总督辖内之陆军事务。

第二条　幕僚为参谋部副官部。

第三条　参谋长辅佐总督，统督幕僚，负整理事务责任。

第四条　幕僚之各将校及同相当官受参谋长之区处，担任部务。

第五条　陆军幕僚之编制别定之。

附　则

第六条　本条例以明治三十年十一月一日施行。

●●●台湾总督府海军幕僚条例 明治三十年（1897年）敕令

第一条　台湾总督府海军幕僚掌关于台湾总督辖内之海军事务。

第二条　台湾总督府海军幕僚设职员如下：

参谋长

参谋

副官

除前项外，设海军通译官。

第三条　参谋长于台湾总督统辖之海军军政及军令辅佐总督，或监理幕僚之事务。

第四条　参谋承参谋长之命，办理事务。

第五条　副官承参谋长之命，掌理人事及庶务。

第六条　删

第七条　删

第八条　删

第九条　通译官承参谋长之命服务。

第十条　台湾总督府设海军书记，作为海军幕僚附属，承上官之命服务。

附　则

第十一条　本令以明治三十年十一月一日施行。

●●●台湾陆军粮饷部条例 明治三十年（1897年）敕令

第一条 台湾陆军粮饷部掌台湾陆军各部队所需粮秣之调办、度支[①]及出战用粮秣之供给。

第二条 粮饷部设于台湾守备混成旅团司令部所在地，但视情形可于旅团司令部所在地外设支部。

第三条 粮饷部冠以所在地名，称某地陆军粮饷部。但设支部时，称某地陆军粮饷部某地支部。

第四条 粮饷部管辖区域视混成旅团之守备管区。

第五条 粮饷部设职员如下：

主管　　　　　　　　一等军吏

粮饷官　　　　　　　二、三等军吏

第六条 粮饷部支部设职员如下：

粮饷官　　　　　　　一、二、三等军吏。

第七条 主管隶于所在地之混成旅团监督部长，总理部务，于该掌管事务负责任。

第八条 粮饷部支部粮饷官承主管之命，掌管部务。

第九条 粮饷官承主管之命，办理事务。

第十条 除第五条、第六条所载职员外，设军吏部下士。

●●●台湾陆军经理部条例 明治三十六年（1903年）敕令

第一条 台湾陆军经理部设于台北，总括台湾陆军军队之会计经理，掌台湾内陆军土地建造物之经营，且监督台湾内陆军各部各队之

[①] 度支，即支出。

会计事务。

第二条　台湾陆军经理部可视情形设派出所。

第三条　台湾陆军经理部设职员如下：

部长

部员

技师

下士并判任文官、技手

第四条　部长隶于台湾总督，掌理部务，但关于会计事务之监督及陆军土地建筑物之经营事务直隶于陆军大臣。

第五条　部长受陆军省经理局长之区处，分掌台湾内经理部士官以下之人事及教育。

第六条　部长当行台湾内各部各队会计经理之检查。

第七条　部长可承认台湾内陆军各部、各队之废品处分。

第八条　部长于必要之时，可使让该长官或主任官吏提出关于会计经理之簿表及报告，或求其辩明。

第九条　关于会计经理，如有必要，部长可使台湾内陆军各部、各队之经理委员或主任官吏会同。

第十条　部长关于所掌事务得直接照会各部各队诸官厅。

第十一条　应由部长具申于台湾总督之事项，当先开陈于台湾总督府陆军幕僚参谋长。

第十二条　部员承部长之命，办理部务。

第十三条　技师承部长之命，办理陆军土地建造物之经营事务。

第十四条　下士并判任文官、技手承上官之命，办理事务。

附 则

本令明治三十七年四月一日施行。

●●●台湾陆军军医部条例规程 明治三十一年(1898年)敕令

第一条 台湾陆军军医部设于台北,统辖台湾总督辖内各军队官衙卫生事务。

第二条 军医部设职员如下:

部长　　　　一、二等军医正

部员　　　　军医

除前项外,设下士并判任文官。

第三条 部长隶于台湾总督,总理部务,于该掌管事务负责任。

第四条 凡由部长具申于台湾总督之事项,当先开陈于台湾总督府陆军幕僚参谋长。

第五条 部员承部长之命,办理部务。

●●●台湾陆军兽医部条例 明治三十一年(1898年)敕令

第一条 台湾陆军兽医部设于台北,统辖台湾总督辖内兽医掌管之一切事项。

第二条 兽医部置职员如下:

部长　　　　兽医监

部员　　　　兽医

除前项外,设下士并判任文官。

第三条 部长隶于台湾总督,总理部务,于该掌管事务负责任。

第四条 凡由部长具申于台湾总督之事项,当先开陈于台湾总督府陆军幕僚参谋长。
第五条 部员受部长之命,办理部务。

●●● 台湾守备混成旅团司令部条例 明治二十九年(1896年)敕令

第一条 混成旅团长以陆军少将补之,隶于台湾总督,统率部下军队,司所辖守备管区内之警备及镇压匪徒事务。

第二条 混成旅团长整理部下军队之出战准备,又对练成部下军队负责任。

第三条 混成旅团长统监守备管区内陆军各部、各队之军纪、风纪。

第四条 混成旅团长司维持守备管区内之静谧,保护陆军诸官廨诸建筑物。

因维持守备管区内之静谧,须用兵力之时,如事急可即应之,然后报告台湾总督。但该事情虽在所管辖区外,如系邻接地方,该管区之团队长或民政官来请援助,或知稍行犹豫即有危害之时同。

第五条 混成旅团长关于警备守备管区内及镇压匪徒,有命令驻在该管区内之宪兵队长及陆军诸官廨之长官或派出员之权。

第六条 当疾疫及其他非常之时,混成旅团长如急欲将部下军队暂行移动,可于实行之后报告台湾总督。

第七条 混成旅团长得与该守备管区内之海军官宪及民政官衙交通①,若在必要,可与之协议处事,但事后当速即报告台湾总督。

第八条 混成旅团长随时检阅其部下军队,将实情报告台湾总督。

第九条 混成旅团长于镇压匪徒及准备出战之兵器、弹药,有命令兵

---

① 交通,即通信、交流。

器本厂长支厂长之权。

第十条　混成旅团司令部除旅团长外，设职员如下：

参谋	少佐大尉	
副官	大中尉	
司令部附	二等军医正	军吏
书记	下士	

第十一条　司令部之各将校及同相当官受旅团长之区处，掌各自担任事务。

第十二条　删

第十三条　删

第十四条　删

●●●台湾陆军法官部条例 明治三十二年（1899年）敕令

第一条　台湾陆军法官部设于台北。

第二条　法官部掌属于台湾总督权限之军事、司法事项。

第三条　法官部设职员如下：

部长	理事
部员	理事

除前项外设录事。

第四条　部长隶于台湾总督，总理部务。

第五条　由部长具申于台湾总督之事项，当先开陈于台湾总督府陆军幕僚参谋长。

第六条　部员承部长之命，办理部务。

第七条　法官部职员服台湾陆军军法会议事务。

台湾总督府评议会章程 明治二十九年(1896年)敕令

第一条 台湾总督府置评议会,以下列各职员组织之:

总督

民政长官

陆军幕僚参谋长

海军参谋长

参事官长

覆审①法院长

覆审法院检察官长

警察总长

局长

参事官　　　　　　　　　兼任则以二人为限

事务官　　　　　　　　　三人以内

但陆军幕僚参谋长及海军参谋长,惟会议事件关涉于军事者,始参与议事。

总督认为必要之时,可于前项职员外,命与该会议事件有关系之文武官临时参与该议事,但不得加于表决之数。

事务官及兼任参事官之可为评议员者,依台湾总督所定之规程。

第二条 评议会议决依明治二十九年法律第六十三号之命令。

第三条 评议会以总督为议长,议长有事故,以出席员中官等最高者为之代理。

第四条 评议会议案,总督发之。

第五条 评议会之会议非有总员半数以上出席,不得开议。

---

① 覆审,即复审、再审。

第六条　评议会之会议依出席员之多数决之。如可否同数，则依议长所决。

第七条　总督无论何时得修正或撤回已发之议案。

第八条　总督于评议会之议决如认为不同意，得言明理由，求其再议。

第九条　评议会设干事一人及书记若干人。干事以参事官充之，书记以民政局属充之。

第十条　干事承议长之指挥，整理庶务。书记承上官之命，笔记①出席员之姓名、会议之事件及议决之要旨。

●●●台湾总督府编修图书职员官制 明治三十四年（1901年）敕令

第一条　为编修检定教科用图书，临时设下列职员于台湾总督府，属台湾总督管理：

专任编修官　　　　　二人　奏任

专任编修书记　　　　五人　判任

第二条　编修官承上官之命，掌理编修图书、检定事务。

第三条　编修书记听上官指挥，从事编修、检定图书事务。

●●●临时台湾调查旧惯会规则 明治三十四年（1901年）敕令

第一条　临时台湾调查旧惯会属台湾总督监督，调查法制及农工商经济之旧惯。

第二条　临时台湾调查旧惯会以会长一人、委员十五人以内组织之。

---

① 笔记，即记录。

第三条　会长以台湾总督府民政长官充之。

第四条　委员，内阁依内务大臣奏请命之。

第五条　临时台湾调查旧惯会之调查规则，台湾总督定之。

第六条　会长整理调查事务将该事项具申台湾总督。

第七条　临时台湾调查旧惯会设部长二人，台湾总督就委员中命之。

第八条　委员年给二千五百元内手当金。

部长可特行增给千五百元以内。

第九条　临时台湾调查旧惯会设补助委员二十人以内，听委员指挥，补助调查事务。

第十条　临时台湾调查旧惯会设书记、通译若干人。书记从事庶务会计，通译从事翻译通辩。

第十一条　补助委员年给千五百元以内手当金。

第十二条　书记及通译年给千元以内手当金。

第十三条　台湾总督府职员兼委员、补助委员、书记、通译者，不给手当金。

●●●台湾总督府医院官制 明治三十一年（1898年）敕令

第一条　台湾总督府医院属台湾总督管理，掌诊疗疾病。

第二条　各医院设职员如下：

院长

医长

医员

药局长

调剂师

书记

第三条　院长各院一人,奏任。
　　院长以医长兼之。
第四条　医长奏任,医员及药局长奏任或判任,调剂师及书记判任。
第五条　院长承台湾总督之命,掌理院务,监督所属职员。
第六条　医长医员及药局长承院长之命,掌关于诊疗调剂事务。
第七条　调剂师及书记听上官指挥,从事该主务。
第八条　医院之名称、位置,台湾总督定之。

附　　则

本令以明治三十一年六月二十日施行。

●●● 台湾总督府警察官及司狱官练习所官制
明治三十一年(1898年)敕令

第一条　台湾总督府警察官及司狱官练习所为教授警部巡查、监狱书记、看守长、看守必要学术及实务之所。
第二条　警察官及司狱官练习所设职员如下:
　　所长
　　教官
　　舍监
　　书记
第三条　所长一人,奏任,以台湾总督府事务官及参事官兼之。
　　所长承台湾总督之命,掌理所务,监督所属职员。
第四条　所长可请台湾总督认可,定所内规则。
第五条　专任教官,奏任三人,判任五人,听所长指挥,掌教授事务。
　　所长有事故,以上席教官代理其职务。

第六条　专任舍监一人，奏任或判任，承局长之命，掌关于技术事务。

第七条　书记四人，判任，听所长指挥，从事庶务。

附　则

本令以明治三十一年七月一日施行

明治三十年敕令第九十三号台湾总督府巡查看守教习所官制以本令施行之日废去。

●●●台湾总督府监狱官制 明治三十三年（1900年）敕令

第一条　台湾总督府监狱属台湾总督管理。

监狱之位置、名称，台湾总督定之。

第二条　各监狱设职员如下：

典狱	三人	奏任
专任 监吏 通译	四十八人	判任
专任医员	十二人	判任

第三条　典狱承台湾总督之监督，为监狱长，掌理监狱事务，指挥监督部下职员。

第四条　监吏听上官指挥，从事庶务，或掌戒护监狱，指挥监督看守以下。

第五条　通译听上官指挥，从事通译。

第六条　医员听上官指挥，从事医务。

第七条　除第二条职员外，台湾总督可视其情形，于俸给定额内，设技手于各监狱。

第八条　技手判任，听上官指挥，从事关于技术事务。

第九条　典狱于判任官之进退当具状台湾总督,看守以下得专行之。

第十条　典狱于惩戒所部之判任官当具状台湾总督,看守以下得专行之。

第十一条　典狱有事故,以上席监吏代理其职务。

第十二条　台湾总督府、地方法院、检察官长承台湾总督之指挥监督,监视关于监狱一切事务,附以意见,报告台湾总督。

第十三条　台湾总督得设监狱支监。

支监长以监吏充之,承典狱之指挥监督,掌理支监事务。

支监长有事故,以上席监吏代理其职务。

第十四条　关于看守之规程,别定之。

附　则

本令以明治三十三年十月一日施行。

●●●台湾总督府海港检疫所官制 明治三十三年(1900年)敕令

第一条　台湾总督府海港检疫所属台湾总督管理,掌关于台湾海港检疫事务。

第二条　台北县基隆设海港检疫所,称基隆海港检疫所。

除前项外,在台北县沪尾设基隆海港检疫支所。

第三条　海港检疫所设职员如下:

所长	一人	
专任海港检疫官	一人	奏任
专任海港检疫医官	一人	奏任
候补专任海港检疫官	一人	判任

候补专任海港检疫医官	一人	判任
专任海港检疫所调剂手	一人	判任
专任海港检疫所书记	二人	判任

海港检疫支所置职员如下：

支所长	一人	
候补专任海港检疫官	一人	判任
候补专任海港检疫医官	一人	判任
专任海港检疫所书记	二人	判任

第四条　所长，台湾总督就海港检疫官中选补之。

所长承台湾总督之指挥监督，掌理所务，监督所属职员。所长当请台湾总督认可，设所中处务细则。

支所长，台湾总督就海港检疫官补中选补之。支所长承所长之命，掌理所务，监督所属职员。

第五条　海港检疫官承所长之命，掌检疫事务。

第六条　海港检疫医官承所长之命，掌理医务。

第七条　候补海港检疫官听上官指挥，从事检疫。

第八条　候补海港检疫医官听上官指挥，从事医务。

第九条　海港检疫所调剂手听上官指挥，从事调剂。

第十条　海港检疫所书记听上官指挥，从事庶务。

第十一条　台湾总督临时如认为必要，可于预算定额内设检疫员、检疫医员于海港检疫所及支所，使从事检疫并医务通译事务。

检疫员及检疫医员为判任官待遇。

附　　则

本令以明治三十三年四月一日施行。

●●●台湾总督府临时海港检疫所官制明治三十年（1897年）敕令

第一条 台湾总督府临时海港检疫所掌临时海港检疫事务。

第二条 临时海港检疫所承台湾总督之指挥监督，由知事、厅长管理之。

第三条 临时海港检疫所之开设及闭锁由台湾总督出示。

第四条 临时海港检疫所设职员如下：

所长　　　　　　　　　一人

候补临时海港检疫官

临时海港检疫所书记

临时海港检疫员

临时海港检疫医员

第五条 所长以临时海港检疫所所在之县及厅之警部长（在未设警部长之厅则厅长）充之。

所长承知事及厅长之指挥监督，掌理所务，监督部下。

第六条 候补临时海港检疫官及临时海港检疫所书记由知事、厅长命该县厅或其所属之官衙判任官充之。

第七条 临时海港检疫员及临时海港检疫医员，知事、厅长命之，受判任官待遇。

第八条 候补临时海港检疫官听所长指挥，从事检疫。

第九条 临时海港检疫所书记听所长指挥，从事庶务。

第十条 临时海港检疫员听上官指挥，从事检疫。

第十一条 临时海港检疫医员听上官指挥，从事医务。

●●●临时台湾基隆筑港局官制 明治三十三年(1900年)敕令

第一条　临时台湾基隆筑港局属台湾总督管理,掌理关于基隆筑港事务。

第二条　临时台湾基隆筑港局设职员如下:

局长	一人	
专任事务官	一人	奏任
专任技师	六人	奏任 内一人可为敕任者
专任书记	十五人	判任
专任技手	二十人	判任
专任通译	三人	判任

第三条　局长以台湾总督府民政长官充之。

局长承台湾总督指挥监督,掌理局中一切事务,监督部下官吏。

局长于奏任官之进退当具状台湾总督,判任官以下得专行之。

第四条　事务官承上官之命,掌理庶务。

第五条　技师承上官之命,分掌工务。

第六条　书记听上官指挥,从事庶务。

第七条　技手听上官指挥,从事工务。

第八条　通译听上官指挥,从事通译。

●●●临时台湾土地调查局官制 明治三十三年(1900年)敕令

第一条　临时台湾土地调查局属台湾总督管理,掌理关于调查地籍、测量图根、调制地图台帐等事务。

第二条　临时台湾土地调查局设职员如下:

局长		敕任或奏任

专任事务官	六人	奏任
专任技师	五人	奏任
专任监督官	十七人	奏任
专任属		
专任技手	七百八十人	判任

第三条　删

第四条　局长承台湾总督指挥监督，掌理局中一切事务，监督部下官吏。

局长于奏任官之进退须具状台湾总督，判任官以下得专行之。

第五条　删

第六条　事务官承上官之命，分掌局中事务。

第七条　技师承上官之命，分掌关于技术事务。

第八条　监督官承上官之命，分掌实地业务之监督事务。

第九条　属听上官指挥，从事庶务及调查事务。

第十条　技手听上官指挥，从事关于技术事务。

第十一条　局长于惩戒高等官须具状台湾总督，判任官以下得专行之。

第十二条　台湾总督可视情形设支局于各地方。

第十三条　支局长以该局所在地之县厅长官充之。

支局长承局长指挥监督，掌理局务。

●●●台湾总督府专卖局官制 明治三十四年（1901年）敕令

第一条　台湾总督府专卖局属台湾总督管理，掌下列事务：

专任书记　樟脑油、鸦片、食盐之收纳、购买、卖渡、保管、制造及检查事项。

专任翻译官　之制造特许及监督事项。

专任技师　事项。①

第二条　台湾总督府专卖局设于台北。

第三条　台湾总督府专卖局设职员如下：

局长	一人	敕任或奏任
专任事务官	九人	奏任
专任技师	六人	奏任
专任翻译官	三人	奏任
专任书记	百人	判任
专任技手	四十人	判任
专任通译	四人	判任

第四条　除前条定员外，可视情形就俸给定额内设技师及技手。

第五条　局长承台湾总督指挥监督，掌理局中一切事务，监督部下职员。

局长于奏任官之进退当具状台湾总督，判任官以下得专行之。

第六条　删

第七条　事务官承上官之命，分掌局务。

第八条　技师承上官之命，分掌关于技术事务。

第九条　翻译官承上官之命，分掌翻译及通译事务。

第十条　书记听上官指挥，从事庶务会计。

第十一条　技手听上官指挥，从事关于技术事务。

第十二条　通译听上官指挥，从事通译。

第十三条　台湾总督得设支局于紧要地方。

---

① 此两行文字有所脱漏，原文亦此。

第十四条　支局长以事务官、技师及书记充之。

第十五条　支局长承局长指挥监督,掌理支局一切事务。

附　　则

第十六条　本令以明治三十四年六月一日施行。

第十七条　台湾总督府制药所官制、台湾盐务局官制及台湾樟脑局官制以本令施行之日废去。

●●●台湾总督府税关官制 _{明治三十四年(1901年)敕令}

第一条　台湾总督府税关属台湾总督管理,掌下列事务:

一　关于关税、出港税及税关诸收入事务。

二　关于保税仓库及其他仓库事项。

三　关于监督船舶及货物事项。

四　关于处分台湾关税规则、台湾输出税及出港税规则、台湾吨税规则之犯则者事项。

五　关于监督关税通路事项。

六　关于由税关或保税仓库引取之砂糖、石油、毛织物之消费税及骨牌之课税事务。

第二条　下列二港设置税关:

　台北县管下　　淡水

　台南县管下　　安平

第三条　税关设税关长一人,奏任。

淡水税关长兼安平税关长。

第四条　通各税关设职员如下:

　专任事务官　　　　一人　　　　奏任

专任鉴定官	二人	奏任
专任属	六十五人	判任
专任监视	二十六人	判任
候补专任鉴定官	二十七人	判任
专任技手	三人	判任
专任监吏	二百人	判任

第五条　税关长承台湾总督指挥监督,掌理关于税关一切事务。

第六条　事务官帮办税关长事务。

税关长有事故,则代理其职务。

第六条之二　监视官听税关长指挥,掌理关于税关警察及处分犯则者事务。

第七条　鉴定官承税关长之命,掌理关于检查、鉴定货物事务。

第八条　属除为税关支署长者外,听上官指挥,从事庶务。

第九条　监视除为税关监视部长及税关监视署长者外,听上官指挥,从事关于关税警察及处分犯则者事务。

第十条　候补鉴定官听上官指挥,从事检查、鉴定货物。

第十条之二　技手听上官指挥,从事关于技术事务。

第十一条　监吏除为税关监视署长者外,听上官指挥,从事关于关税警察及处分犯则者事务。

第十二条　税关设税关监视部。

税关监视部设部长一人,以监视官或监视充之。

税关监视部长听税关长指挥,掌理关于关税警察及处分犯则者事务。

第十三条　税关管辖区域内必要地方可设税关支署及税关监视署。

税关支署之名称、位置及其管辖区域,并税关监视署之名称、位置,台湾总督定之。

第十四条 税关支署设支署长一人，以属充之。

税关支署长听税关长指挥，掌理该管辖内之税关事务。

第十五条 税关监视署设署长一人，以监视或监吏充之。

税关监视署长听税关长指挥，掌理关于关税警察及处分犯则者事务。

附　则

本令以明治三十四年四月十五日施行。

●●●台湾关税及出港税诉愿[①]审查委员会规则 明治三十二年(1899年)敕令

第一条 依关税法第六十九条之委员会，称台湾关税及出港税诉愿审查委员会，以会长一人、委员五人组织之。

第二条 会长以台湾总督府民政长官充之，委员以台湾总督府高等官三人、台湾总督府法院判官二人充之。

第三条 如有特别必要事情，可于前条定员外命临时委员。

第四条 委员，内阁依台湾总督奏请命之。

第五条 会长有事故，以指名委员代理该事务。

第六条 关税及出港税诉愿审查委员会设干事一人，以台湾总督府高等官充之。

干事听会长指挥，整理庶务。

第七条 关税及出港税诉愿审查委员会设书记二人，以台湾总督府

---

① 诉愿，即请求、申请。

属充之。

书记听会长干事指挥，从事庶务。

第八条　书记视事之繁简给相当手当金。

●●●台湾总督府师范学校官制 明治三十二年（1899年）敕令

第一条　台湾总督府师范学校属台湾总督管理，养成能为国语传习所、公学校及书房、义塾教员者。

第二条　台湾总督府师范学校兼设附属学校。

第三条　台湾总督府师范学校设职员如下：

学校长

教授

助教授

教谕

舍监

书记

第四条　学校长各校一人，奏任，承台湾总督之命，掌理校务，监督所属职员。

第五条　专任教授各校二人，奏任，掌教授师范学校生徒。

助教授各校四人，判任，帮办教授职务。

第六条　专任教谕各校二人，判任，掌教授附属学校生徒。

第七条　舍监听学校长指挥，掌关于监督生徒事务。

舍监以教授或助教授兼之。

第八条　专任书记各校二人，判任，承上官之命，从事庶务会计。

第九条　台湾总督可于教授或助教授之中命附属学校主事，使掌关于该校事务。

第十条 设置师范学校地方,依台湾总督所指定。

附　　则

第十一条 本令以明治三十二年四月一日施行。

●●●台湾总督府国语学校官制 明治三十年(1897年)敕令

第一条 台湾总督府国语学校兼设附属学校。

第二条 台湾总督府国语学校设职员如下:

学校长

教授

助教授

教谕

舍监

书记

第三条 学校长一人,奏任,承台湾总督之命,掌理校务,监督所属职员。

第四条 专任教授十人,奏任,掌教授国语学校生徒。

专任助教授二十五人,判任,帮办教授职务。

第五条 专任教谕十人,判任,掌教授附属学校生徒。

第六条 舍监奏任或判任,听学校长指挥,掌关于取缔生徒事务。

舍监以教授或助教授兼之。

第七条 专任书记六人,判任,承学校长之命,从事庶务会计。

第八条 台湾总督得于国语学校教官中命附属学校主事,使掌关于该校事务。

●●●台湾总督府医学校官制 明治三十二年（1897年）敕令

第一条 台湾总督府医学校属台湾总督管理，为养成医师之所。

第二条 台湾总督府医学校设职员如下：

校长

教授

助教授

舍监

书记

第三条 校长一人，奏任，承台湾总督之命，掌理校务，监督所属职员。

校长以教授兼之。

第四条 专任教授五人，奏任，掌教授生徒。

专任助教授五人，奏任或判任，帮办教授职务。

第五条 专任舍监一人，奏任或判任，听校长指挥，掌关于取缔生徒事务。

舍监以教授或助教授兼之。

第六条 专任书记五人，判任，听上官指挥，从事庶务会计。

附　　则

本令以明治三十二年四月一日施行。

●●●临时台湾糖务局官制 明治三十五年（1902年）敕令

第一条 临时台湾糖务局属台湾总督管理，掌理关于耕作甘蔗及改良、制造砂糖并奖励等事务。

第二条　临时台湾糖务局设职员如下：
　　局长　　　　　一人
　　专任事务官　　一人　　　　　奏任
　　专任技师　　　四人　　　　　奏任
　　专任属
　　专任技手　　　三十人　　　　判任
　　专任通译
第三条　除前条定员外，可视情形就俸给定额内设技师及技手。
第四条　局长以台湾总督府高等官充之。
　　局长承台湾总督指挥监督，掌理局中一切事务，监督部下。
第五条　事务官承上官之命，掌理局务。
第六条　技师承上官之命，掌理技术。
第七条　属听上官指挥，从事庶务。
第八条　技手听上官指挥，从事技术。
第九条　通译听上官指挥，从事通译。
第十条　台湾总督得设支局于紧要地方，使分掌局中事务。
　　支局之名称及管辖区域，台湾总督定之。
第十一条　支局长以事务官技师或支局所在地之厅长充之。
第十二条　支局得设糖务委员。
　　委员各支局五人以内，为判任待遇。
　　委员住支局管辖内，糖务局长派于糖业有经验者或有名誉者充之。
第十三条　糖务委员关于糖业之改良及奖励事务，应支局长之咨询，开申意见。
　　支局长得使委员从事改良及奖励糖业事务。
第十四条　糖务委员月给二十元以内手当金。

●●●台湾总督府铁道部官制 明治三十二年（1899年）敕令

第一条 台湾总督府铁道部属台湾总督管理，掌铁道之建设、保存、运输及私设铁道事务。

第二条 台湾总督府铁道部设职员如下：

职	员数	
部长	一人	
技师长	一人	敕任
专任事务官	五人	奏任
专任技师	十二人	
专任书记	百五十人	判任
专任技手	七十人	
专任通译	六人	判任

第三条 部长以台湾总督府敕任官兼之。

部长承台湾总督指挥监督，掌理部务，监督部下官吏。

部长于奏任官之进退须具状台湾总督，判任官以下得专行之。

第四条 技师长承部长之命，指挥部下官吏，掌关于工务及运输事务。

第五条 事务官承上官之命，掌关于庶务及运输事务。

第六条 技师听上官指挥，分掌关于工务及运输事务。

第七条 书记听上官指挥，从事庶务及运输。

第八条 技手听上官指挥，从事技术及运输。

第九条 通译承上官之命，从事通译。

第十条 台湾总督得设台湾总督府铁道部支部或出张所。

附　　则

临时台湾铁道敷设部官制废去。

●●●台湾总督府邮便及电信局官制 明治三十一年（1898年）敕令

第一条　台湾总督府邮便及电信局属台湾总督管理，掌理邮便及电信业务。

第二条　邮便及电信局，分为一等邮便电信局、二等邮便电信局、二等邮便局、二等电信局、三等邮便电信局、三等邮便局、三等电信局。

第三条　台湾总督指定之一等邮便电信局、二等邮便电信局兼掌电话业务、电信电话建筑事务。

台湾总督特行指定之一等邮便电信局、二等邮便电信局兼掌电话业务。

台湾总督可于认为必要地方设邮便及电信支局所，使分掌邮便及电信业务。

第四条　邮便及电信局设职员如下：

一等邮便电信局

　局长

　通信事务局

　通信书记

　候补通信书记

二等邮便电信局、二等邮便局、二等电信局

　局长

　通信书记

候补通信书记

三等邮便电信局、三等邮便局、三等电信局

局长

二等邮便电信局得设候补通信事务官。

兼掌电信电话建筑事务之邮便电信局设通信技师、通信技手。

第五条　一等邮便电信局长以通信事务官充之，承台湾总督之命，掌理局中一切事务。

第六条　二等邮便电信局长以候补通信事务官、通信书记充之，承台湾总督指挥监督，掌理局务。

第七条　二等邮便局长、二等电信局长以通信书记充之，承台湾总督指挥监督，掌理局务。

第八条　三等邮便电信局长、三等邮便局长、三等电信局长承上官指挥监督，掌理局务。

第九条　通信技师承局长指挥监督，掌关于技术事务。

通信书记承上官指挥监督，从事局务。

候补通信书记承上官指挥监督，帮办书记事务。

第十条　通信事务官奏任，以二人为定员。

候补专任通信事务官奏任，以四人为定员。

专任通信技师奏任，以二人为定员。

三等邮便电信局长、三等邮便局长、三等电信局长判任。

通信书记、通信技手、候补通信书记判任，合计以五百四十九人为定员。

通信事务官、候补通信事务官、通信技师、通信书记、通信技手、候补通信书记，临时承命帮办台湾总督府民政部通信事务。

第十一条　邮便及电信局所之名称、位置及区域，台湾总督定之。

附　则

第十二条　本令以明治三十五年一月二十七日施行。

第十三条　台湾总督府电话交换局官制废去。

●●●台湾总督府地方官官制_{明治三十四年（1901年）敕令}

第一条　台湾设各厅如下，其位置及管辖区域，台湾总督定之。

台北厅

基隆厅

宜兰厅

深坑厅

桃仔园厅

新竹厅

苗栗厅

台中厅

彰化厅

南报厅

斗六厅

嘉义厅

盐水港厅

台南厅

蕃薯寮厅

凤山厅

阿猴厅

恒春厅

台东厅

澎湖厅

第二条　各厅设职员如下：

厅长	奏任	一人
属	判任	
警部	判任	
技手	判任	
通译	判任	
候补警部	判任	

第三条　专任厅判任官通各厅以千二百三十人为定员。

各厅定员，台湾总督定之。各官定员，厅长请台湾总督认可定之。

第四条　厅长承台湾总督指挥监督，执行法律命令，管理内部之行政事务。

第五条　厅长于部内行政事务，得依其职权或特别委任，发厅令于管内全部或其一部，附加十元以内之罚金或拘留之罚则。

第六条　若厅长因维持管内之静谧，须用兵力之时，可具状于台湾总督。但遇非常紧急事情，得径向附近之旅团长或守备队长要求出兵。

第七条　厅长监督所部之官吏，进退判任官当具状于台湾总督。

第八条　厅长得设厅中处务细则。

第九条　厅长有事故，以部下之属及警部中之上席者代理其职务。

厅长得使部下官吏临时代理其事务之一部。

第十条　厅中事务之分课，台湾总督定之。

第十一条　厅长可请台湾总督认可，设置支厅，使分掌厅之事务。

支厅长以属、警部或技手充之。

第十二条　支厅长有事故，以上席官吏代理其职务。

第十三条　属分属于课或支厅，听上官指挥，从事庶务。

第十四条　警部分属于课或支厅，听上官指挥，从事关于警察事务，指挥监督部下之巡查及候补巡查。

候补警部分属于课或支厅，帮办警察职务。

第十五条　技手分属于课或支厅，听上官指挥，从事技术。

第十六条　通译分属于课或支厅，听上官指挥，从事通译。

第十七条　关于巡查及候补巡查之规程，别定之。

第十八条　厅设警察医，为判任官待遇。

第十九条　厅可设参事。

参事各厅五人以内，为判任官待遇。

参事住厅管辖内，厅长就有学识名望者之中命之。

第二十条　参事关于部内行政事务，应厅长之咨问，陈述意见。

参事承厅长之命，从事事务。

●●● 台湾总督府县及厅看守定员之件 明治三十二年（1899年）敕令

第一条　台湾总督府监狱看守定员，每拘禁男子五百人，设八十五人。拘禁男子五百人以上，每加百人，加看守十二人。如拘禁男子未满五百人，每减百人，减看守十二人。

第二条　台湾总督除前条定员外，得于各监狱支监增设五人以下之看守。

第三条　台湾总督于认为有构造监狱、役业种类及其他特别事情之时，得增设看守五十人以下。

第四条　拘禁男子未满百人之监狱，该看守定员，台湾总督于第一条看守定员最少数以内定之。

第五条　如因在监人数减少，看守过多，可命其休职，支给俸给半额。但休职以一年为期，期满免职。

休职看守除不执职外，一切与在职者同。

休职看守虽在誓约期限内，可依自己之便辞职。

附　则

本令以明治三十二年四月一日施行。

●●●台湾总督府管内之街庄社设长之件 明治三十年（1897年）敕令

第一条　台湾总督府管内各街庄社设一长，或数街庄社设一长。

第二条　街庄社长承厅长或支厅长之指挥命令，补助执行部内之行政事务。

第三条　关于设立街庄社长之必要规程，台湾总督定之。

第四条　街庄社长月给十五元以内，作为事务费。

●●●台湾公学校官制 明治三十一年（1898年）敕令

第一条　台湾公学校置职员如下：

学校长

教谕

训导

第二条　学校长各校一人，判任，承厅长之命，掌理校务，监督所属职员。

学校长以教谕兼之。
第三条　教谕判任,担任教授生徒,听校长指挥,从事庶务。
第四条　训导为判任官待遇,补助教谕行其职务。
训导俸给,依台湾总督所定规程。

附　则

本令以明治三十一年十月一日施行。

●●●台湾小学校官制 明治三十五年(1902年)敕令

第一条　台湾小学校设职员如下:

学校长

教谕

助教谕

第二条　学校长各校一人,判任,承厅长或支厅长之命,掌理校务,监督所属职员。

学校长以教谕兼之。

第三条　教谕判任,担任教授生徒,听校长指挥,从事庶务。

附　则

本令以明治三十一年十月一日施行。

●●●台湾总督府国语传习所官制 明治三十年(1897年)敕令

第一条　台湾总督府国语传习所设职员如下:

所长

教谕

助教谕

书记

第二条 所长各所一人,以县厅之高等官或教谕兼之。

所长承知事、厅长之命,掌理所务,监督所属职员。

第三条 教谕十八人,判任,掌教授生徒。

第四条 书记三人,判任,承上官之命,从事庶务会计。

第二十章 警视厅

●●● **警视厅官制** 明治二十六年（1893 年）敕令

第一条 警视厅设职员如下：

警视总监

警视

技师

警察医长

警部

警视属

技手

消防士

警察医

消防机关士

通译

第二条 警视总监一人，敕任。

第三条 警视二十七人，警察医长一人，奏任。

第四条 警部、警视属、消防士、警察医、消防机关士判任。

警部、警视属、消防士、警察医、消防机关士合计以二百五十六人为定员。各官之定员，警视总监请主务大臣认可定之。

第五条 技师、技手及通译视警视厅之需要，可于预算定额内设之。

通译判任。

第六条　警视总监承主务大臣指挥监督，管理东京府下之警察及消防事务。

第七条　警视总监关于各省主务之警察事务，承各省大臣指挥监督，于高等警察事务承内阁总理大臣及内务大臣指挥监督。

第八条　警视总监于东京府下之警察事务，得依其职权或特别之委任，发厅令于管内全部或其一部。

第九条　警视总监于其主务，则指挥监督东京府下之岛司郡市区长及町村长。

第十条　警视总监监督所部官吏，于奏任官之进退须具状主务大臣，判任官以下得专行之。

第十一条　警视总监惩戒所部之奏任官须具状于主务大臣，判任官以下得专行之。

第十二条　警视总监当设厅中处务细则。

第十三条　警视总监有事故，以上席警视代理其职务。

警视总监得使警视厅之官吏临时代理其事务之一部。

第十三条之二　警视总监得将属于其职权之事务之一部委任岛司。

第十三条之三　警视①总监于岛司之处分及命令如认为有违成规、害公益、犯职权者，得取消或停止之。

第十四条　警视厅设总监官房。

总监官房设三课，使分掌事务如下：

第一课

一　关于各部署成案之审查及制规事项。

---

① 原文为"瞀视"，应系排版之误。

二　关于官吏之进退及身分事项。

三　关于公文之编纂、保存、统计及书籍之管守事项。

四　关于文书之往复及官印、厅印之管守事项。

五　不属于他课及各部署之主务事项。

第二课

一　关于高等警察事项。

二　关于外国人事项。

第三课

一　关于经费之预算、决算及金钱出纳事项。

二　关于检查金钱物品出纳事项。

三　关于需用物品之调度及地所建物事项。

四　关于官没①及保管之金钱物品并不用品事项。

第十五条　总监官房设主事一人，以警视补之。

主事承警视总监之命，掌理官房事务，监督部下官吏。

官房第二课长以主事充之，第一课长及第三课长以警部、警视属充之。

官房各课员以警部、警视属、通译充之。

课长承上官之命，掌理该课事务，监督部下官吏。课员听上官指挥，从事该课庶务。

第十六条　警视厅设部署如下：

第一部　　第二部　　第三部

消防署

第十七条　第一部设二课，分掌事务如下：

---

① 官没，即没收。

第一课

  一　关于犯罪之搜查、刑余[①]人、无赖徒、变死伤者及其他公安事项。

  二　关于失踪者、疯癫者、不良子弟、弃儿、迷儿及户口民籍事项。

  三　关于漂流、失物、埋藏物事项。

第二课

  一　关于警卫事项。

  二　关于警察署、警察分署、派出所等之废置及配置职员事项。

  三　关于召募巡查及其教习事项。

第十八条　第二部设二课，分掌事务如下：

第一课

  一　关于营业及风俗警察并铳炮、火药、刀剑事项。

第二课

  一　关于交通警察并监督田野、森林、河海、堤防及预防水火灾事项。

第十九条　删

第二十条　第三部设[②]二课，分掌事务如下：

第一课

  一　关于卫生警察事项。

第二课

  一　关于警察之医务及分析等事项。

[①]　刑余，即受过刑罚。

[②]　原为"课"，疑有误，按上条改为"设"。

第二十一条　第一部长、第二部长以警视充之,第三部长以警察医长充之。

部长有事故,警视总监就警视厅官吏中选一人,使代理该事务。

第一部及第二部课长以警部或警视属充之,课员以警部、警视属充之。

第三部课长以警视属或警察医充之,课员以警视属、警察医充之。

第二十二条　部长承警视总监之命,掌理该部事务,监督部下官吏。

第一部长于警察事务得指挥警察署长以下。

课长听上官指挥,处理课务。课员听上官指挥,从事该课庶务。

第二十三条　消防署掌关于消防水火事务。

第二十四条　警视总监得于东京市内设消防分署。

第二十五条　消防署长以为第一部长或第二部长之警视兼补,署员以消防士、消防机关士充之。

消防署长有事故,警视总监就警视厅官吏中选一人代理该事务。

消防分署长以消防士充之,分署员以消防士、消防机关士充之。

第二十六条　消防署长承警视总监之命,掌理该署事务,监督部下官吏。

警察署长当水火灾之际,于消防署长未到场以前得指挥消防分署长以下。

消防分署长听上官指挥,掌理分署事务,监督部下官吏。

消防士听上官指挥,指挥监督消防组等。

消防机关士听上官指挥,掌消防机关之运用。

第二十七条　删

第二十八条　删

第二十九条　删

第三十条　删

第三十一条　东京府下设二十三警察署,该管辖区域依别表所定。

东京府下设水上警察署。

警视总监得于警察署下酌设分署。

第三十二条　警察署长以警视充之,署员以警部充之。

警部分署长以警部充之。

在必要之时可以警部充分署员。

第三十三条　警察署长、警察分署长听上官指挥,掌理该署事务,监督部下官吏。

署员听上官指挥,从事该署事务,指挥监督巡查。

第三十四条　删

第三十五条　关于巡查之规程,别定之。

附　则

第三十六条　本令以明治二十六年十一月十日施行。

第二十一章　道厅　府县

第一款　北海道厅

●●●**北海道厅官制**明治三十年（1897年）敕令

第一条　北海道厅设职员如下：

长官

事务官

警部长

支厅长

参事官

视学官

警视

技师

属

视学

技手

警部

翻译生

第二条　长官一人，敕任。

第三条　专任事务官三人，奏任，充内务部长、殖民部长、土木部长。但充内务部长之事务官，可由敕任。

第四条　警察长一人，奏任，充警察部长。

第五条　支厅长各支厅一人，奏任。

第六条　参事官二人，视学官一人，警视九人，奏任。

第七条　专任技师以十二人为定员。

第八条　属、视学警部及翻译生判任，属、警部、监狱书记、看守长、监狱合计以四百二十八人为定员。

第九条　视学定员，内务大臣及文部大臣定之。

技手定员百四十七人，翻译生定员二人。

第九条之二　除前条定员外，设试验农事职员。其定员，专任技师三人，技手二人。

第十条　长官属内务大臣监督，于各省主务承各省大臣监督，执行法律命令，总理北海道之拓地殖民并部内行政事务。

长官监督屯田兵之开垦授产事务。

第十一条　长官于北海道事务得依其职权或特别之委任，对该管内全部或其一部发厅令。

第十二条　长官遇非常急变，须用兵力或因警护必须兵备之时，得移牒师团长，请其出兵。

第十三条　长官于支厅长之处分及命令，如有认为违背成规、损害公益、侵犯权限者，得取消或停止之。

第十四条　长官统督所部官吏，于高等官之进退须具状内务大臣若主务大臣，判任官以下可专行之。

第十五条　长官依法律命令所定惩戒所部官吏，如系高等官须具状内务大臣若主务大臣，其他可专行之。

第十六条　长官得定厅中及所辖官厅之分课并处务细则。

第十七条　长官有事故，以为内务部长之事务官代理其职务。

如长官及为内务部长之事务官皆有事故，则内务大臣派道厅高等官一人代理其职务。

长官得使道厅官吏临时代理其事务之一部。

长官可将属于其职权之事务之一部委任支厅长。

第十八条 北海道厅设长官官房，掌下列事务：

  一　关于官吏进退、身分及褒赏事项。

  二　关于文书往复及记录、编纂事项。

  三　关于管守官印、厅印事项。

第十九条 设下列四部，使分掌道厅事务：

 内务部

 殖民部

 土木部

 警察部

第二十条 内务部掌下列事务：

  一　关于支厅户长、役场郡町村总代人①及区町村与其他公共组合事项。

  二　关于选举议员北海道会及北海道地方费事项。

  三　关于赈恤救济事项。

  四　关于兵事社寺及教育事项。

  五　关于外国人事项。

  六　关于预算、决算、会计、官有财产及物品事项。

  七　关于所辖官厅会计监督事项。

  八　关于出纳官吏之身元保证事项。

---

①　代人，即代理人。

九　删

　　十　删

　　十一　关于统计报告事项。

　　十二　不属厅中他部主掌事项。

第二十一条　殖民部掌下列事务：

　　一　关于殖民地之选定、经画及其他殖民事项。

　　二　关于土地之处分及开垦事项。

　　三　关于地籍事项。

　　四　关于管理官有地事项。

　　五　关于收用土地事项。

　　六　关于农商工务事项。

　　七　关于水陆运输事项。

　　八　关于水产及渔猎事项。

　　九　关于山林事项。

第二十二条　土木部掌下列事务：

　　一　关于土木事项。

　　二　关于水面埋立事项。

第二十三条　警察部掌下列事务：

　　一　关于行政警察事项。

　　二　关于高等警察事项。

　　三　关于图书出版及版权事项。

　　四　关于卫生事项。

第二十四条　删

第二十五条　删

第二十六条　删

第二十七条　部长承长官之命,掌理该主务及指挥监督部中各课事务。

第二十八条　支厅长承长官之指挥监督,在部内执行法律命令,掌理部内行政事务。

第二十九条　支厅长于行政事务指挥监督该部内之户长。

第三十条　支厅长于依法律命令或由长官委任之事件,可发支厅令。

第三十一条　支厅长有事故,以在该厅勤务之上席之属代理职务。

支厅长得使该厅官吏临时代理事务之一部。

第三十二条　参事官应长官之咨询,具陈意见,并掌审议立案。

第三十三条　参事官承长官之命,掌理官房事务,或帮办各部课事务。

第三十三条之二　视学官承上官之命,掌视察学事及其他关于学事之庶务。

第三十四条　警视属于警察部,或作为警察署长,承上官之命,掌理该事务。

第三十五条　技师承上官之命,从事技术。

第三十六条　删

第三十七条　长官官房及各部中酌行设课,各课设课长一人,听上官指挥,掌理课务。

课长以属或警部充之,但亦可以参事官、视学官或技师充之。

第三十八条　属听上官指挥,从事庶务。

视学听上官指挥,从事视察学事及其他关于学事之庶务。

第三十九条　技手听上官指挥,从事技术。

第四十条　警部听上官指挥,分掌警察事务,指挥监督部下巡查。

第四十一条　翻译生听上官指挥,从事翻译通辨。

第四十二条　删

第四十三条　删

第四十四条　删

第四十五条　管内紧要地方设道厅支厅。

第四十六条　每郡区或数郡区设警察署,警察署部内分配警察分署,但可不依郡区之区域设警察署。

警察署及警察分署之位置、名称并管辖区域,长官定之。

第四十七条　警察署长以警视或警部充之,分署长以警部充之。

警察署长及警察分署长听上官指挥,掌理该署主管事务,监督部下官吏。

第四十八条　删

第四十九条　关于巡查及森林监守之规程,别定之。

附　　则

第五十条　本令以明治三十年十一月五日施行。

第五十一条　依从前之法律命令属北海道郡区长掌管事项,归北海道厅支厅长处理。

从前郡区长所兼掌之户长事务,支厅长可委任于该厅在勤之属。

北海道厅支厅长所发之支厅令适用关于明治二十六年敕令第百九十九号中郡令规程。

第五十二条　临时北海道铁道敷设部官制及北海道厅临时筑港所需之职员以本令施行之日废去。

●●●北海道铁道部官制 明治三十二年(1899年)敕令

第一条　北海道厅设北海道铁道部,使掌理建设、保存北海道之官有铁道及运输业务。

第二条　北海道铁道部设职员如下:

部长	一人	
专任铁道事务官	二人	
专任铁道技师	十四人	奏任内一人敕任
专任铁道书记	百四十八人	判任
专任铁道技手	九十四人	

第三条 部长以北海道厅高等官兼之。

部长承北海道厅长官之命，掌理一切部务。

第四条 铁道事务官承上官之命，掌庶务及运输。

第五条 铁道技师承上官之命，掌理工务。

第六条 铁道书记听上官指挥，从事庶务及运输。

第七条 铁道技手听上官指挥，从事工务。

第八条 北海道厅长官请内务大臣许可，设支所于紧要地方，可为取扱铁道业务，使分掌铁道部业务。

●●●北海道厅森林监守规程 明治三十年（1897年）敕令

第一条 北海道厅就森林保护费预算定额内设森林监守。

第二条 森林监守承上官指挥监督，从事保护森林。

第三条 森林监守受判任官待遇。

第四条 森林监守月俸十元以上、十五元以下。

第五条 森林监守办事至七年以上者，得增给月俸至二十元。

●●●厅府县设临时检疫官之件 明治三十三年（1900年）敕令

第一条 传染病流行或有流行之兆时，内务大臣指定之厅府县内设检疫官若干人，使属于警察部，在警视厅则属于第三部。

第二条　检疫官承上官之命，分掌关于预防及检疫事务。
第三条　检疫官由警视总监及地方长官派医师、药剂师等充之。
第四条　检疫官不带有给官职者，月给百二十元以内手当金。
第五条　检疫官依内国旅费规则给四等旅费。

附　则

本令以明治三十三年四月一日施行。
明治二十八年敕令第四十八号以本令施行之日废去。

●●●设置地方视学之件 明治三十年（1897年）敕令

第一条　北海道厅府县设地方视学，判任，给六级俸以上之月俸。
地方视学通北海道厅府县以百人为定员，该道厅及各府县定员，文部大臣定之。
第二条　地方视学听地方长官指挥，掌视察关于小学教育之学事。
第三条　地方视学以合于下列各项之一者为限：
一　高等师范学校之本科已卒业、有为教员或郡视学之经历者。
二　有为高等小学校本科正教员之资格、有为官立公立小学校正教员或郡视学五年以上之经历者。
三　就三学科目以上、有为寻常师范学校教员资格、有为官立公立学校教员或郡视学三年以上之经历者。
第四条　文部大臣得定地方视学职务规程及施行本令必要之规则。

●●●地方视学定员 明治三十年（1897年）文部省令

北海道厅、东京府、新潟县、岛根县、长崎县、鹿儿岛县之地方视学定员各三人,其他府县各二人。

●●●地方视学职务规程 明治三十年(1897年)文部省令

第一条　地方视学属于内务部,从事视察小学校及其他载在小学校令之学校等。

第二条　地方视学视察之要项如下:

一　教育敕语主旨见于实行之情形。

二　教授及管理方法。

三　学级之编制、教员之配置、学科课程及试验情形。

四　设备之整否。

五　关于学事表簿之整否。

六　学龄儿童就学及出席情形。

七　生徒之成绩及风仪。

八　学校卫生情形。

九　学校长教员及其他与学事有关系之职员之执务。

十　关于学事会计及经济情形。

十一　学事集会情形。

十二　市町村一般对学事之感情。

十三　学事法令施行情形。

十四　其他特认为必要之事件。

第三条　地方视学关于下记事项得指示当事者:

一　抵触法令之明文事项。

二　厅议已决之事项。

三　关于授业法及学校管理法事项。

四　其他特受地方长官指挥之事项。

第四条　地方视学得查阅学校及郡市役所町村役场之帐簿。

第五条　地方视学视察之际,得使变更授业时刻,或使于一定时间外授业,或休止授业。

第六条　地方视学视察之际得求当事者参席。

第七条　地方视学对当事者得求其说明。

第八条　地方视学得试验生徒之学业。

第九条　地方视学当开具视察情形,附以意见,复命地方长官。

●●●禁止地方视学兼任他官及常设定员之件

明治三十年(1897年)文部省训令

一　地方视学不得兼他官职。

二　地方视学务当常设定员,且当存置缺员时,足充补缺员之俸给额。

第二款　府县

●●●**地方官官制**明治二十六年(1893年)敕令

第一条　各府县设职员如下：

　知事

　书记官

　警部长

　收税长

　参事官

　视学官

　技师

　属

　视学

　技手

　警部

　通译

　收税属

第二条　知事一人，敕任。

第三条　书记官、警部官、收税长、参事官及视学官各一人，奏任。但内务大臣指定之府县，可设参事官二人。

第四条　属及警部判任，通各府县以下列人员为定员：

属、警部、监狱书记、看守长五千七十七人。

每府县之属、警部定员，主务大臣定之。各官定员，知事请内务大臣认可定之。

视学判任，其定员内务大臣及文部大臣定之。

第五条　技师、技手及通译视府县之需要，于俸给预算定额内设之。通译判任。

第六条　知事受内务大臣指挥监督，于各省主务受各省大臣指挥监督，执行法律命令，并管理部内行政事务。

第七条　知事于其部内行政事务得依其职权或特别委任，对该管辖内一般或一部，发府县令。

第八条　知事如认郡长岛司之处分命令为违背成规、损害公益、侵犯权限，可将其处分命令取消或停止之。

第九条　知事遇非常急变，须用兵力或因警护必须兵备，可移牒师团长或旅团长，请其出兵。

第十条　知事监督所部官吏，奏任官以上之功过当具状内务大臣或主务大臣，判任官以下得专行之。

第十一条　知事惩戒所部之奏任官当具状内务大臣，判任官以下得专行之。

第十二条　知事得设厅中处务细则。

第十三条　知事有事故，书记官代理其事务。

在前项之时，如书记官有事故，内务大臣派府县高等官一人代理知事职务。

知事得命府县官吏临时代理该事务之一部。

第十四条　知事可将属于其职权之事务之一部委任郡长或岛司。

第十五条　各府县设知事官房，掌下列事务：

一　关于官吏之进退及身分事项。

　　二　关于文书之往复事项。

　　三　关于官印、府县印之管守事项。

　　四　关于褒赏事项。

第十六条　各府县设部如下：

内务部

警察部

收税部

第十七条　内务部设五课，分掌下列事务。但知事可视事务情形，请内务大臣认可，增设课房或变更该分掌事项。

第一课

　　一　关于选举议员事项。

　　二　关于监督府县行政及郡市町村并其他公共团体之行政事项。

　　三　关于兵事事项。

　　四　关于社寺宗教事项。

　　五　关于名胜古迹事项。

　　六　关于民籍事项。

　　七　关于赈恤救济事项。

此外不属于他主掌之事项。

在东京府此外及关于卫生事项。

第二课

　　一　关于土木事项。

　　二　关于地理事项。

　　三　关于收用土地事项。

第三课

一　关于教育学艺事项。

第四课

一　关于农工商事项。

二　关于森林及水产事项。

三　关于度量衡事项。

第五课

一　属于府县之国库费会计之事项。

二　关于府县经济之收支出纳事项。

第十八条　警察部掌高等警察、行政警察及卫生事务。

第十九条　删

第二十条　删

第二十一条　书记官为内务部长，警部长为警察部长，收税长为收税部长，受知事之命，监督部下官吏，并掌理所部事务。

第二十二条　内务部长有事故，知事派府县高等官一人代理该事务。

警察部长、收税部长有事故，知事命府县官吏一名代理该事务。

第二十三条　参事官承知事之命，掌审查立案。

参事官承知事之命，为内务部课长，或临时帮办部课事务。

第二十三之二　视学官承上官之命，掌视察学事及其他关于学事之事务。

视学官承知事之命，为内务部第三课长。

第二十四条　警察部收税部须设分课之时，知事定之，报告主务大臣。

第二十五条　内务部各课长除以参事官、视学官充之之时外，以技师、属或技手充之。但在内务大臣及农商务大臣指定之府县，掌本令第十七条第四课事务之课长以高等官充之。

课长听上官指挥,处理课务。

第二十六条 属分属于内务部各课长及知事官房,听上官指挥,从事庶务。

第二十七条 警部属于警察部或警察署、警察分署,听上官指挥,分掌庶务,指挥监督部下巡查。

第二十八条 通译听上官指挥,从事翻译通辩。

第二十九条 删

第三十条 删

第三十条之二 视学听上官指挥,从事视察学事及其他关于学事之庶务。

第三十一条 各郡市设警察署,但可视地方之必要,不依郡市区域而设警察署。该管辖区域,内务大臣定之。

知事认为必要之时,可于警察署之下设警察分署。

第三十二条 警察署长及警察分署长以警部充之。

警察署长及警察分署长听上官指挥,掌理该主管事务,监督部下官吏。

第三十三条 关于巡查之规程,别定之。

第三十四条 删

第三十五条 删

第三十六条 删

第三十七条 除府县职员外,得置监狱医,受判任官之待遇。

第三十八条 关于东京府之警察事项,依警察厅官制。

第三十九条 郡设职员如下:

郡长

郡书记

郡视学

第四十条　依明治十一年第十七号布告郡区町村编制法第五条，数郡设郡长一人之地方，如欲废止之或欲依本条于数郡新设郡长一人，以敕令定之。

已施行郡制地方，每郡设郡长一人。

第四十一条　郡长奏任，承知事指挥监督，在部内执行法律命令，并掌理部内行政事务，监督部下官吏。

第四十二条　郡长于行政事务，指挥监督该部内村町长。

第四十三条　郡长得具申知事，任免部下之判任官。

第四十四条　郡长于依法律命令或由知事委任之事件得发郡令。

第四十五条　郡长有事故，以上席郡书记代理其事务。

第四十六条　郡长得使郡之官吏临时代理该事务之一部。

第四十七条　郡书记，判任。其定员，知事请内务大臣认可定之。

郡书记承郡长之命，从事庶务。

第四十八条　郡视学一人，判任，承郡长之命，视察学事，并从事其他关于学事之庶务。

第四十八条之二　知事可因郡之需要设技手。

第四十九条　以敕令指定之岛地特设岛厅。

第五十条　各岛厅设职员如下：

岛司

岛厅书记

岛厅视学

第五十一条　岛司一人，奏任，承知事指挥监督，在部内执行法律命令，并掌理部内行政事务，监督部下官吏。

第五十二条　岛司于依法律命令或由知事委任之事件得发岛厅令。

第五十三条　岛司得具申知事，任免部下之判任官。

第五十四条　岛司于行政事务得指挥其部内町村之吏员。

第五十五条　岛司有事故，以上席书记代理其事务。

第五十六条　岛司得令岛厅官吏临时代理其事务。

第五十七条　岛厅书记判任，其定员由知事于府县判任官之定员内定之。

岛厅书记承岛司之命，从事庶务。

第五十八条　岛厅视学一人，判任，暂时以岛厅书记兼之，承岛司之命，视察学事，兼从事关于学事之庶务。

第五十八条之二　知事可依岛厅之要需设技手。

附　则

第五十九条　本令以明治二十六年十二月一日施行。

关于郡视学之规定，以明治三十三年四月一日施行。

●●●关于府县警视之件 明治三十二年（1899年）敕令

第一条　府县可于预算定额内设警视。

第二条　警视属于警察部，或作为警察署长，承上官之命，掌理部署事务。

第三条　属于警察部之警视，大阪府二人，其他府县一人。

补警察署长之警视通各府县为八十人以内。

应设警察视之警察署，内务大臣指定之。

第四条　警视之俸给如下表。

一级	二级	三级	四级	五级	六级
千元	九百元	八百元	七百元	六百元	五百元

●●●厅府县巡查定员之件 明治二十九年（1896年）敕令

第一条 厅府县巡查定员，内务大臣于下列定限内视地方情形定之：

一　在市每人口三百至八百，一人。

二　在郡每人口一千至二千，一人。

第二条　教习中之巡查及依请愿配置之巡查为定员以外。

第三条　本令以明治三十年四月一日施行。

第四条　依第一条须添设巡查之府县，如一时有不能增加之事情，内务大臣得由本令施行之日起五年以内，渐次增加，补满定额。

第五条　本令不适用于北海道及冲绳县。

●●●设置港务部之件 明治三十五年（1892年）敕令

第一条　神奈川县、兵库县、长崎县及福冈县除地方官制所载部署外，设港务部，以海港检疫所附属之。

长崎县港务部除海港检疫所外，复以海港检疫支所附属之。

第二条　已设港务部之县设职员如下：

港务长

港务官

港务医官

属

港吏

候补港务医官

港务调剂手

第三条 港务长一人,港务官二人,港务医官二人,奏任。

属、港吏、候补港务医官、港务调剂手判任,以七十四人为定员。各县定员,内务大臣定之。各官定员,知事请内务大臣认可定之。

第四条 港务部设三课,分掌下列事务:

海务课

    一　关于开港港则事项。

    二　关于开港港则施行区域内之行政警察及卫生事项。

检疫课

    一　关于海港检疫事项。

庶务课

    一　关于庶务事项。

各课设课长,听上官指挥,处理课务。

第五条 港务长为港务部长,承知事之命,监督部下官吏,掌理所部事务,港务长行港长事务,于所部事务指挥监督水上警察署长。

第六条 若港务部长有事故,由知事派县官一人代理该事务。

第七条 港务官听上官指挥,从事医务。

港务官承知事之命,为海务课长或检役课长。

第八条 港务医官听上官指挥,从事医务。

第九条 属听上官指挥,从事庶务。

属承知事之命,为庶务课长。

第十条 港吏承上官之命,分掌事务。

第十一条 候补港务医官听上官指挥,从事医务。

第十二条 港务调剂手听上官指挥,从事调剂。

第十三条 已设港务部之县,如知事临时认为必要,可于海港检疫费预算定额内设检役员及检役医员于港务部,使从事检疫或医务。检疫员及检疫医员受判任官待遇。

附　　则

本令以明治三十五年四月一日施行。
海港检疫所官制废去。

●●●地方森林会规则 <small>明治三十年(1897年)敕令</small>

第一条　地方森林会属农商务大臣监督,审议下列事项:
　　一　保安林之编入及解除。
　　二　保安林买上价格之评决。
　　三　保安林补偿金额之评决。

第二条　地方森林会因整理会务,议定必要规则,当届出农商务大臣。

对于前项之规则,农商务大臣得命其订正。

第三条　地方森林会议事上如认为须实地调查,可派遣议员。

第四条　地方森林会之开会及闭会期日,府县知事定之,届出农商务大臣。

地方森林会审议事项,其利害之关系涉于二府县以上者,当设联合地方森林会。其开会地及开会、闭会期日,关系地方府县知事协定之,届出农商务大臣。

第五条　农商务大臣于下列之时,可命地方森林会或联合地方森林会解散,或停止其议事:
　　一　不审议属于第一条之事项。
　　二　议事越其权限或认为违背法律命令。

联合地方森林会解散时,有关于此之地方森林会亦同时解散。

解散之时,由农商务大臣命其解散之日起三十日之内,当再派地方森林会议员。

第六条　地方森林会以议长一名、议员十四名以内组织之。

第七条　议长整理议事,指挥会务。

第八条　议长以府县知事充之。议长有事故,以府县知事指名之府县高等官为之代理。

议员,农商务大臣命下列者充之。

　　一　府县高等官　　　　　　　　　　一人
　　二　土木监督署高等官　　　　　　　一人
　　三　矿山监督署高等官　　　　　　　一人
　　四　大林区署高等官　　　　　　　　一人
　　五　御料地所在之府县御料局高等官　一人
　　六　由府县名誉职参事会员中互选者　二人
　　七　有经验森林事业者
　　八　有经验治水土木及矿山事业者

除前项所载外,可视地方情形,命有农业及水产事业经验者为议员。

第九条　除以官吏为议员者外,议员之任期二年,但由府县名誉职参事会员互选者之任期视府县名誉职参事会员任期。

补阙议员之任期为前任所馀之期间。

第十条　地方森林会设干事一名、书记若干名。干事,府县知事命府县高等官中充之。书记,命府县判任充之。

干事听议长指挥,整理庶务。书记听干事指挥,从事庶务。

第十一条　联合地方森林会以关系地方森林会议员之总数组织之,

该议长、干事、书记及会务规则以开会地之地方森林会议长、干事、书记充之。

第十二条　官吏为议长、议员者及干事、书记之旅费以所属官厅之经费充之。

除前项外，议员之手当及旅费与其他地方森林会之费用皆府县负担之。

第十三条　联合地方森林会之费用除议员之手当及旅费外，均由开会地府县负担之。

法规大全第八类终